本专著是中国工程院教育委员会战略咨询研究项目"基于整体观和大E工程理念的综合工程教育模式创新探索"（2014-12-XY-001）、国家自然科学基金项目"中国工程教育2030：战略走向与政策选择"（71750003）和"基于设计的工程学习作用机理及其学习有效性研究"（72074191）"的系列性学术成果。

整体工程教育

理论构建与实践模式研究

张　炜　翁默斯　李拓宇◎著

RESEARCH ON THE THEORETICAL CONSTRUCTION AND PRACTICE MODEL FOR

HOLISTIC ENGINEERING EDUCATION

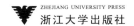

ZHEJIANG UNIVERSITY PRESS

浙江大学出版社

序　言

　　1993 年,美国麻省理工学院发布了题为《面向整合式教育的大 E 工程理念:工程学院的长期战略规划(1994—1998)》的报告,时任院长 Moses 教授提出大 E 工程观(Engineering with A Big E),倡导工程教育的跨学科视野和融入社会系统环境,是美国工程教育系统从"科学范式"回归"工程范式"的生动缩影,也为麻省理工学院在 2000 年提出 CDIO 教育模式乃至 2017 年正式发布的"新工程教育转型计划"(New Engineering Education Transformation,NEET)打下了坚实基础。自 2008 年,浙江大学开始探索整体工程教育模式创新,从"工高班"、"工程＋X"复合型人才培养模式、"整体工程教育人才培养模式创新实验区"到"浙江大学创新 2030 计划",在整体工程教育实践上取得了初步的有益经验。2019 年,清华大学发布《关于持续深化改革　提升工科发展水平的实施意见》文件,提出"工科＋"的发展思路,以工程基础研究、学科交叉和工程教育为着眼点,以创新融合为手段,努力推动工程科技人才培养和重大技术突破,也体现出整体性工程教育改革思路。

　　由浙江大学中国科教战略研究院副院长、科教发展战略研究中心副主任张炜教授、青年学者翁默斯博士和李拓宇博士共同撰写的学术专著《整体工程教育理论构建与实践模式研究》对全球整体工程教育模式的发展历程、体系构建和实践路径进行了系统性回顾和理论总结。全书包括"整体理念建构""课程体系重构"和"生态系统构建"3 篇章,共 7 章,旨在深入把握中国工程教育人力资源供给与需求的现实差距,分析借鉴全球工程教育教学改革的成功经验,从整体工程教育理念、体验式教学改革和开放式战略联盟等多维视角系统阐述了整体工程教育模式发展的内在动力和演进逻辑,创造性地提出了整体性工程教育的"一体三维"模式,一体即工程教育系统"集成性、实践性和创造性为一体"的核心特征,三维即高校工程科技人才培养的"规格"维度(旨在培养宽专交融和知行合一的系统工程师)、"过程"维度(以设计为主线的教学方式、注重学习—体验—实践的 S-E-P 集成式课程体系及其学业评价体系)和"支持"维度(面向真实世界的工程学习平台和网络化治理的工程教育联盟)。该模型为进一步系统建构"新时代中国特色工程教育体系和创新范式"提供了相应的理论支撑和经验数据。

面对日益复杂化、系统化的工程情境,整体工程教育模式理念和实践探索已深入人心。衷心期望有更多的高校领导、工程教育研究者、广大理工科教师和学生积极参与工程教育教学改革实践,以加速推动我国建成人才强国、科技强国和创新强国!

联合国教科文组织国际工程教育中心副主任兼秘书长、清华大学教育研究院教授

王孙禹

2020 年 12 月

目　录

Ⅲ 生态系统构建篇

绪　论

随着新时代全球范围内经济、科技、社会的急速变化，工程师所面临的环境和挑战日趋复杂，工程师日益需要具备一种综合竞争力。这就需要从整体上规划和系统改革工程教育，培养适应经济社会发展、具有创新创业精神的各类人才。从新中国成立70多年工程教育改革的总体发展过程来看，改革内容十分丰富，各类型工程教育教学改革项目和人才培养计划层出不穷，改革成效也多表现为各工程领域专门人才培养改革方面的突破和推进，而不足之处则突出地表现为工程教育整体系统性发展框架的缺失。实际上，结合工程教育国际前沿及我国工程人才实践的需求分析可知，目前已经到了推进整体工程教育改革的时候。

一、研究意义

第一，系统性地论证了工程教育的本真逻辑，为打造中国工程教育的新范式提供了理论支撑。

我国工程教育领域存在着"去工程化""学术化""娱乐化""边缘化"等倾向（王沛民，2013）。这些人才培养的倾向使得工程教育偏离了工程教育的本真逻辑，并使高等工程教育中的一些矛盾继续放大，在某种程度上影响了人才培养质量，造成了社会亟需人才结构性缺失的状况。科学与工程的最根本的差别就是分析和整体的差别。工程是一个整体的过程，即把事物配置在一起以实现一个确定的目的。工程的本真逻辑要求工程教育的实施必须秉承整体思维，而不是碎片化的教育模式。

本课题在理论层面上力图引导对工程教育的正确认知，让工程教育实践遵循应然逻辑——集成性、实践性与创造性。无论是"整体工程教育"

（Holistic Engineering Education），还是"大 E 工程"（Engineering with A Big E）教育理念，都体现了学界对回归整体式的工程逻辑的强烈诉求。本研究团队长期跟踪考察工程教育模式的创新理论与实践，对 T 型工程师、仿真工程师的培养理念与实践，以及通过工科院校联盟的构建从整体上提升国家工程教育质量的国际先进实践等进行了持续关注，在此基础上，研究通过对工程师职业能力的全面调研、工科课题体系的系统重构等研究途径，力图打造中国工程教育的新范式。

第二，创新性地把握了工程教育的供求情况，为整体衡量工程教育改革提供了实践基础。

研究首先创新性地从需求端企业对工程师的能力期待入手，利用大规模的访谈、问卷，把握了工程教育改革的需求情况。同时，较为深入地调查了近年来我国在工程教育模式创新和工程人才培养方面的尝试与探索，如教育部人才模式培养实验区项目和卓越工程师教育培养计划，以及浙江大学等一些高校在工科大类培养、综合工程教育方面、工科专业人才培养方面开展的理论研究和教改实验。特别是研究涉及了国内外 20 多个工程教育课程改革的结构性案例分析，为工科课程改革提供了坚实的实践基础。

总的来看，工程教育改革取得了突出的成绩，但也存在一定的问题，有相当部分的人才培养实验计划在具体实施过程中产生了与改革计划初衷相背离的情况。本项目从夯实国家人才战略的发展根基为出发点，以国家三大规划纲要（科技、教育、人才）诉求为基础，选取典型案例调研，系统分析，为整体衡量工程教育改革提供了实践基础。

第三，探索性地提出了整体工程教育模式，为进一步推动工程教育改革提供了重要参考。

研究基于对整体工程教育理论的长期关注以及对当前我国工程教育环境整体状况的初探，通过对整体工程教育相关理论和实践资料的深入分析，结合世界范围内工程科学研究和工程实践活动对工程人才素质不断提升的要求，对我国工程教育的整体创新模式进行了初步的顶层设计和可行性论证。

特别是整体工程教育模式目前已经在多个工程教育改革项目进行试点推广，比如在浙江大学工高班的培养方案再设计中得到了较好的运用，在浙江工程师学院的筹建中也起到了重要的支撑作用。因为整体工程教育模式对之后更大范围内的工程教育改革具有一定的参考价值。此外,研究过程中还初步形成了工程教育的研究和数据资料平台,为整体工程教育模式的创新提供长期智力支持。

二、研究目标与内容

本研究将系统阐述整体工程教育模式的理论前沿和实践基础,把握工程师职业能力需求,总结已有工程教育改革项目的实施成效,坚持工程教育项目研究的思想性、实践性、可操作性以及理论联系实际的研究特点,尝试提出我国整体工程教育模式及实践平台的构建方案,为整体性地提升我国高层次工程科技人才培养质量和优化结构提供重要政策建议。因此,本书从"整体理念建构""课题体系重构""生态系统构建"三个篇章,共六项子研究,推进整体工程教育理论的构建与论述。

研究一:整体工程教育的理论基础。该研究首先对工程教育的范式演进进行了探析,即从"技术范式(工程教育 1.0)、科学范式(工程教育 2.0)到工程范式(工程教育 3.0)"的螺旋式上升过程。从 20 世纪 90 年代开始——以大 E 理念、整体观为代表的集成性工程教育成为回归工程实践范式下的主流趋势,在此基础上,也产生了如 CDIO、PBL 等优秀的工程教育实践范式探索。本研究认为整体工程教育的两大理论基础——大 E 理念与整体观的理念构建出发点基本一致,即都展示了对回归工程实践的努力,具体表现在要集成以下要素:整体视野、能力集成、学科交叉、真实体验、课程重构、力量协同等。但大 E 理念侧重强调工程师的环境感知能力,而整体观则进一步强调以跨学科、全系统的路径整体教育,包括提升工程师的环境感知能力。

研究二:中国情境下的整体工程教育理念建构。本章通过结构化访谈和问卷调研,对我国工程教育的需求进行深入分析,同时提出亟待完善的问题。在新情境下,提出"一体三维"整体工程教育理念,即充分遵循工程教育的集成性、实践性与创造性三大核心要素,通过构建面向真实工程世界的教育平台,系统重构课程体系,打造工程教育联盟,培养系统工程师。所以,整体工程教育要把握集成性、实践性与创造性为一体的工程教育逻辑。从培养规格上看,分层分类地培养知识体与能力体高度融合的系统工程师;从培养过程上看,要致力于构建以设计为主线的教学方式(DBL),以 S-E-P 集成的课程设置,以设计为学业主评价内容；从培养支持上看，强调从基于真实世界的工程教育平台构建以及基于网络治理的工程教育联盟平台构建等方面设计支撑体系。

研究三：面向整体工程教育的国内工科课程体系重构案例。采用结构化案例研究方法，对清华大学、浙江大学、上海交通大学、西安交通大学以及哈尔滨工业大学 5 所高校的整体工程教育课程体系现状进行探究，梳理了其改革背景、基础课程体系、典型院系课程体系、教学成果及特色，并对各高校整体工程教育课程体系的模式进行总结，共分为院级平台集成模式、跨学院集成模式、基于项目的集成模式，最终得出我国整体工程教育课程体系重构的五点对策建议：一是积极推进主题式课程开设；二是酌情构建工学大类平台、小类平台、学院平台基础课程体系；三是探索辅修学位证书正规化路径；四是推进本硕贯通与本硕博贯通培养；五是促进本科生及早参与科研；六是加强人文社科等通识课程。

研究四：面向整体工程教育的国外工科课程体系重构案例。在工科课程体系重构上，本章选取了斯坦福大学、麻省理工学院、加州大学伯克利分校、伊利诺伊州立大学、剑桥大学以及德国亚琛工业大学 6 所高校进行案例分析。分别从其面向整体工程教育的工科课程体系重构的改革背景、工科课程体系总体情况入手，并选取具有典型性以及特色的工科专业或是大类专业进行案例分析，并总结各自学校在工科课程体系重构上的特点以及国外高校在这方面的总体特点。发现国外工科课程体系设置上具有全方位由上而下的高度融合性、基于实践教学课程设置的灵活性以及面向培养未来工程领袖的课程创新性。其中，高度融合性包括了学院融合、年级融合、专业融合以及课程融合四个方面，而重构的模式具体分为跨年级集成模式、跨专业集成模式、跨学院集成模式、基于项目的集成模式等。

研究五：面向真实工程世界的体验式教学改革。本章依据工程教育实践性、集成性和创造性的原则，综合考虑工程教育改革和材料详实程度等因素，选取了 2012 年美国国家工程院报告《将真实世界体验融入工程教育》中介绍的29 个成功将真实世界体验融入工程教育计划中的 7 个有代表性的计划，进行了更为深入的整理和研究。同时根据各自特点，将其提炼为大项目牵引模式、市场导向模式以及模拟实践模式。通过了解和总结美国现实世界工程平台搭建的方式，认识现实世界体验在工程教育中的重要性和关键性，明确其在培养工程人才过程中的重要作用。在此基础上,通过案例分析,探讨和分析将现实世界体验融入工程的计划目标和实施过程等内容,从中提炼出这些计划的特点及其能够获得成功的关键性因素。在资料搜索、整理、梳理、分析的基础上,尝试提出在中国目前情境下开展将现实世界体验融入工程相关计划的研究建议,希望为加强中国工程教育的真实世界体验、开展体验式教学计划提供参考。

研究六:面向开放式生态系统的工程教育联盟构建。本章在深入分析和总结了6个国际工程教育联盟典型案例的基础上,将其提炼为优势互补型、国际拓展型、应对全球挑战型三种模式,提出了构建基于"全球重大挑战整体工程教育项目"的工程教育联盟的组织构建与实施方案,并提出要根据国际工程科技人才的质量标准和我国产业发展的人才需求,逐步构建起"用户"导向的多维度工程教育评价体系;要紧扣工程的集成性、实践型与创造性,汇聚优势资源,形成基于"协同"的跨学科工程教育项目机制,积极应对全球资源短缺、环境污染、气候异常、灾害疫情频发等诸多严峻挑战;要依托数字化技术,构建基于"开放"的多元化工程教育网络机制,实现了政策发布、学生管理、网上教学、项目管理等领域的一体化管理;要依托教育部、工程院等政府机构和学术权威机构,逐步完善联盟的监督管理条例,为我国工程教育联盟的建设和发展创造良好环境。

三、研究方法与技术路线

(一)研究方法

第一,结构化专家访谈。研究通过走访国内知名工科大学、卓越工程师计划试点院校、国家级人才培养试验区等,对从事工程教育改革的设计者、执行者进行了深入的访谈,从一线把握了工程教育现状。

第二,结构化案例研究。研究通过聚焦国内外工程教育改革的最佳实践,建立统一的分析框架,对比研究国内外知名、同类的工科大学教育现状与改革动向,提炼出了可供借鉴的典型经验。从课程体系、体制机制等多角度对工程教育改革的整体趋势与典型特点进行了较为全面的把握,提炼出了整体工程教育的实践基础要素。

第三,结构化问卷调查。研究通过向企业定向大范围发放问卷,测量企业需求端对工程师职业能力的要求,从而为课题研究奠定了坚实的数据基础,并在一定程度上开拓了工程教育的崭新视角。研究在大范围问卷调查基础上,采用 SPSS17.0 软件进行统计分析,主要运用了因子分析、多元层次回归分析、聚类分析和方差分析等方法对工程师的职业能力结构进行了定量分析。

(二)技术路线

技术路线如图 0-1 所示。

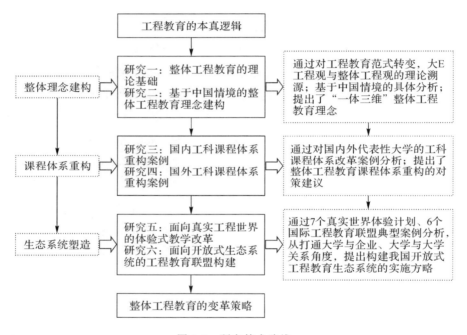

图 0-1 研究技术路线

本章参考文献

[1] Everitt W L. The Phoenix—A Challenge to Engineering Education[C]. Proceeding of the IRE,1944,32(9).

[2] 王沛民. 中国工程教育研究(EER):式微与复兴[J]. 高等工程教育研究, 2013(06):13-21.

Ⅰ 整体理念建构篇

第一章　整体工程教育的理论基础

世界工程教育整体上处于回归工程实践的范式转型。从 20 世纪 90 年代开始，以大 E 理念、整体观为代表的集成性工程教育成为回归工程实践范式下的主流趋势。在此基础上，也产生了如 CDIO、PBL 等优秀的工程教育实践范式探索。因此，梳理整体工程教育的理论渊源，有助于我们进一步把握当前工程教育研究趋势，为理念的科学建构奠定基础。

1.1　螺旋递进：工程教育的范式变迁

自博洛尼亚大学成立以来，高等教育历经风雨 900 余年。大学一直是理性的灯塔，照亮人类文明的进程，其间大致经历了两次范式变迁：洪堡为大学注入"科学研究"使命，视为第一次学术革命；威斯康辛为大学烙印了"社会服务"标识，视为第二次学术革命。工程教育以 1747 年巴黎路桥学校的建立为开端，前后经历不足 300 年，大致上也经历了两次范式变迁，以美国的工程教育最为显著，分为"技术主导时期""科学主导时期"以及"回归工程时期"，最早由 Bordogna 等人于 20 世纪 90 年代初总结，同时在 *Rethinking Engineering Education——The CDIO Approach* 一书中有集中描述。

事实上，我们可以科学性与技术性为轴，对美国的工程教育进行描绘，分别是技术范式时期、科学范式时期以及工程范式时期，见图 1-1。

第一，技术型工程教育范式。该范式下的工程即艺术、技艺、技巧、技能、技术的应用（王沛民，2013）。1862 年的莫雷尔法案和"赠地学院"促使工程教育开始从车间向教室转移，包括大量的现场和实验的课程，很少强调科学理论或数

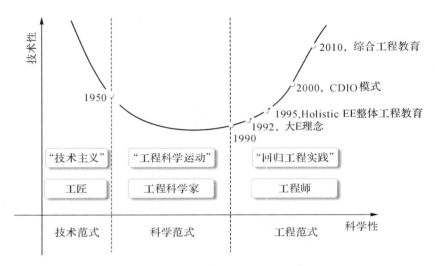

图 1-1　美国工程教育范式变迁①

　　学分析(Barbieri & Fitzgibbon,2008)。大抵也是受了当时实用主义文化兴起的影响,美国工程教育就以技术范式起航,重视实训,以学徒制、操作手册为特色,强调 hands-on 经验的习得,可以说是以培养工匠为旨趣。1949 年,麻省理工学院(MIT)发表了《刘易斯报告》,提出了实事求是的专业人员概念以及强调工程教育实践,集中体现了这一时期的技术色彩(孔寒冰等,2013)。

　　第二,科学型工程教育范式。该范式下的工程是科学的分支,是科学原理的应用。在 1950 年左右,美国工程教育发生范式转变,标志是自然科学与工程科学在工科课程设置中长驱直入,实践和设计课程被大量挤占或删除,这是以技术和实践占主导的传统工程教育被以科学和理论占主导的新兴工程教育取而代之的一场革命,或者说范式变迁(王沛民,2013)。数学和理论方面的课程代替了加工、测量和制图等实践性课程(Seely,1999),其中 1955 年的 Grinter 报告指出,"科学指引下的工程课程设置"可以追上科学与技术飞速发展的步伐(ASEE,1955)。这一时期的工程教育强调工程科学,侧重对现象的原理性解读与分析,以培养工程科学家为旨趣(孔寒冰等,2013)。

　　第三,工程型工程教育范式。事实上在 1980 年之后,美国工程教育界出台

① 受《反思工程教育——CDIO》(*Rethinking Engineering Education—CDIO Approach*)有关观点的启发。

了若干重要报告,开始对过于科学化的工程教育进行全面反思。比如 1980 年
NSF 发表的《尼尔报告》(*Neal Report*)指出,本科工程毕业生对现有工具与科
学知识了如指掌,却没有弥补他们工程实践经验匮乏的机会(NSF,1986)。
MIT 针对美国工业面临的危机和挑战,于 1989 年发表《美国制造:夺回生产的
优势》(*Made in America:Regaining the Productive Edge*),提出工程领域要加
强制造工程教育和工商管理教育,以重振美国生产力的雄风,试图抑制工程教
育科学化倾向(Dertouzos,1989)。1992 年,Moses 与 Bordogna 分别提出了大
E 工程与整体观,为工程范式提升了理念高度。2000 年之后,以项目生产全过
程贯穿为特色的 CDIO 更是将工程范式下的模式实践推向高峰,而我们今天所
研究的整体工程教育事实上也处于这一范式下。

　　"回归工程实践"是否等于"技术范式复辟"?"回归工程"究竟要回归到工
程的哪里?有学者认为要回归到工程的本体、本源或本性,即综合、整体或集成
(王沛民,2013)。Reynolds(1993)认为这是工程教育的钟摆现象。实际上这个
问题就是要回答工程与"技术""科学"的关系,以及与其他非科学技术的关系。
2010 年,联合国教科文组织(UNESCO)发布了首个关于工程的报告《工程发展:
问题、挑战与机遇》(*Engineering:Issues,Challenges and Opportunities for
Development*),对此有较为明确的论述,认为科学构成了工程的理论基础,而技
术则对工程提供了工具性支持。

　　所以工程范式不是简单地回归到技术范式时期,尽管两者都强调实践,但是
工程范式的面向实践是建立在一定的工程科学基础上,属于科学与技术集成范
式,是一种螺旋式递进。这种集成范式中的实践任务中需要包括项目组织和沟
通,突出学生作为专业咨询人员的作用、创新设计能力及其经验要求,以及科学如
何在社会中应用的伦理问题(李曼丽,2010)。同时,在科学与技术集成的基础
上,还强调与更大的环境、政治、文化、经济等因素的集成,即 Moses 在大 E 工程
理念开篇作中集中阐释的"情境敏感工程"(Context-Sensitive Engineering)。

1.2　理论交织:"大 E 工程"与整体观的基础先导

　　整体工程教育是属于工程范式时期的模式创新,其理论基础是 Moses 提出

的"Engineering with A Big E"以及 Bordogna 提出的"Holistic Engineering Education"。图 1-2 显示的是两大理论基础的主要文献,最早可追溯到 1944 年 Everitt 发表的《长生鸟:工程教育的挑战》("The Phoenix——A Challenge to Engineering Education")。

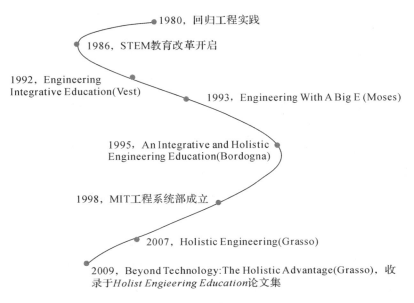

图 1-2 整体工程教育理论基础历程

1.2.1 大 E 工程(Engineering with A Big E)

1993 年,时任 MIT 工学院院长 Moses 撰写了 *Engineering with A Big E*: *Integrative Education in Engineering——Long Range Plan for the School of Engineering* 1994—1998,报告中正式提出大 E 工程观(Engineering with A Big E)。

1.2.1.1 问题的缘起

在《长生鸟》一文中,作者前瞻性地论述到"科学与工程的最根本的差别是分析和综合的差别。科学对各种事物进行分析,并探讨在一组条件下可以期望得到什么样的结果。工程走得比这个远得多。工程的兴趣在于组合人力物力制造出要求的结果或这种结果的合理的复制品。这是一个整体过程:把事物配置在一起以实现一个确定的目标。工程整体要求利用更多的相关因素的知识，而分析则可以将事物分割而对孤立的部分进行研究"(Everitt,1944)。事实上Everitt已经触及了工程及工程教育的本质，对大E与整体观理论奠定了基调。大E工程理念提出最显著的背景是针对工程教育的科学化范式，Moses(2008)曾说："到20世纪60年代，美国高等工程教育完成了向"科学范式"的转型，但到20世纪80年代已意识到这种模式的弊端，应当指向它向工程系统运动的再次转型。"

在报告中，Moses也对问题缘起进行了介绍。他说，40年代以来人们按照十分精确的技术说明并应用那些基本的工程科学原理来产生某种结果，这种结构无论在什么情况下都是相同的。但是，他认为工程实践在越来越大的程度上依赖于背景，教育研究活动要适应这些变化。当然他对回归工程实践与工程科学范式的关系有一个非常精彩的论断，他认为这样一种观念不是要否定独立于背景的工程观点，更不是否定工程科学，而是强调在过程中增加背景影响因素的考虑。这种影响应该体现在工程结果的计算和设计中，包括企业组织的背景，顾客需求及社会、政治、经济的背景。因此，"情境敏感观"已成为大E工程理念的基本理论前提。

另一方面，Moses对回归工程实践与工程技术范式的关系也进行了初步厘定，他认为尽管某些方面非常接近第二次世界大战前的观点，大E理念强调工程师应该关注许多更大范围的背景因素。显然Moses在报告中并未充分论证这种回归是否等同于回到旧时代老时光，包括Charles Vest用了"大规模(Large Scale)和复杂工程系统(Complex Systems)"来表征同二战前的"实践"不同亦显得不够清晰有力。事实上，这种回归应该是植根于工程科学范式至上的回归。而这样一种螺旋式递进同样会碰到制度性难题，即学习时限的问题。Moses说不能减少工程科学的学习时间，而要增加实践内容，只有通过增加学习时间来实现，因此他在报告中总结了电工工程与计算机科学系培养本硕连读的经验。

1.2.1.2 提法酝酿与变迁

正如Moses在报告中所说，大E工程理念的提出经历了一个探索的过程，他花了很长时间在寻找一种恰当描绘未来工程教育和研究方法特点的措辞。

(1)"后现代工程"(Post Modern Engineering)。该提法来自宾夕法尼亚大学的美国技术史权威 Thomas Hughes，他认为现代工程是工程科学，后现代工程则是对其一种反判。这是类似包豪斯运动（Bauhaus Movement），但却不是对过去的简单反判。这个提法来自于其他学科的启发。（2）"情境敏感工程"（Context-Sensitive Engineering）。这种提法建立在 Moses 对于工程实践在越来越大的程度上依赖于情境的基本判断，他认为不考虑情境因素等关键性问题，工程师只能发挥特定的从属作用。之所以没有沿用这种提法，是因为担心引致未来工程师是善于迎合顾客或雇主口味的曲解。（3）"社会工程"（Social Engineering）。Norman R. Augustine 在科罗拉多大学工程百年大会上对工程教育者提出了挑战，他列举了一系列当代工程教育关键因素，一是要系统化工程教育，二是取得工程学位需要五年甚至六年。这事实上是企业界眼中的工程教育。（4）"工程整体化教育"（Integrative Education in Engineering）。1992年，时任 MIT 校长 Charles Vest 在"Report of the President for the Academic Year 1992—1993"中使用了该提法。他认为，应该让学生接触大规模的复杂系统的分析和管理，这不仅意味着有关技术学科的整体，而且包括对更大经济、社会、政治和技术系统的日益增进理解，为了创造技术革新，无论是科学原理的应用还是工程分析和整体，都必须在大系统中进行。（5）"诠释性工程"（Interpretive Engineering）。时任 MIT 工业绩效中心主任 Richard Lester 提出，强调寻求真正的对背景敏感的设计方案的多次反复过程中各种影响因素的交互作用，而不是简单地在原来基础上增加一些额外考虑。（6）"大 E 工程"（Engineering with A Big E）。Moses 选择了大 E 的概念还受到了"大制造观"（Manufacturing with A Big M）的影响，Murman 用这个概念来指导 Manufacturing Program（LFM），认为制造业应该包括设计、营销和工业企业等方面。

所以大 E 理念旨在强调工程师应该关注许多更大的环境背景因索，包括他所在的公司、公司的顾客、公共政策，以及周围环境等。二战以前的工科教师对工程的属性就有"大 E"的理解，因为他们对工程实践比后来的工科教师更加了解。大 E 工程的术语是一种回归，强调一种为工程实践服务的工程教育，与工程科学采纳的研究导向观念正好相反。

1.2.1.3 理念本土化与拓展

在国内，大 E 工程理念引起热烈反响，整体工程教育则相对沉寂。第一篇文献可以追溯到王沛民先生 1995 年发表的《美国工程教育改革的新进展》，文章在当前改革焦点部分中论述：MIT 现任校长 Vest 曾在 1994 年 5 月发表文章，呼吁"工程教育必须更密切地回到工程实践的根本上来"，传统理解的工程实践只是工业劳动、生产实习或者接受"再教育"。MIT 所说的实践则主要是指工程专业与人和社会打交道的第一手活动，尤其是指设计活动和制造活动，认为它们才是工程专业的"根本"(王沛民，1995)。

1995 年，国家教委组团考察美国工程教育，撰写题为《"回归工程"和美国高等工程教育改革动向》的报告，认为大工程观的术语是为工程实际服务的工程教育的一种回归，而与研究导向的工程科学观相对立。并归纳了美国回归工程实践内涵：一是把工程教育从过去过分重视工程科学转变到更多地重视工程系统及其背景；二是加强工程实践能力的培养；三是强调用"整体"或"集成"的思想重建课程内容和结构(国家教委工程教育赴美考察团，1996)。此后围绕大 E 工程与整体观的介绍与拓展大致可以分为：

第一，内涵探讨。时铭显呼吁高等工程教育必须回归工程和实践(时铭显，2002)。李培根倡导工程教育需要大工程观，文章就什么是大工程观、为什么需要大工程观、工程教育如何体现大工程观展开论述，认为大工程观的培养，除了需要加强学生的科学基础，提高自主学习和实践的能力之外，还需要大工程体验、人文情怀以及宏观思维能力的培养(李培根，2011)。值得一提的是，孔寒冰质疑了国内将"Engineering with A Big E"翻译成"大工程观"的合理性，同时建构了大 E 工程知识体模型，将工程技术与工程科学的集成视为大 E 工程第一次转型，而将 STEM 与非 STEM 元素的集成界定为"大 E 工程"二次转型(孔寒冰，2011)。

第二，模式构建。张文生围绕"回归工程"教育理念，详细论述了实施本科阶段"卓越工程师教育培养计划"的四个主要问题——制订专门性培养方案、改革培养模式、培养青年教师工程教育能力、建立健全保障体系(张文生，2011)。

1.2.2 整体工程教育(Holistic Engineering Education)

1.2.2.1 整体工程教育概念的提出与基本内涵

1993 年，宾夕法尼亚大学教授、NSF 前副主席、IEEE 主席 Joseph Bordogna 在"Engineering Education：Innovation Through Integration"中首次提及整体工

(holistic engineering)的概念。（1）受奥尔加特（《大学的使命》作者）关于知识整体哲学的影响，基本理论前提是"工程就是出于某种目的而整合所有知识"。（2）认为传统三层楼式教育模式，前两年是重复学习高中所学知识，所学课程之间关联度较小，所以一定要致力于打造一种整体的工程教育，使得学生能架设桥梁令学科之间的鸿沟形成关联，让学生以整体的视野产生新的观念。（3）工程学生应该具备整体能力、分析能力、集成创新能力、情境感知能力（类似情境敏感的概念）。（4）论证了整体贯通模式的工程本科教育方案（见图1-3），我们可以看到在这种模式下培养的学生目标定位多样，进而所需的知识与能力结构也不同，是一种有弹性的制度设计，值得一提的是工程科学并未被忽视。（5）整体工程观强调学生的终身学习能力，让学生成为一个积极主动的学习者，不断开发学生的潜能，培养学生成为有潜力的专业人士而不是完全训练有素的工程师。

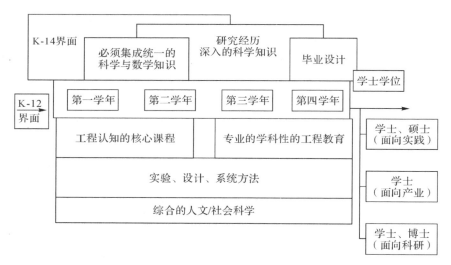

图 1-3　整体工程教育模式

Bordogna J, Fromm E, Ernst E W. Engineering Education: Innovation Through Integration[J]. Journal of Engineering Education, 1993, 82(1): 3-8.

1995 年，Bordogna 发表"An Integrative and Holistic Engineering Education"，除了在标题中正式标注"Holistic"，文章内容与 1993 年整体工程观开山之作大致一样。他对 21 世纪工程教育的看法基于如下概念："工程师在有组织社会的根本性作用"是扮演完成"构建整体"集成任务的角色。

2007 年,Grasso 在"Holistic Engineering"一文中,指出工程学科旨在为服务人类社会和改进生活质量而设计方案,因此知识的整体尤为重要,要求工程师放宽视野,用超乎数学和科学的方式解决整个问题。为了更好地服务人类社会,工程还必须至少了解人类所处的复杂环境,这要求他们学习文学、历史、哲学、心理、宗教和经济等其他各个学科。工程教育要注重工程师全面性的培养,不仅有助于他们成为更出色的设计者,而且传授给他们与其他问题解决者合作的技能。但这并不意味着学生接受教育的 20 年间要深入学习各种学科知识,而是要体验贯通、丰富的本科教育。

1.2.2.2　整体工程教育理论体系的形成构建

2010 年,整体工程教育集大成的论文集《整体工程教育:超越技术视角》(*Holistic Engineering Education : Beyond Technology*)出版,汇集来自工程教育者和工程实践者诸多思想,强调了"工程学科若要继续出众并取得成功,必须具有更强的整体性和合作性"这一共同理念的紧迫性和实效性,论文集传递了各方的精彩观点,既呼吁改革传统的工程课程体系,同时也关注系统的、跨学科的和整体化的路径(Grasso,2010)。下面,我们将对相关论点一一介绍。

在论文集开篇作《超越技术:整体观的优势》(Beyond Technology : The Holistic Advantage)中,Grasso 认为工程教育和实践的整体化就是一种更突出跨学科、全系统的路径,它强调在迅猛变化的世界中具备将问题抽象化、领导团队型项目、跨学科交流、终身学习的能力。他指出工程职业的光明前景远非若干个技术方面的标签(如机械工程师、电气工程师和化学工程师)所能描述,取而代之的是一个接受广博教育的、更具实力的职业称号——"整体工程师"(holistic engineers),即运用其强大工程思维,有能力理解、管理、领导关联着技术、法律、公共政策、可持续性、艺术、政府和企业等各方面复杂问题和跨学科系统的工程师。

在《变革世界的工程:未来美国工程实践、研究和教育的改革路线图》(Engineering for a Changing World : A Roadmap to the Future of American Engineering Practice, Research, and Education)一文中,由美国工程教育改革先驱密歇根大学名誉校长 James Duderstadt 认为,在这个技术创新决定经济实力、国家安全和社会福利的时代,美国正面临着失去工程优势的困境。尽管数据清晰地表明工程对于一国经济实力和竞争力的重要性,但相比于其他职业,美国工程从业者的地位仍然偏低,并因此导致国家对工程教育和工程研究的投入不足,最终导致工程对年轻人才的吸引力不足。Duderstadt 的文章不仅为工程的迫切改革敲响了警钟,同时还大胆提出了面向高校、政府和产业界的改革行动方案和投资计划,有助于消减国家危机。

工程教育理论与实践关系十分复杂。一方面,这个职业领域富有创造性和实践性,同人文科学(如建筑、绘画、舞蹈)有共通之处;另一方面,这个领域的特殊性表现在其研究的动力来自于实践的应用。加州大学伯克利分校主管教学计划和设施的副校长、Wood-Calvert 工程学教授 Catherine Koshland 在《人文艺术与工程》(Liberal Arts and Engineering)一章中研究了在人文艺术学院背景下的工程学科。她指出,通过技术实现的科学应用能够提高全社会的福利;但如若缺失了文化理念或社会共识,技术的介入也无用武之地,因此高校需要更广博、更通识的工程教育。

承接人文艺术主题的文章由斯密斯女子学院(美国第一所女子大学且是全美为数不多的推行本科工程教育计划的人文艺术学院之一)校长 Carol Christ(现加州大学伯克利分校校长)执笔。在"通识教育的发展现状"("What Is Happening in Liberal Education")一章中,Christ 首先回顾了人文艺术课程及其重要的演变历史,继而具体阐述了当前人文艺术领域为应对工程挑战所做的七项关键变革,包括:从学科范畴转变成组织理念下的智力范畴;跨学科;跨国界;强调社会公民的培养;环境教育;注重本科阶段的研究;注重基于项目的学习。Christ 的文章传递了一个很明确的信号,即:若想要改造更全面整体的、面向 21 世纪的工程教育,必须将工程视为一项人文艺术。

工程教育改革进程中一个亘古不变的话题就是新世纪带来的复杂挑战需要更具创造力、创新性和整体性的解决方案,即在职业前的本科准备阶段采用新范式培养未来的工程师。佛蒙特大学工程与数学科学学院院长 Domenico Grasso 和达特茅斯学院工程学系主任 Joseph Helble 在《整体工程和教育改革》("Holistic Engineering and Educational Reform")一文中总结了若干应对未来挑战的创新的工程教学模式及其课程体系。该文探索了从事工程事业的动机并呼吁质疑那些 20 世纪五六十年代受热捧的历史动因,例如"人造卫星"。他们指出,很多工程师都很少甚至从不在受教育阶段参与实践,并强调终身学习的必要性。Grasso 和 Helble 指出,改进工程课程体系、优化整体工程师培养通道的第一步应该是在本科的首末阶段进行跨学科训练。安排不同兴趣爱好和学科背景的大一学生共同修读设计课程,有助于学生在大学前期形成社会性的整体思维框架,激励他们寻求具有创造性和影响力的解决方案,而这正是工程教育的核心环节。此外,作为前者的补充,他们还建议统一安排高阶设计课程,让不同学科的工程学生通过真正跨学科的方式参与其中,最好能够结合真实的商业环境和市场兴趣。如何培养能够创造性地设计整体性解决方案的工程师以最大程度地契合未来社会的复杂需求,以上方案将迈出令人振奋的第一步。

整体性(holistic)的定义是"关于那些全面的、完整的系统,而非对部分问题的分析、解决或解剖"。对工程教育而言,这一概念必然与系统工程的未来息息相关。美国国家情报局的首席信息官 Priscilla Guthrie 挑战了工程教育者的传统认知。在第 8 章"超越系统工程——面向 21 世纪的教育方式"("Beyond Systems Engineering-Educational Approaches for the 21st Century")中,他指出当前本科工程教育已然背离了培养系统工程师的方向,反而为学生提供越来越多的过时的"学科分支"(by-discipline)——电气、机械、土木、环境、化学等。Guthrie 认为,这样的教学范式对培养未来工程学生或工程师既不充分也非有效。为此,她提出了优化的教学成果和改革方案,并相信此举将有助于工程学生的学习和实践。

在美国工程领域进行工程教育体系重大转型时,其他各国也风起云涌。接下来的两章分别是秘鲁工程学院院长,国立工程大学、秘鲁天主教大学教授 Hector Gallegos,中国工程院副院长、浙江大学原校长潘云鹤对工程教育改革的思考。

在该书的第 9 章"整体性时代的工程师教育:拉丁美洲的视角"("The Education of an Engineering in a Holistic Age:A Latin American Perspective")中,Gallegos 教授描述了拉丁美洲当前的工程教育现状并认为拉丁美洲普遍丧失了工程创造力和成长性的潜能。他进一步设计了一套具体的课程体系,包括数学、基础科学、工程科学,并无缝整合了文化、历史和十分重要的设计类核心课程。他还例证如何通过这一全新的、整合的、精心设计的课程体系培养理想的工程学生,他要求学生通过跨学科合作而不是依赖单纯的技术或单一的兴趣进行工程专业的学习。他敦促学生持续不断地向自己和整个团队提问，不是一次、两次，而是多次，反思项目对社会和环境的必要性、安全性、收益性和重要性。最后，Gallegos 教授向所有拉丁美洲乃至全世界的工程教师发出了特别呼吁：要意识到一个更具整体性和启发性的工程教育的重要性，并且为未来的工程和社会参与到这项必需的变革中去。

第 10 章"培养创新型工程人才"（"On the Cultivation of Innovative Engineering Talent"）是由浙江大学前校长潘云鹤教授所著。他的观点很好地补充了 Gallegos 教授以及其他美国学者的思想，他认为更关注整体的工程路径——尤其是将更多设计、交流技能和跨学科思维方式融入工程课程体系——对于培养工程杰出人才至关重要。他还展望了中国将加速培养高素质的 21 世纪工程师，并列举了他所在的浙江大学所推行的教学计划：精挑细选出最优秀和最聪明的学生，安排他们修读以"重基础、重设计、重创造"为特色的高级班、强化班或创新班。在文章中，潘云鹤教授详细阐述了产学合作、国际交流，以及跨学科视野和创新型性格对于 21 世纪杰出工程师的重要性。除了有些是中国教育基础建设和官产学研等所特有的内容，该文的大主题依然与前述各章节一脉相承：提倡尽快改革以实现更为整体的、全球的和跨学科的工程路径。

整体性教育的一项重要内容是更好地了解我们周围的世界。这对于在经济全球化背景下从事工程实践的工程师尤为必要。在该书第 11 章"工程师的国际化教育和整体性思考"（"International Education and Holistic Thinking for Engineers"）中，伍斯特理工学院院长 Dennis Berkey 提出了工程教育改革中又一项十分重要却不被重视的内容："有目的性"的跨国学习体验。Berkey 提到，尽管在过去 30 年里跨国学习和交流项目的数量激增，但从美国的情况来看，其中只有不到 3% 是工程专业的学生。与此同时，当今全球经济的互联互通以及国际商务中科技的重要性都要求工程教育培养的学生拥有超乎他们的校园或国家的国际视野。Berkey 认为开发"有目的性"的跨国学习体验不仅帮助学生接触新文化，同时需要学生在外期间参与团队建设、合作学习、了解跨学科并掌握新的沟通方式。只有这样的海外学习体验才能真正成为工程师全面掌握"21 世纪技能"并傲立于全球化创新的理想平台。

工程师因其专业技能的定位完美地实现了应用科学与商业的结合，而被视为全球化经济体中的价值创造者。该书第 12 章"工程价值议题：职业和个人需求"("Engineering Value Propositions：Professional and Personal Needs")由凯斯西储大学管理与工程研究院(TiME)的 Gary Wnek 和 Suzette Williamson 共同执笔。文章强调，迅速变化的、全球化创新型经济需要随之变化从而与之相适应的工程职业，如果要继续保持其价值创造者的定位，工程师必须掌握更多整体性的、跨学科的、全面系统观的方法。除却之前所述的"整体工程师"和"21世纪工程师"等说法，Wnek 和 Williamson 还提出了另一个术语——"新经济工程师"(New Economy Engineer)，并用了一个简单的能量代谢酶"ATP"做比喻，即分析、转化、洞察，以此为新经济工程师提供能量。他们假定开发"ATP"是培养本科工程学生为未来职业竞争做准备的关键。

David Goldberg 是伊利诺伊大学乌尔班纳校区创业工程学的 Jerry S. Dubrovolny 杰出教授、伊利诺伊州遗传算法实验室的创办者、《创业工程师》的作者。作为一名热衷于创新和创业的工程教育家，Goldberg 困惑于何以每当工程学院的同事谈论起工程教育的"基础"时，大多仅仅提及数学、理学和工学等学科领域。诚然，数学、科学和工程科学很重要，但它们真的是成为一名工程师最为关键的基础学科吗？在第 13 章"工程教育转型缺失的基础及其哲学反思"("The Missing Basies and Oxher Philosophical Raflection for the Transformation of Engineering Education")中，Goldberg 认为长期以来"基础"的定义遗憾地与现代工程实践的真正需求和创新能力相分离。他还进一步指出了 21 世纪整体工程毕业生应当具备的七大基本技能：提出问题、定义技术和设计难题、定性地为问题建模、分解设计问题、搜集数据、将解决方案可视化并产生创意、通过书面和口头方式表达解决方案。在他看来，工程教育无法解决迷失基础的失败是十分惨重的，因此工程教育需要改变其理念、语言和实践方式，使之更契合工程标准。

在全球教育改革"行动倡议"的背景下，Domenico Grasso、Melody Brown、Joseph Helble 和 David Martinelli 进一步为 21 世纪工程教育改革提出了令人信服的论点。第 14 章"揭开整体工程的神秘面纱"("Dispelling the Myths of Holistic Engineering")对对变革持质疑态度的传统工程教育社区做出了有力的回应(这些质疑者认为对现有课程和实践体系的审核改革都会损害工程领域)，并直指五处经常被引用来解释工程师和工程教育的不可变更性的内容。受 PE 杂志编辑邀约的这篇论文刊登在该杂志 2008 年 8 月刊上，本文同时支持了 David Goldberg 的论点,认为如此的教育神话不仅对于职业发展毫无帮助,甚至是有严重缺陷、不可持续和不合逻辑的。作者指出,那些依然坚守着 20 世纪 50 年代教学模式的工程教师(例如,向已经超负荷的工程课程中继续灌输越来越多细化的专业技术知识)没有能力培养出在高速变革的信息化经济环境中制胜的人才。相反地,那些使用更具整体性和竞争力的教学范式的教师,训练的是学生最基础的工程思维,即如何"像工程师一样思考",并帮助他们获得终身受用的专业技能。

在该书重点探讨了企业家尤为重视的工程实践改革的新趋势。美国航太公司主席 Wanda Austin 和她的同事 Marilee Wheaton、Charles Tang 和 Mark Goodman 对工程行业进行了非常精辟的分析。第 15 章"系统工程实践与技术领导力"("The Practice of Systems Engineering and Technological Leadership"),首先总结了若干大型工程项目的失败案例,大多数人将数十亿美元的成本超支归咎于项目的"复杂性"。Austin 和她的共同作者们剖析了这一观点,并清楚地解释为何"技术领导力"(technical leadership)对复杂工程项目尤为重要,以及有效的系统工程实践是如何锻炼并提高这种领导力的。作者借助多个来自航空领域的案例,论证了由于知识驱动型社会为提高人民的生活质量加深了对科技的依赖程度,因此工程领域需要具备整体的世界观。作者最后强烈提倡采取更具整体性的、系统性的工程路径,从而有效解决日益复杂的工程项目,并使 21 世纪的社会从中受益。

MITRE 公司总裁兼首席执行官 Alfred Grasso 及其同事 Lou Metzger、Rich Byrne、Steve Huffman、John Kreger 和 Marie Francesca 共同撰写了第 16 章"整体的系统集成"("Holistic Systems Integration")。作者认为,当前的任何领域的工程师都已不再需要设计并实现单一目标、独立操作且准确无误的系统;相反地,应当意识到他们的工作是一个更大的、更复杂的系统的一部分,每一个部分为不同业务和用户所设计,这个系统需要时常共享信息、交流合作。该文的主题是更具整体性的系统工程路径对于复杂问题的巨大效用,以及 21 世纪工程企业的新兴和关键问题在于引进复杂系统。与 Austin 等人类似,MITRE 团队建议为能设计出适用于大规模、复杂企业的系统组建,工程师必须扩充其对系统的定义,并使之融入企业环境中。用达尔文学说来形容,即工程化的系统必须及时与周遭的科技、社会、经济和环境变化相互作用、响应并迅速"共同演化"。在第 17 章"未来的工程师：整体思考的系统工程师"中，洛克希德·马丁公司副总裁 Charlak Wise 指出，21 世纪工程系统发展的急剧动态性以及愈加复杂化所带来的不确定性是对传统工程师的极大挑战。然而，这一演化同时也为下一代工程师实现设计的创新性和创造性带来了巨大的机遇。受训更全面、思维更系统的工程师不仅能够了解问题的复杂性，而且能够利用它开发出有前景的新兴市场。

在第 18 章"协同创新与服务系统：对制度与学科的启示"（"Collaborative Innovation and Service Systems"）中，IBM 创新与技术执行副总裁 Nicholas Donofrio 及其同事、系统存储开发主管 Calline Sanchez，全球大学项目主管 James Spohrer 认为系统服务是下一个有望实现指数级全球增长的领域，并强烈呼吁"服务科学"这一以整体工程教育为基础的学科亟须迫切发展。根据文章的观点，新的全球市场要求最大程度的跨学科、密切合作和多元性，因此需要有能力在动态市场中理解复杂系统和服务的专业人员。作者认为，在动态的复杂系统中，不论从业者（和其价值定位）在何处发展，如工业和系统工程、金融工程、软件工程等，都需要全面而非过分集中的能力去处理合作性和跨学科的问题。服务科学和整体工程都是全面性的学科，尽管 21 世纪的工程专业人员仍然需要借助传统或基础的学科技能，但他们还需要在不同学科领域下沟通的技能以及管理复杂项目、人员和文化的能力。从根本上而言，培养更多整体工程师能够保证高质量的劳动力和专业人员统筹协同创新与服务科学项目。

该书的最后一章"技术与政策"（"Technolgy and Policy"）重点关注了技术、公共政策与工程教育的相互作用关系。众所周知，政策被视作全球经济最有力的驱动因素并能够通过工程教育与实践的整体化路径从中受益。卡内基·梅隆大学工程与公共政策主管、国家科学院成员 M. Granger Morgan 指出，在 20 世纪六七十年代甚至当今的一些学校，工程教育项目营造了一种轻视任何缺少大量偏微分方程的研究（如政策研究）的氛围。然而，当前很多工程教育者开始意识到授予学生技术背景对帮助解决与技术细节相关的政策问题的重要性，问题的构造方式和采用的分析工具是需要的但不是最重要的。这是愈发复杂的工程挑战的一部分，它将世界范围内的社会、经济、环境、媒介、文化差异融合成有效的解决方案。更进一步地来看，工程领域应用最广的技术手段,如决策分析、系统描述、不确定性分析和定量风险分析等,只有在整体观视野下才能更好地为公共政策服务。Morgan 乐观地认为,当前有成千上万的技术与政策领域的毕业生比其他接受传统教育的同事正在以更整体、全面的方式从事他们的工作。为此,他相信这批毕业生日后能够成为全球技术界的领导者。

1.2.3 知行之辨:"大 E 工程"与整体观的实践先导

整体工程教育是回归工程浪潮中重要的开拓创新,事实上,自大 E 工程观与整体工程观提出以来,许多院校都进行了不同程度的"回归工程"的改革探索,比如 MIT 的 CDIO、奥尔堡大学的 PBL 等,这些典型实践都为回归工程运动奠定了扎实坐标,对整体工程教育的深化改革起到了实践先导的作用。为了避免"记叙"这些案例,形成符合整体工程教育或大 E 工程、整体工程理论要义的分析框架显得重要。工程教育存在的钟摆现象提供了重要的分析视角。工程教育从技术范式到科学范式再到实践范式,都不能绕开"理论端"与"实践端"的讨论,整体工程教育也是要做到"理论与实践的整体",因而按照该逻辑对案例进行探索。

1.2.3.1 CDIO:学科贯穿,项目交织

CDIO 改革率先在 MIT 航空航天系发生,同样是在"回归工程实践"背景下提出,旨在铺设以产品的研发到运行的生命周期的整个过程,为学生提供实践、理论课程之间有机知识关联的教学情景,鼓励学生以主动的方式学习工程学(李曼丽,2010)。CDIO 改革愿景主要是要培养能做工程的工程师,要将工程教育置于真实的工程情景中,要具备特定的具体学习结果预期。同时这项计划努力要让学生更深入地掌握技术基础知识,领导工程新产品、新过程和新系统的创建和运行,理解研究和技术发展对社会的重要性和战略意义(Crawley,2007)。

CDIO 理论体系蔚为壮观,包括 12 条专业标准,对课程开发、课程目标、内容组织、课程结构等都有大篇幅的设计。但是从"理论与实践"关系的角度审视CDIO,我们会发现这其实还是一种以学科知识贯穿的教学模式,在学科知识学习的同时铺设了许多各式各样项目的设计与实践。这点在 CDIO 的红宝书中已有集中论述,见图 1-4。Vest 也在该书中寄语:"或许是我太老套,我仍然相信

熟练的、精心准备过的课堂讲授仍然是最有趣的学习和教授经验,它仍然应该有自己的位置。"如果按照他们的课程安排(略)进行粗略的绘图,学科理论学习为浅色方块,实践训练为深色,见图1-5。

基于学科、技能和项目交互的整合式课程

图 1-4 CDIO 课程模型(Crawley,2007)

■工程实践 □学科理论 ➤学习进程

图 1-5 CDIO 知行之辨

(根据崔军等人研究材料总结)

1.2.3.2 PBL:项目贯穿,学科交织型

PBL 模式是丹麦奥尔堡大学(Aalborg University)的模式创新,主要指代一种以真实情景中的问题为基础、以学生为中心、自我引导的教学模式。PBL 中的问题是一切学习活动的起点,同时也是学生在其未来的专业领域可能遭遇的"真实世界"中的非结构化的问题,这些问题没有固定的解决方法和过程,需要学生主动探索,同时引出与本专业相关的概念、原理知识,进而解决问题(邹晓东,2010)。Graaff 描述 PBL 的改革愿景,认为有专业的愿景、教与学的愿景、人与社会的愿景(Graaff,2003)。所以 PBL 是以 problem 或是 project 为教学首要组织原则,然后将这些问题项目所需的学科知识整合到教学过程中去,所以这些学科知识事实上是基于项目的一种模块选择。CDIO 里也对 PBL 进行了描述(见图1-6),并认为这种模式有两点值得注意:一是如何保障工程师较为深入的知识习得;二是如何打破原来学科设置来实行这样一种模式。按照实践与理论的关系,绘图1-7。

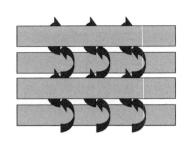

基于学科、技能和项目交互的整合式课程

图 1-6 PBL 课程模型(Crawley,2007)

■工程实践 □学科理论 → 学习进程

图 1-7 PBL 知行之辨

(根据崔军等人研究材料总结)

1.2.3.3 习而学:项目学科并行交织

习而学工程教育思想是我国桥梁专家茅以升先生的智慧贡献,尽管这不属于回归工程实践背景下的模式创新,但是却也触及了问题本质,其历史意义就如同 Everit 的《长生鸟》,茅老当年就提出我们的工程教育的缺陷:一是理论与实际脱节;二是通才与专才脱节;三是科学与生产脱节;四是对于学生入学的要求,是重"质"不重"量";五是对于学生毕业的条件,是一切分数及格,而这分数,绝大多数是指理论的课程(茅以升,1984)。习而学的模式设计(见表 1-1),以桥梁工程师为例:第一年级新生先在造桥工地实习半年,后在桥梁工厂实习半年,同时实习测量、地质、工程材料、石工等课程。晚间阅读课本(包括政治课及劳动法令等),练习绘图。第二年级前半年在学校读与桥梁有直接关系的理论课程,如结构学、基础学、河工学、机械工程、电机工程等,后半年在现场实习木桥、钢桥的施工方法,运用器材,管理人工等技术,同时实习测量、地质、材料等课程。晚间阅书及绘图。第三年级前半年在学校读较基本理论课程,如工程力学、材料力学、土壤力学、水力学及电机、机械、冶金等工程,后半年在现场实习较为负责的施工、管理及设计等项目,同时实习测量、房屋建筑等课程。第四年级,全年在校学习,读基本科学如微积分、物理、化学、机械学、高等数学、高等力学、经济学等课程,并在实验室做材料试验、水力试验等。按照理论与实践的关系研判,绘图 1-8。

表 1-1　习而学教学安排(根据《茅以升文选》整理)

进程	习		习		习	
场所	现场		现场		现场	
内容	实际 (表现)		实际 (内层)		实际 (核心)	
方法	见习(动目 不动手)		实验(动手 不生产)		生产(出品 不经济)	
作用	感情认识 任务轮廓		感性认识 任务要求		感性认识 任务重点	
进程		学		学		学
场所		课堂		课堂		课堂
内容		理论 (整体)		理论 (分析)		理论 (综合)
方法		阅读 (了解)		阅读 (深入)		阅读 (贯通)
作用		理性认识 任务性质		理性认识 任务条件		理性认识 任务关键

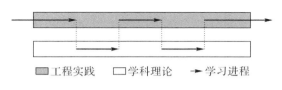

图 1-8　习而学知行之辨

　　无论是 CDIO、PBL,还是习而学,三种实践所处时代背景、应用范围都不尽相同,但都展示了对工程实践回归的努力与尝试,表征着回归工程实践的多样性。第一,回归工程实践类型的多样性。CDIO 从背景层面回归,强调将工程产品的生命周期作为教育实施的大环境;PBL 则是强调解决来自真实世界的问题,特别是产业界的需求,还有文中尚未论述的 ELED 模式对工业实践经验的倚重。第二,回归工程实践的组织方式多样性。CDIO 以学科知识为贯穿主线,再穿插项目的训练;PBL 以问题项目为贯穿主线,再按需编织学科知识;习而学则是项目实践与学科学习间进式安排。所以工程范式下的工程教育,始终要以"有没有回归""回归到什么样的实践"以及"回归到什么程度的实践"来审视,而知行之辨即理论与实践的关系的视角或许能提供一种解读。

整体工程教育自然也必须回答如何整合理论与实践,CDIO、PBL、习而学都提供了"整体"的先行经验,而且这些经验是多样性的统一,即都强调了"设计"的重要性,当然这个设计的概念是广义的,包括理念的设计(conceive)、项目的设计等。整体工程教育对"理论与实践的整体"似可以"设计"贯穿。

1.3　本章小结

大 E 理念旨在强调工程师应该关注许多更大的环境背景因素,包括他所在的公司、公司的顾客、公共政策,以及周围环境等。大 E 工程的术语是一种回归,强调一种为工程实践服务的工程教育,与工程科学采纳的研究导向观念正好相反。整体观强调以一种更突出跨学科、全系统的路径,培养在迅猛变化的世界中具备将问题抽象化、领导团队型项目、跨学科交流、终身学习能力的工程科技人才。

因而,两者理念构建的出发点基本一致,即都展示了对回归工程实践的努力,具体表现在要集成以下要素:整体视野、能力集成、学科交叉、真实体验、课程重构、力量协同等。但大 E 理念侧重强调工程师的环境感知能力,而整体观则进一步强调以跨学科、全系统的路径整体教育,包括提升工程师的环境感知能力,两者理论具体比较可见表 1-2。所以从某种角度上来说,整体观是大 E 理念的进一步发展。所以工程教育的整体性意蕴指的是关注全体或完整的系统,而不是与分析、处理或分割部分有关,它是一种没有边界的思维方式,需不断检讨和理解工程应用的大图景(Wise,2008)。

但是值得一提的是,两者理念虽然于 20 世纪 90 年代就已提出,但目前仍尚未有清晰的理念建构,因而也并没有直接地运用到具体的工程教育模式改革

中。当然我们可以说 CDIO 是大 E 理念的进一步实施,但一种真正植根于大 E
理念与整体工程理念的工程教育模式尚待探索。本研究提出的整体工程教育
正是基于此的一种努力。

表 1-2　大 E 理念与整体工程观的理论比较

理论	提出者	内涵
大 E 工程	Joel Moses	认为工程师应该关注许多更大的环境背景因素,包括他所在的公司、公司的顾客、公共政策,以及周围环境等。
整体工程	Joseph Bordogna	强调以一种更突出跨学科、全系统的路径,培养在迅猛变化的世界中具备将问题抽象化、领导团队型项目、跨学科交流、终身学习能力的工程科技人才。

资料来源:作者根据相关理论整理。

本章参考文献

［1］ASEE,Grinter Report[R].1955.

［2］Bordogna J,Fromm E,Ernst E W. Engineering Education:Innovation Through Integration [J].Journal of Engineering Education,1993,82(1).

［3］Crawley,Edward et al.,Rethinking Engineering Education:the CDIO Approach [C].Springer International. Switzerland 2014.

［4］Dertouzos M L,Lester R K,Solow R M. Made in America:Regaining the Productive Edge[M]. Cambridge,Mass,1989.

［5］Everitt W L. The Phoenix—A Challenge to Engineering Education[C]. Proceedings of the IRE,1944,32(9).

［6］Joel Moses. Engineering with a Big E:Integrative Education in Engineering—Long Range Plan for the School of Engineering 1994—1998[R]. 1994.

［7］National Academy of Engineering. Infusing Real World Experiences into Engineering Education[R]. 2012.

［8］NSB. Undergraduate Science,Mathematics and Engineering Education [R]. 1986.

[9] Reynolds,T. S. ,Seely,B. E,Striving for Balance:A Hundred Years of the American Society for Engineering Education[J]. Journal of Engineering Education,1993(03):82.

[10] Reynolds,Terry S. The Education of Engineers in America Before the Morrill Act of 1862[J]. History of Education Quarterly,32,Winter 1992,459-482.

[11] Seely,B. E. The Other Re-engineering of Engineering Education,1900—1965[J]. Journal of Engineering Education,1999,88(3):51-67.

[12] 杜翔云,Anette Kolmos,Jette Egelund Holgaard. PBL:大学课程的改革与创新[J]. 高等工程教育研究,2009(03):29-35.

[13] 国家教委工程教育赴美考察团."回归工程"和美国高等工程教育改革[J]. 中国高等教育,1996(03):39-41.

[14] 黄金丹. 基于 PBL 的高校工科人才培养机制研究[D]. 杭州:浙江大学,2008.

[15] 孔寒冰,叶民,王沛民. 多元化的工程教育历史传统[J]. 高等工程教育研究,2013(05):1-12.

[16] 孔寒冰. 工程学科知识体的演进与转型[J]. 高等工程教育研究,2011(04):27-34.

[17] 李曼丽. 工程师与工程教育新论[M]. 北京:商务印书馆,2010.

[18] 李曼丽. 用历史解读 CDIO 及其应用前景[J]. 清华大学教育研究,2008(05):78-87.

[19] 李培根. 工程教育需要大工程观[J]. 高等工程教育研究,2011(03):1-3+59.

[20] 李培根. 工程教育需要大工程观[J]. 高等工程教育研究,2011(03):1-3+59.

[21] 茅以升. 茅以升文集[M]. 北京:科学普及出版社,1984

[22] 时铭显. 美国工程教育改革与发展趋势[J]. 高等工程教育研究,2002(05):9-13.

[23] 涂善东."全面工程教育"引论[J]. 高等工程教育研究,2007(02):6-13+25.

［24］王沛民.美国工程教育改革的新进展［J］.高等教育研究,1995(04):94-98.

［25］王沛民.中国工程教育研究(EER):式微与复兴［J］.高等工程教育研究,
　　　2013(06):13-21.

［26］叶民.工程教育 CDIO 模式适应性转换平台的研究［D］.杭州:浙江大
　　　学,2014.

［27］张文生,宋克茹."回归工程"教育理念下实施"卓越工程师教育培养计划"
　　　的思考［J］.西北工业大学学报(社会科学版),2011,31(01):77-79＋92.

［28］张文生,宋克茹."回归工程"教育理念下实施"卓越工程师教育培养计划"
　　　的思考［J］.西北工业大学学报(社会科学版),2011,31(01):77-79＋92.

［29］邹晓东,王沛民,孔寒冰,柳宏志.关于科学与工程教育创新的思考［J］.管
　　　理工程学报,2010,24(S1):52-54.

第二章 基于中国情境的整体工程教育理念建构

近年来,浙江大学在打造中国情境下的整体工程教育模式上积极探索与创新,从"工高班"到"工程+X"复合型人才培养模式再到"整体工程教育人才培养模式创新实验区",在整体工程教育的理论与实践上都取得了有效突破。在大科学时代和大工程时代,创新创业的发展主题与工业创新的趋势对工程科技人才有了更高的质量诉求。工程教育的情境性是重寻本真逻辑的不竭动力。

面对工程教育的崭新环境,把握工程教育的本真逻辑正在成为教学改革的强烈诉求。中国情境下的整体工程教育旨在充分遵循工程教育集成性、实践性与创造性三大核心要素,通过构建面向真实工程世界的教育平台,系统重构课程体系,打造工程教育联盟,系统化培养具备以宽专交融与知行合一为特征的知识能力集成的工程领导者。

2.1 我国工程教育需求的实证分析

近年来,云计算、大数据、移动互联、物联网、人工智能等新一代信息技术的突破性发展,与制造业和产业变革交汇在一起,给全球制造产业带来了一场新的科技革命和产业革命,给我国制造业的快速发展、转型升级提供了良好契机,也给我国高等工程教育,特别是给应对国内外市场需求调整的多层次工程人才培养提出了新的挑战。鉴于此,课题组通过结构化的实地访谈和问卷调研,对现阶段工程教育面临的诸多问题、各高校开展工程教育改革的有效举措以及工程师职业能力结构等相关内容展开研讨,以期了解一线工程师的基本情况和能力需求,探索一线工程师的胜任力模型,为我国工程人才的培养和高等教育教学改革建言献策。

2.1.1　研究设计

2.1.1.1　结构化问卷调研

职业能力结构反映着某种职业所应当具备的能力类型。对于这一概念的研究有很多,比如宋国学(2008)通过调查分析,认为大学生职业能力的结构与维度分为专业技能、沟通技能、个人属性、学习能力和人际技能。林健(2014)通过对由教育部和中国工程院发布的"卓越工程师教育培养计划"通用标准的诠释认为,本科层次卓越工程师在素质、知识、能力三个方面应达到以下11条要求:基本素质,现代工程意识,基础知识,专业知识,技术标准与政策法规,学习能力,分析解决问题能力,创新意识和开发设计能力,管理与沟通合作能力,危机处理能力,国际交流合作能力。在本研究中我们认为工程师职业能力结构是指一名工程师胜任其职业所必须具备的能力,这些能力既有可能是在学校教育中培养出来的,也有可能是在工作过程中习得的。

职业绩效,即工作绩效,这是管理学中常用的概念,许多学者对于此术语进行过解释,最有代表性的是鲍曼和穆特威德鲁的研究结论。他们在研究坎贝尔等人工作绩效结构的基础上,将工作绩效划分为任务绩效与周边绩效两种成分。除此之外,学者温志毅(2005)通过调查分析建立了工作绩效的四因素结构模型,认为工作绩效包括任务绩效、人际绩效、适应绩效和努力绩效四个成分。本研究借鉴众学者的观点认定:工程师职业绩效是指针对工程师工作过程中的行为、工作结果以及人际交流等方面进行的标准设定和成果评判。它包含两部分内容:一是制定评价工程师工作的标准;二是依据标准对工程师的工作进行评判得出考核结果。

高等工程教育是以科学技术为主要学科基础,以培养能将科学技术转化为生产力的工程师为目标的专门教育。而工程教育环境要素则是指实施这种教育的路径。工程教育环境要素一般包括两方面的内容:工程理论教育和工程实践教育。本研究运用半结构化访谈、多层次个体行为问卷和多元统计方法,实证检验工程师职业能力结构对于工程师职业绩效的影响效应、工程教育环境要素对于工程师职业能力结构的影响效应等命题。提出研究假设如下。

假设 1：工程师职业能力结构包括以下六个维度：综合分析能力、交叉协作能力、持续学习能力、伦理遵守能力、执行实施能力、创新设计能力。

假设 2：工程师职业绩效包括工作过程绩效、工作结果绩效、工作责任意识三个要素。

假设 3：工程教育环境要素包括以下两个维度：学校课程体系的学习及实习活动；自主学习、科研训练与学科竞赛。

假设 4：工程师职业能力结构不同要素对职业绩效的影响作用显著不同。

假设 5：工程教育环境要素与工程师职业能力结构具有显著的正效应。

2.1.1.2　结构化实地访谈

在对学校的访谈中，我们发现当前中国的工程教育存在以下几个特征：(1)各个学校都根据校情采取了相应的工程教育措施(详见表 2-1)，从而形成了各个学校自身的特色，比较突出的有福州大学的"紫金模式"、华东理工大学的 CSSO 创业教育等；(2)与企业的合作培养成为一种趋势，在调研中包括山西大学、福州大学在内的多所学校都在尝试着与企业进行合作培养；(3)对创新创业教育的重视度不断增加，很多学校都在实打实地培养学生的创新创业能力。在学校层面上，我们发现仍然存在以下问题：课程设置中理论与实践相脱节，学校对高等教育研究的重视度不够，新旧学科的不兼容，教师背景单一等。

在对企业的访谈中，我们发现各个企业都在积极地配合学校开展联合培养活动。公司主要采用导师指导、岗前培训、入岗体验、项目进展汇报等形式对学生进行实践能力的培养，还会给予学生和导师以补贴和奖励，反映出企业在人才培养方面的重视程度在不断提升。当然，在访谈过程中也发现了许多现实的困难和问题，比如被访谈的企业负责人表达了对校企合作的一些隐忧，如培养的实习生不一定会留在本企业、学生对公司知识产权的保护意识不高、缺乏资金支持等问题。

表 2-1　访谈记录表

访谈时间	访谈单位	工程教育具体举措	困难与问题
2013 年 8 月	中山大学	1. 构建跨学科研究平台，主要从事教学和人才培养； 2. 支持优势学科参与广东省的"攀峰学科"计划。	
2013 年 8 月	华南理工大学	1. 与企业签订战略合作协议，联合培养人才； 2. 提出"三创"的概念（创业、创新、创造），建立创新班。	
2014 年 4 月	福州大学	人才培养的"紫金模式"。	学校层面： 1. 理论与实践脱节； 2. 学校对高等教育研究的重视度不够； 3. 新兴学科与传统学科不兼容； 4. 经费不充足； 5. 校企合作中企业的积极性不足； 6. 教师背景单一。
2014 年 4 月	华东理工大学	1. 工程教育的三个"all"理念； 2. CSSO 创业教育； 3. 成立国内第一个工程教育学系，将工程教育的研究与实践合为一体。	
2014 年 10 月	山西大学	本科生培养的"四四五"模式。	
2015 年 5 月	云南大学	1. 软件学院的"SECDIO 模式"； 2. 人才培养的国际化，尤其注重双语教学。	
2015 年 6 月	浙江工业大学	1. 树立 OBE 教育理念和教学质量观； 2. 教育模式的"三个转变"； 3. "虚实结合"的实习教学模式； 4. 改革职称评审和岗位聘用标准。	
2015 年 6 月	温州大学	1. 课程的绿地建设； 2. 注重教学实务的提升； 3. 推行基于岗位素质要求的"1—2—1"渐进式的教学模式。	
2015 年 6 月	中国计量学院	1. 充足的经费保障； 2. 重视教师的培养。	

续表

访谈时间	访谈单位	工程教育具体举措	困难与问题
2015 年 6 月	浙江科技学院	1. 增加实践环节,实施"3＋1"培养模式; 2. 设立专项资金进行课程改革; 3. 重视师资队伍建设。	
2015 年 6 月	杭州矽力杰半导体技术有限公司	1. 与浙江大学联合成立了国家级的实践中心; 2. 公司对于人才培养采用的措施包括:设置专门的导师组;确定考核大纲和考核内容,定期进行考核;给予导师薪资激励,补贴学生的日常费用。	
2015 年 6 月	浙江工程设计有限公司	分派导师从毕业设计入手对学生进行实践能力的培养。	公司层面: 1. 人才培养与人才流失之间的矛盾; 2. 学生对公司知识产权的保护意识不高; 3. 资金支持不足。
2015 年 6 月	杭州日盛净华设备有限公司	1. 一个月的岗前培训; 2. 部门轮岗,了解整个工作流程; 3. 确定岗位,进行有针对性的培养。	
2015 年 6 月	浙江中控技术股份有限公司	1. 对学校输送的实习生进行全额培养,不再进行二次筛选; 2. 培训体系比较完善,每个学生都有自己的导师; 3. 设立对导师的考核机制。	
2015 年 6 月	华立仪表集团股份有限公司	1. 采用小团队做项目的形式进行人才培养; 2. 举行定期的检查和评比,在评比中进行排名,根据名次发放津贴。	
2015 年 7 月	阿里巴巴公司	1. 从技术基础、技术热情、技术成果三个方面考察工程师职业能力; 2. 工程师关注的工程教育模式主要分为三类:基于项目或实习的教育模式;与时俱进、具有高度灵活性的教育模式;校企合作的教育模式。	

　　通过对高校和企业的访谈进行总结,我们发现高校的工程教育模式正处在不断探索时期,虽然各个学校和公司都在为工程人才培养进行一步步的尝试,但目前的工程教育仍然存在着诸多问题。我们亟须构建一种新的工程教育理念和模式,进而为问题的解决和工程教育的发展提供方向和路径。

2.1.2　实证研究

2.1.2.1　研究取样和样本特征

　　本研究以各行业的工程师为调查对象,通过网络平台、电子邮件、实地调研等方式共发放并回收问卷 410 份。去除 87 份无效问卷后,得到有效问卷 323 份,有效回收率为 78.8%。问卷主要由工作地点在广东、北京、上海、浙江、江苏、山东、四川、安徽等省市的工程师填写,覆盖范围较广,具有较好的代表性。

表 2-2　问卷基本情况统计表(N=323)

	频次	占比(%)
问卷分布(主要地区)		
广东	57	17.6
北京	35	10.8
上海	26	8.0
浙江	22	6.8
江苏	22	6.8
山东	17	5.3
四川	14	4.3
安徽	11	3.4
性别		
男	217	67.2
女	106	32.8
总计	323	100.0
年龄		
20~30 岁	118	36.5
31~40 岁	162	50.2
41~50 岁	34	10.5

续表

	频次	占比（%）
51～60 岁	8	2.5
60 岁以上	1	0.3
总计	323	100.0
教育程度		
大专	2	0.6
本科	236	73.1
硕士及以上	85	26.3
总计	323	100.0
工作所属行业		
信息技术	45	13.9
机械自动化	56	17.3
航空航天业	14	4.3
建筑行业	49	15.2
交通行业	15	4.6
电力行业	30	9.3
新能源与新材料	26	8.0
通信电子	29	9.0
化学化工	27	8.4
节能环保	8	2.5
金融服务	3	0.9
生物医药及高性能医疗机械	6	1.9
其他	15	4.6
总计	323	100.0
单位性质		
国有企业	87	26.9
民营企业	168	52.0
外资企业	51	15.8
其他	17	5.3
总计	323	100.0

续表

	频次	占比（%）
就业单位的规模		
50 人以下	13	4.0
51～200 人	79	24.5
201～500 人	139	43.0
501～1000 人	44	13.6
1000 人以上	48	14.9
总计	323	100.0
工作时间长度		
1 年以下	11	3.4
1～3 年	59	18.3
3～5 年	115	35.6
5～10 年	104	32.2
10 年以上	34	10.5
总计	323	100.0
职称		
助理工程师（初级）	73	22.6
工程师（中级）	181	56.0
高级工程师（副高级）	62	19.2
研究员或教授级高级工程师（正高级）	7	2.2
总计	323	100.0
税前月薪		
5000 元以下	51	15.8
5001～8000 元	107	33.1
8001～12000 元	85	26.3
12001～15000 元	61	18.9
15000 元以上	19	5.9
总计	323	100.0

2.1.2.2　研究测量及统计方法

问卷的设计主要参考借鉴了美国工程教育专业认证标准 EC2000。问卷由基本信息调查和工程师职业结构能力量表、工程师职业绩效量表、工程教育环境要素量表等四部分组成。剔除不合适的题项后量表的构成如下：工程师职业结构能力量表由 18 个测量项组成；工程师职业绩效量表由 11 个测量项组成；工程教育环境要素量表由 10 个测量项组成。研究采用 Likert 式 5 点量表进行评价，从 1～5 计分，表示从"完全不符合"到"完全符合"等 5 个等级变化选择。数据分析主要采用统计软件 SPSS17.0 for Windows 软件进行。统计方法主要运用了因子分析、多元层次回归分析、聚类分析和方差分析等。

2.1.2.3 数据分析

(1)工程师职业能力结构量表、工程师职业绩效量表和工程教育环境要素量表的因素分析。

对工程师职业能力结构量表进行了探索性因素分析，采用主成分分析法和方差最大旋转法抽取因子，以辨别不同的工程师职业能力。运用凯泽标准和卡特尔陡阶检验法确定因素抽取个数，采用特征值大于 1，且项目因素荷重不低于 0.5 的标准，最后得到一个具有六个维度，分别包括 5 个项目、4 个项目、3 个项目、4 个项目、1 个项目、1 个项目，共计 18 个项目的工程师胜任力量表。Cronbach a 值越大表示测量信度越高，本文以不低于 0.6 为限。本研究统计数据的 KMO 值为 0.873，适合做因子分析。因素分析结果见表 2-3。

表 2-3 工程师职业能力结构量表探索性因素分析结果($N=323$)

测量项目	因素 1	因素 2	因素 3	因素 4	因素 5	因素 6
因素 1:α 系数＝0.667						
V32 在获得较为充分的信息时,能迅速做出正确决策	0.648					
V2 工程设计方案的好坏决定了工程项目的成败	0.624					
V12 针对已发现的工程问题,我总能很快地提出解决方案	0.599					
V1 实际工作中经常会遇到复杂的数学或物理等问题	0.500					

续表

测量项目	因素 1	因素 2	因素 3	因素 4	因素 5	因素 6
V23 总是不断改进工作方法或工具,大胆试验新型模式	0.458					
因素 2:α 系数＝0.653						
V16 在工作中常常需要向领导、团队成员以及其他相关工作人员表述自己的观点和想法		0.730				
V9 在跨部门跨学科的工作小组中,我与同事相处十分融洽		0.637				
V10 在跨部门跨学科的工作小组中,大家愿意分享自己关于设计、理念等方面的不同观点并开展充分的讨论		0.553				
V26 在长期繁重的工作任务之外有自我学习计划并坚持推进		0.512				
因素 3:α 系数＝0.612						
V13 对于有损社会利益、有违职业道德的行为有明确的判断			0.714			
V17 在工作中常常需要清晰理解、领会来自其他相关工作人员的观点和想法			0.660			
V22 总是努力寻找学习机会,以获取新的专业知识和技能			0.532			

续表

测量项目	因素 1	因素 2	因素 3	因素 4	因素 5	因素 6
因素 4：α 系数＝0.642						
V15 在工作中没有损坏社会利益、有违职业道德的行为				0.751		
V14 在工作中不做有损社会利益、有违职业道德的行为				0.690		
V25 定期检查工作进展，调整工作行为以确保达到预期标准				0.480		
V28 常常与工作相关人员讨论当前工程技术热点问题和内容				0.471		
因素 5：α 系数						
V4 依照别人设计的工程实施方案开展工作是件很轻松的事					0.843	
因素 6：α 系数						
V3 在工作中经常会因为工程实施方案的设计而绞尽脑汁						0.786
特征根值	5.048	1.359	1.112	1.060	1.046	1.010
各因素解释变异的百分比	12.553	11.138	10.461	9.615	7.810	7.504
累计可解释变异的百分比	12.553	23.692	34.153	43.767	51.577	59.081

本研究根据因子分析的结果并参考 EC2000 标准认为，工程师职业能力结构应包括综合分析能力、交叉协作能力、持续学习能力、伦理遵守能力、执行实施能力、创新设计能力等六个维度。工程师职业能力结构量表的六个因素共解释了 59.081% 的变异，并且前四个因子的内部一致性系数分别为 0.667、

0.653、0.612、0.642,显示了较好的内部一致性,证明了本研究量表的同质性信度较高。因素分析结果基本支持了研究假设 1。

对工程师职业绩效量表进行探索性因素分析,采用主成分分析法和方差最大旋转法抽取因子,以辨别不同的职业绩效结果。最后得到一个具有三个维度,分别包括 5 个项目、4 个项目和 2 个项目,共计 11 个项目的工程师职业绩效量表。本研究统计数据的 KMO 值为 0.830,适合做因子分析。因素分析结果见表 2-4。

表 2-4 工程师职业绩效量表探索性因素分析结果($N=323$)

测量项目	因素 1	因素 2	因素 3
因素 1:α 系数＝0.717			
V39 我常常会关注工作细节	0.737		
V35 我完成的工作质量高于部门平均水平	0.713		
V45 我经常会说一些能使同事感觉愉悦的话	0.583		
V42 我会主动解决工作中所面临的难点问题	0.574		
V40 我会主动要求承担具有挑战性的工作	0.564		
因素 2:α 系数＝0.666			
V36 我的工作效率高于部门的平均水平		0.762	
V34 我完成的工作量高于部门的平均水平		0.688	
V37 我完成工作质量的标准高于我的岗位规定的标准		0.634	
V41 即使上级不在,我也会遵从指示行事		0.511	
因素 3:α 系数＝0.591			
V38 我会加班加点,确保工作按时完成			0.808
V44 我在采取可能影响他人的行动前,会主动告知他人			0.725
特征根值	3.753	1.173	1.075
各因素解释变异的百分比	19.962	19.803	14.790
累计可解释变异的百分比	19.962	39.765	54.555

　　根据因素抽取内容的分析,分别对因子进行命名,即工程师的职业绩效是由工作过程绩效、工作结果绩效、工作责任意识三个维度构成。三个因子的内部一致性系数分别是 0.717、0.666、0.591,显示了较好的内部一致性,证明了本研究量表的同质性信度较高。因素分析结果支持了研究假设 2。

　　对高等工程教育模式量表也进行了探索性因素分析,采用主成分分析法和方差最大旋转法抽取因子,以辨别高等工程教育模式中不同的环境要素。最后得到一个具有两个维度,均包括 5 个项目,共计 10 个项目的高等工程教育模式量表。本研究统计数据的 KMO 值为 0.882,适合做因子分析。因素分析结果见表 2-5。

表 2-5　工程教育环境要素量表探索性因素分析结果($N=323$)

测量项目	因素 1	因素 2
因素 1:α 系数＝0.741		
V48 大学期间的专业模块课学习对目前工作有很大帮助作用	0.797	
V58 大学期间学校对应用型工程师(本科/硕士)和学术型工程师(博士)有明确分层次分类的培养目标和教学体系	0.691	
V51 大学期间的工程实践与实习活动对目前工作有极大帮助	0.596	
V47 大学期间的学科基础课学习对目前工作有很大帮助作用	0.580	
V52 大学期间学校会经常安排同学到企业参加工程或项目实习	0.540	
因素 2:α 系数＝0.765		
V49 大学期间的人文选修课对目前工作有很大帮助作用		0.772
V50 大学期间的学术竞赛或科技竞赛对目前工作有很大帮助		0.718
V56 大学期间的学术训练或科研训练极大提升了职场竞争力		0.629
V57 大学期间的各类仿真工程实践训练极大提升了职场竞争力		0.592
V53 大学期间学校会组织形式多样的学术竞赛或科技竞赛		0.557
特征根值	4.162	1.000
各因素解释变异的百分比	26.005	25.618
累计可解释变异的百分比	26.005	51.623

　　通过分析,本研究认为高等工程教育模式教育要素包括学校课程体系的学习及实习活动,自主学习、科研训练与学科竞赛两个维度。这两个因子的内部一致性系数分别为 0.741、0.765,显示了良好的内部一致性,证明了本研究量表的同质性信度较高。因素分析结果支持了研究假设 3。

　　(2)工程师职业能力结构对工程师职业绩效的回归分析。

　　本研究拟检验工程师的职业能力结构对工程师职业绩效的影响效应。运用多元线性回归分析方法进行,以工程师职业能力结构的六个维度作为多元自变量,以职业绩效的三个因子作为因变量,运用全部进入回归分析的方法,对职业绩效构建多元线性回归方程。回归分析结果见表 2-6。

表 2-6　工程师职业能力结构对工程师职业绩效的回归分析($N=323$)

自变量	工作过程绩效		工作结果绩效		工作责任意识	
	β 系数	T	β 系数	T	β 系数	T
综合分析能力	0.268	4.753***	0.267	4.649***	0.171	2.733**
交叉协作能力	0.250	4.455***	0.095	1.673	0.201	3.238**
持续学习能力	0.077	1.420	0.194	3.495**	0.069	1.150
伦理遵守能力	0.198	3.747***	0.180	3.355**	0.194	3.315**
执行实施能力	0.042	0.932	0.085	1.874	0.019	0.390
创新设计能力	−0.022	−0.474	0.035	0.745	0.028	0.548
校正后的 R^2	0.394		0.374		0.256	
方程 F 值	35.888***		33.052***		19.501***	

* $p<0.05$,** $p<0.01$,*** $p<0.001$,β 系数为标准回归系数

　　由表 2-6 的回归分析结果可以看出,综合分析能力和伦理遵守能力两个维度对于工程师的工作过程绩效、工作结果绩效和工作责任意识都具有非常显著的正效应;交叉协作能力对于工作过程绩效和工作责任意识具有显著的正效应;持续学习能力仅对于工作结果绩效具有显著的正效应;而执行实施能力和创新设计能力对职业绩效三个因子的影响都不显著。这样的统计结果表明,工程师职业能力结构的不同维度对于工程师职业绩效的影响是不同的,与研究假设 4 相吻合。

（3）工程教育环境要素对工程师职业能力结构的回归分析。

在本研究中，将检验工程教育环境要素对工程师职业能力结构的影响效应。研究采用线性回归分析方法进行，以工程教育环境要素两个维度作为自变量，以职业能力结构特征六个因子作为因变量，运用全部进入回归分析方法，对工程师职业能力结构构建多元线性回归方程。回归分析结果见表 2-7。

表 2-7 工程教育环境要素对工程师职业能力结构的回归分析（$N=323$）

自变量	工综合分析能力		交叉协作能力		持续学习能力	
	β 系数	T	β 系数	T	β 系数	T
学校课程体系的学习及实习活动	0.336	5.860***	0.324	4.971***	0.327	4.854***
自主学习、科研训练与学科竞赛	0.345	6.014**	0.162	2.486*	0.068	1.009
校正后的 R^2	0.375		0.193		0.135	
方程 F 值	97.752***		39.493***		26.079***	

自变量	伦理遵守能力		执行实施能力		创新设计能力	
	β 系数	T	β 系数	T	β 系数	T
学校课程体系的学习及实习活动	0.367	5.459***	0.048	0.707	0.192	2.791**
自主学习、科研训练与学科竞赛	0.019	0.287	0.327	4.814***	0.169	2.458*
校正后的 R^2	0.139		0.124		0.101	
方程 F 值	26.965***		23.707***		19.113***	

* $p<0.05$，** $p<0.01$，*** $p<0.001$，β 系数为标准回归系数

表 2-7 的回归分析结果显示，工程教育环境要素两个维度对于职业能力结构六个因子具有较为显著的积极效应。其中，学校课程体系的学习及实习活动对于工程师职业能力结构中的综合分析能力、交叉协作能力、持续学习能力、伦理遵守能力、创新设计能力具有非常显著的正效应；自主学习、科研训练与学科竞赛这一维度对于综合分析能力、交叉协作能力、执行实施能力、创新设计能力具有显著的正效应。这一统计结果证实了研究假设 5。

（4）工程教育环境要素与工程师职业能力结构的方差分析。

本研究将工程教育环境要素的两个因子，学校课程体系的学习及实习活动和自主学习、科研训练与学科竞赛作为聚类变量，运用两阶段聚类分析法（Two Step Cluster），对所有样本进行聚类分析，以自由探索工程教育环境的类型。聚类分析的结果见表2-8。聚类分析结果显示，将工程教育环境分为两类：环境一类代表低学校课程体系的学习及实习活动和低自主学习、科研训练与学科竞赛；环境二类代表高学校课程体系的学习及实习活动和高自主学习、科研训练与学科竞赛。

表 2-8　工程教育环境要素聚类分析表（N＝323）

工程教育环境因素	环境一类	环境二类
	聚类均值	聚类均值
学校课程体系的学习及实习活动	3.16	4.23
自主学习、科研训练与学科竞赛	2.99	4.14
N	78	245

我们根据聚类分析结果，对处于不同工程教育环境要素中的工程师职业能力结构进行了单因素方差分析。方差分析结果见表2-9。结果表明，处于教育环境二类的工程师在职业能力六个因素上显著高于处于教育环境一类的工程师。说明处于高学校课程体系的学习及实习活动和高自主学习、科研训练与学科竞赛教育环境的工程师在职业结构能力方面显著高于处于低学校课程体系的学习及实习活动和低自主学习、科研训练与学科竞赛的工程师，验证了创造良好的工程教育环境的重要性。

表 2-9　工程教育环境方差分析表（N＝323）

	N	综合分析能力		交叉协作能力		持续学习能力	
		M	SD	M	SD	M	SD
教育环境							
环境一类	78	3.38	0.49	3.62	0.67	3.81	0.74
环境二类	245	4.12	0.43	4.13	0.47	4.24	0.52
F 值		167.752***		57.483***		32.781***	
组间比较		2＞1		2＞1		2＞1	

续表

	N	综合分析能力		交叉协作能力		持续学习能力	
		M	SD	M	SD	M	SD
教育环境							
环境一类	78	3.77	0.67	3.09	0.86	3.53	0.92
环境二类	245	4.17	0.48	3.78	0.94	4.10	0.77
F 值		32.821***		33.634***		30.061***	
组间比较		2>1		2>1		2>1	

*$p<0.05$　**$p<0.01$　***$p<0.001$

（5）不同的教育程度、单位性质、就业单位规模、从业时间、职称、月薪与工程师职业能力结构特征的差异。

本研究在提取出工程师职业能力结构六个因子之后，又进一步验证工程师基本情况与职业能力结构的关系。方差分析结果表明：不同教育程度、单位性质、就业单位规模、从业时间、职称、税前月薪在职业能力结构上存在较为显著的差异。

（1）不同的教育程度在综合分析能力、交叉协作能力、伦理遵守能力上存在显著差异。教育程度达到最高阶段时，这三种能力也达到最高；本科教育程度的工程师在这三种能力上的数据并不占优。

（2）不同的单位性质在综合分析能力、交叉协作能力、执行实施能力上存在非常显著的差异。外资企业和民营企业在这三种能力上的平均数值明显高于国有企业和其他类型的企业。

（3）就业单位规模的不同在综合分析能力、交叉协作能力、执行实施能力、创新设计能力上存在显著差异。规模在 201～500 人和 501～1000 人的企业在这四种能力上的数据普遍高于其他规模的企业。

（4）不同的从业时间在综合分析能力、伦理遵守能力、执行实施能力上存在显著差异。总体来看，从业时间越长，这三种能力的数值越大，也就是说随着工作时间的增加，这三种能力会得到相应的提升。

（5）不同的职称在综合分析能力和执行实施能力上存在显著差异。其中中级工程师和副高级工程师在这两种能力上的数据高于其他职称的工程师，说明在这两个阶段是这两种能力提升最快的时期。

（6）不同的税前月薪在综合分析能力、交叉协作能力、执行实施能力上存在显著差异。其中月薪在12001~15000元这一阶段时,以上三种能力最为卓越。

表 2-10 工程师基本情况与职业能力结构的关系

	N	综合分析能力		交叉协作能力		持续学习能力		伦理遵守能力		执行实施能力		创新设计能力	
		M	SD	M	SD	M	SD	M	SD	M	SD	M	SD
教育程度													
大专	2	3.90	0.14	4.00	0.00	4.50	0.71	4.13	0.53	3.50	0.71	4.00	1.41
本科	236	3.90	0.54	3.96	0.57	4.09	0.63	4.02	0.56	3.56	0.93	3.92	0.83
硕士及以上	85	4.08	0.56	4.15	0.55	4.25	0.52	4.20	0.52	3.76	1.05	4.07	0.87
F值		3.597*		3.672*		2.509		3.085*		1.373		0.947	
组间比较		1,2,3		1,2,3		1,2,3		1,2,3		1,2,3		1,2,3	
单位性质													
国有企业	87	3.78	0.55	3.86	0.63	4.03	0.62	3.98	0.57	3.48	0.93	3.90	0.84
民营企业	168	3.99	0.52	4.04	0.54	4.17	0.60	4.07	0.58	3.71	0.96	4.01	0.84
外资企业	51	4.16	0.53	4.19	0.50	4.23	0.58	4.22	0.46	3.76	1.01	4.06	0.83
其他	17	3.65	0.49	3.87	0.54	4.02	0.68	4.10	0.54	2.94	0.75	3.59	0.87
F值		7.883***		4.244**		1.532		2.039		4.365**		1.670	
组间比较		2,3>1>4		2,3>1,4		1,2,3,4		1,2,3,4		1,2,3>4		1,2,3>4	
就业单位规模													
50人以下	13	3.54	0.45	3.77	0.61	3.95	0.84	4.00	0.63	3.15	0.69	3.54	0.88
51~200人	79	3.85	0.49	3.95	0.52	4.11	0.60	3.97	0.52	3.72	0.88	3.95	0.88
201~500人	139	4.05	0.56	4.11	0.54	4.17	0.56	4.14	0.55	3.76	1.01	4.13	0.77
501~1000人	44	4.13	0.46	4.04	0.62	4.23	0.67	4.06	0.50	3.66	1.06	3.93	0.82
1000人以上	48	3.73	0.56	3.85	0.63	4.05	0.63	4.06	0.65	3.13	0.76	3.65	0.91
F值		7.343***		2.828*		0.919		1.311		5.071**		4.033**	
组间比较		3,4>5>2>1		2,3,4,5>1		1,2,3,4,5		1,2,3,4,5		2,3,4>1,5		2,3,4>1,5	
工作时间长度													
1年以下	11	3.51	0.44	3.77	0.75	3.82	0.92	3.84	0.76	3.09	0.70	3.45	0.93
1~3年	59	3.72	0.44	3.94	0.49	4.10	0.60	4.03	0.52	3.37	0.96	3.97	0.81
3~5年	115	3.92	0.51	3.98	0.56	4.14	0.56	4.01	0.54	3.66	0.87	3.95	0.86
5~10年	104	4.09	0.58	4.03	0.61	4.14	0.67	4.09	0.59	3.81	1.05	4.05	0.81

续表

	N	综合分析能力		交叉协作能力		持续学习能力		伦理遵守能力		执行实施能力		创新设计能力	
		M	SD	M	SD	M	SD	M	SD	M	SD	M	SD
10 年以上	34	4.14	0.53	4.23	0.48	4.28	0.42	4.35	0.38	3.47	0.96	3.91	0.93
F 值		7.901***		2.097		1.323		3.178*		3.105*		1.307	
组件比较		3,4,5>2>1		2,3,4,5>1		2,3,4,5>1		4,5>1,2,3		2,3,4,5>1		2,3,4,5>1	
职称													
助理工程师（初级）	73	3.69	0.51	3.91	0.63	4.08	0.66	4.06	0.62	3.26	0.94	3.92	0.89
工程师（中级）	181	4.01	0.51	4.05	0.53	4.15	0.59	4.05	0.56	3.76	0.95	3.99	0.81
高级工程师（副高级）	62	4.05	0.59	4.00	0.59	4.17	0.61	4.14	0.49	3.63	0.96	4.03	0.81
研究员或教授级高级工程师（正高级）	7	4.00	0.70	4.04	0.57	4.00	0.61	4.00	0.58	3.57	0.98	3.14	1.21
F 值		7.353***		1.069		0.455		0.0399		4.754**		2.502	
组间比较		2,3,4>1		1,2,3,4		1,2,3,4		1,2,3,4		1,2,3,4		1,2,3>4	
税前月薪													
5000 元以下	51	3.68	0.54	3.86	0.58	3.96	0.71	4.00	0.60	3.27	0.75	3.84	0.88
5001~8000 元	107	3.94	0.44	3.96	0.51	4.12	0.56	4.10	0.49	3.49	0.95	3.96	0.76
8001~12000 元	85	3.94	0.63	4.01	0.61	4.13	0.60	3.99	0.62	3.88	1.04	3.95	0.86
12001~15000 元	61	4.14	0.56	4.17	0.58	4.25	0.64	4.13	0.56	3.74	0.96	4.11	0.82
15000 元以上	19	4.05	0.38	4.17	0.47	4.37	0.38	4.29	0.45	3.68	0.95	3.84	1.17
F 值		5.468***		2.817*		2.351		1.665		4.113**		0.848	
组间比较		2,3,4,5>1		2,3,4,5>1		2,3,4,5>1		2,4,5>1,3		2,3,4,5>1		1,2,3,4,5	

$^*\ p<0.05,\ ^{**}\ p<0.01,\ ^{***}\ p<0.001$

2.1.3　实证研究结论

1. 工程师职业能力结构具有六个维度

对问卷数据进行因子分析，根据分析结果并借鉴 EC2000 标准，将工程师职业能力结构划分为综合分析能力、交叉协作能力、持续学习能力、伦理遵守能力、执行实施能力、创新设计能力等六个维度。对各个因子的数值分为三类（"≤3"为"低"、"3～4"为"中"、"≥4"为"高"）进行频次分析，结果显示：六个因子的平均值均在 4.0 左右，而且"高分组"的频次和频率明显高于"中分组"和"低分组"。这说明提炼出的六个因子能够较好地符合现实中工程师必须具备的能力。

2. 工程师职业绩效具有三个维度

根据因子分析结果将工程师职业绩效划分为工作过程绩效、工作结果绩效、工作责任意识三个维度。对各个因子的数值分为三类（"≤3"为"低"、"3～4"为"中"、"≥4"为"高"）进行频次分析，结果显示：三个因子的平均数统计量都在 4.0 以上，并且"高分组"的频次和频率明显高于"中分组"和"低分组"。反映出该因子提炼结果能够较好地反映现实中工程师的职业绩效状况。

3. 工程教育环境要素具有两个维度

根据因子分析结果将工程教育环境要素划分为课程体系的学习及实习活动，自主学习、科研训练与学科竞赛等两个维度。对各个因子的数值分为三类（"≤3"为"低"、"3～4"为"中"、"≥4"为"高"）进行频次分析，分析结果显示：两个工程教育环境要素因子的均值统计量都在 4.0 左右，而且"高分组"的频次和频率明显高于"中分组"和"低分组"。说明因子提炼结果能够较好地符合现实中工程教育环境的相关情况。

4. 工程师职业能力结构对工程师职业绩效的影响

工程师的职业能力结构对于工程师的职业绩效影响是比较大的。通过分析，我们发现综合分析能力和伦理遵守能力对于三个绩效维度的影响是非常明显的；交叉协作能力对于过程绩效具有显著的影响；持续学习能力对结果绩效影响较大；而执行实施能力和创新设计能力对于工程师的绩效影响并不明显。

前四种能力对于工程师绩效的影响得到了证实，因此若想提升工程师的职业绩效必须从这四种能力的培养入手。后两种能力在现有数据上并不能证实对绩效有显著影响,这可能与样本量、采集人群等因素有一定关系,至于这两种能力是否对工程师绩效有影响,我们认为还需进一步考证。

5. 工程教育环境要素对工程师职业能力结构的影响

工程教育环境要素两个因子分别对于工程师职业能力结构的四个维度具有很大的影响,而且正好覆盖了所有的职业能力结构要素,这说明高校如果能够规划好课程体系,为学生提供更多的实习机会,举办更多优质的学科竞赛,留给学生更多的自主学习空间,就可以培养出具有较高职业能力的工程师。由于我们发现前四种职业能力的提升可以更好地提升工程师的职业绩效,而学校课程体系和实习活动能够更好地培养学生的这四种能力,因此我们应通过完善学校课程体系和增加学生实习机会为提升其未来的工作绩效做间接准备。

问卷的分析结果表明,工程师需要具备综合分析能力、交叉协作能力等多种能力,这些能力对于提升他们的工作绩效具有非常重要的作用。而学校的工程教育培养则可以帮助工程师很好地提升以上能力。由此看来,一个合理完善的工程教育模式对于工程师未来的发展是至为重要的。鉴于此,我们应当从以上六种能力的培养出发构建一种综合的整体的教育模式。

2.2 我国工程教育亟待完善的问题

我国工程教育正处在不断探索和完善的时期,各大高校都在尝试构建独特的教育模式。结合结构化访谈及问卷调查,我们发现当前工程教育仍然存在以下几个方面的困境。

2.2.1 培养理念上:科学与工程的混淆

工程教育与科学教育是两种不同的教育,两者有一定的联系,但也有本质的区别。正如冯·卡门所说"科学家研究已有的世界,工程师创造未有的世界"。科学与工程本身是有差异的,但目前我国的工程教育存在着两者相混淆的情况。

在教学体系中,侧重学科基础知识的传授、学术理论水平的提升,而缺乏实际动手、分析及设计创新能力的培养。在工程人才的培养过程中,学科基础知识成为重中之重,如高数、概率论等公共基础课程以及一些专业基础课程的课时量占总课时量的比重很大。由于我国整个教育体系都是按照科学教育体系构建的,因此我们对于工程的理解也不可避免地与理论学习、学术等概念联系在一起。实际上工程的本质在于实践,在于对科学、技术等多方面的综合。也就是说,工程与学术研究是有明显的区别的。我们应当注重对工程人才实践动手能力、创新能力的培养,而不是将工程师当成科研人员来培养。

在课程设计中,交叉学科和综合常识的设计明显不足,导致学生的知识面窄、能力面窄,工科的学生不懂成本核算、经营管理,更缺少人文修养和道德情操,工程人才的培养变成了技术人才的培养。工程应当是一个综合的概念,我们倡导的大工程观不仅要求工程师能够拥有完成某项工程的能力,而且要同时具备综合处理经济、政治、文化等环境的能力。因此,我们在进行工程教育的过程中,要着重为学生创造自由广泛的学习环境,培养他们对于多学科的综合运用能力。未来的工程师应当拥有较高的道德情操、扎实的理论基础、娴熟的实践能力以及与时俱进的创新应变能力。鉴于此,我们在课程的设计中必须要注重对学生多学科的综合培养。

2.2.2　培养规格上:数量与质量的悬殊

中国拥有 4200 多万的工程科技人才,大学生中有 38.7% 的学生学工科,"现役"和"后备"工程师的数量目前均居世界第一,由此可见,我国工程师的数量是非常庞大的。数量的积累是提升我国工程实力的必要基础,丰富的人才储备可以为我国工程事业的发展提供强大的后续推动力。然而,需要引起注意的是,虽然我国的工程人才数量具备很大的优势,但是在质量方面仍有很大的提升空间,"量""质"悬殊的问题仍然存在。

据《2013—2014 年全球竞争力报告》(*2013—2014 Global Competitiveness Report*),中国在"科学家和工程师的可用性"(availability of scientists and engineers)这一指标中,仅排名第 44 位,而与中国一样拥有庞大人口基数的印度却排在了第 15 位。同时,根据美国《2012 年美国科学与工程指标》公布的数据,美国"适合全球化要求"的工程师有 54 万人,而中国只有 16 万人,不足全国工程师总数的 1/10;而在印度,"符合全球化需求"的工程师数量超过其总数的 70%。瑞士洛桑国际管理发展学院 2015 年发布的《世界竞争力年报》中明确指出：中国工程科技人员国际竞争力在全球 60 多个被调查国家和地区中处于中等水平，且工程师的合格程度在全球范围内处于末端水平。以上种种数据和事例表明，我国工程师的质量亟需提升。

中国工程人才的培养缺少质量的把关，鉴于此，我们需要反思现行的工程教育培养模式，借鉴发达国家工程人才培养的标准和方法，形成适合国情、符合全球化需要的工程人才培养方案。庞大的工程科技人才储备为培养有质量的工程师提供了量的基础，我们应当充分利用这一优势，通过更新工程教育培养模式，使工程人才的质量得以提升，进而为提升我国的国际竞争力创造条件。"量""质"悬殊的问题是我国工程教育的一大软肋，我们必须引起足够的重视并加以改进。

当前中国工程教育的现状和问题需要我们对工程教育理念和模式做出进一步的反思和改进。鉴于此，我们希望能够借鉴国内外经验，构建一种新的教育理念和模式，以期为推动我国工程教育的发展尽绵薄之力。

2.2.3 培养过程中：理论与实践的分离

工程离不开现实的情景，因此对于工程师的培养应当重视理论与实践的结合。然而，在调研过程中我们发现，理论与实践相脱节的现象依然存在，许多被访谈者都结合自身的经历对这一问题进行了阐述。总体来看，我国工程教育理论与实践相脱节的现象具体表现在以下几个方面。

一是在教学计划中，注重理论知识体系的完整性，忽视了对实用性知识的归纳总结。我们对于教学计划的制订主要是构建工程学科的理论框架，从基本的数学物理知识出发，再到特定专业的课程架构，整个理论体系是比较完善的。然而，在调研中我们发现了比较现实的问题，即工程师的所学与所用有偏差。虽然学生学了很多知识，但在现实的工作中它们却用途不大，甚至会出现在教学中没有被强调的知识反而具有较高的实用性的情况。鉴于此，在教学计划的设置上应适当地以现实情境为依据，将实用性的知识进行归纳列入到教学计划中。

二是在课程设计上，理论课所占比例过大，实践环节所占的课时比例过小。在课时数量的设计上，总课时数是比较多的，主要包括公共课、专业课两大部分。而在总课时数中，理论课的课时数占了很大的比重，而实验、实习等实践性课程的课时数则相对来说少了许多。从现实状况来看,工程师最需要具备的能力是实践能力,而不是理论研究能力。正是由于工程教育压缩了实践环节,学校不能提供给学生足够的实习机会,才会导致毕业生动手能力较差、解决问题能力不高的情况。

三是在考核评价中,过分注重笔试和卷面成绩,忽视了实验、设计、社会调查等多种实践考试方法和手段的应用。我国工程教育中对于学生的评价考核方式是与我们重理论轻实践的观念密切相关的。由于我们在培养过程中多注重理论的讲授,因此在考核阶段也主要采用笔试的形式。笔试可以很好地反映学生对于理论知识的掌握程度,也比较容易进行,因此我们对于学生的考核才会以这种方式进行。然而,笔试对于工程人才的考核是有很大缺陷的,我们应当考虑采用口试、实验、报告、社会调查等方式加以弥补。

2.2.4　培养成效上:供给与需求的脱节

近年来,我国科技事业的迅猛发展对工程人才提出了更大的需求,而经济全球化和市场开放化的趋势又加大了这种需求。但遗憾的是,目前高校的人才培养却出现了严重的人才链与产业链相脱节的现象,这主要表现在如下两方面。

一方面,在办学目标上,很多学校把科研放在第一位,忽视了市场的多元化需求。由于当前的评价体系以论文和研究成果为导向,因此很多学校在培养人才的过程中注重科研能力的培养。数据显示,在 EI 数据库 2013 年收录期刊论文中,中国论文达到 16.35 万篇,占论文总数的 28.83%,排名世界第 1;但这些成果难以转化为高科技,造成了我国的高技术产业的全员劳动生产率要远远落后于美国、日本等发达国家的局面,如在制造业的高技术产业中,我国的全员劳动生产率为 14.3,最高的美国达到了 109.3,是中国的 7.6 倍。以科研为目的的培养目标可以为社会提供大量的研究型人才,但并不一定能够适应社会的发展。如今市场环境变化万千,对于人才有着多方面的需求,仅仅以科研为培养目标肯定会带来人岗不匹配的问题。除此之外,由于教师投入大量的时间到科研之中,无暇顾及教学,从而导致了课堂教学质量的下降。毋庸置疑,这种以科研为导向的办学目标既无法满足学生的学习欲望,也不能满足社会对工程人才的需求,需要作出适当的调整。

另一方面,在培养过程中,学校提供给学生的实践机会比较少,这也就导致毕业生实践能力的欠缺。目前,学校对学生的培养主要依靠课堂教授的方式,这在培养学生的理论基础、认知能力等方面可以发挥积极的作用,但是通过这种方式培养出来的学生普遍缺少动手实践的能力。除此之外,学校也很少注重学生独立学习能力和创新能力的培养。现代社会最看重的是工程人才的实践能力、创新能力和独立学习的能力,这恰恰是我们的工程教育所欠缺的。

工程人才的培养应当以市场的需求为导向,只有这样才能做到人尽其用。当然,我们应当考虑到市场的多变性与工程教育过程的延迟性,用长远的目光来培养工程人才。在工程教育的过程中,我们应当着重培养学生的实践能力、应变能力以及独立学习与创新能力。除此之外,还要应市场的需求而进行课程的设置。只有使工程人才的供给与市场的需求达到平衡,才能推动社会持续不断地发展。

2.3　整体工程教育理念建构

新中国成立以来,我国工程教育整体上也经历了技术范式(1.0 范式)及科学范式(2.0 范式),先前学习苏联模式,很大程度上等同于技术范式时期,到了20 世纪 80 年代,中国更加彻底地快速完成了范式迁移,补上了工程教育第一次革命(王沛民,2013),即从技术到科学。所以我们可以说,1949 年到 20 世纪 80年代,是中国工程教育的技术范式时期,即 1.0 范式。而从 80 年代开始到 21世纪 10 年代,是中国工程教育的科学范式时期,即 2.0 范式。目前,创新创业已成为时代主题,"大众创业,万众创新"要求高等工程教育进一步加强对创新性复合型工程人才的培养,而"工业 4.0""中国制造 2025"等工业创新趋势则要求进一步提供工程人才的综合素质能力。面对新型的工程教育环境,工程教育界如何做出回应与调整成为焦点。

基于此,我们提出了整体工程教育模式,试图为工程教育回归工程实践提供进一步的探索,以此为打造中国工程教育的工程范式(3.0 范式)奠定基础。整体工程教育是以"集成性、实践性与创造性为一体"为核心逻辑进行的理念与范式建构,旨在培养具有整体性思维的系统工程师。我们以"集成性、实践性与创造性为一体"对工程教育的全过程进行创新架构,形成"一体三维"的整体工程教育的范式建构,具体包括培养规格、过程、支持三个维度。三个维度环环相扣,规格维度解决的是"培养什么样的人才及哪种类型的工程人才",过程维度解决的是"怎么整体性地培养",支持维度解决的是"整体性培养的其他支持条件"。

2.3.1　基本定位:集成性、实践性与创造性为一体

工程范式下的工程教育,始终要以"有没有回归工程实践""回归到什么样的实践"以及"回归到什么程度的实践"来审视。整体工程教育作为一种植根于本土语境下对"回归工程实践"的探索,基本定位在回归工程的本真逻辑。所谓工程的本真逻辑,即集成性、实践性、创造性。工程的实践性体现在工程不是空想的,是脚踏实地、真刀真枪,是要实事求是地在现实世界让人的梦想成真。工程的集成性体现在它要综合地考虑各种因素,要系统地考虑人、财、物、时、空、事、信息等各种要素的结果(王沛民,2013)。创造性则指的是工程需要创新性的产出,体现了"工程师开创世界"与"科学家发现世界"的本质性区别。

因此,整体工程教育要紧扣工程的集成性、实践性与创造性三大属性,而且三种属性是螺旋一体的。所以整体工程教育"回归工程实践"不同于"技术范式复辟",它是建立在工程科学基础上的回归,是集成了科学与技术范式基础上的螺旋式递进。

在这一核心理念指导下,整体工程教育的主要任务就是要培养系统工程师。所谓系统工程师,按照大 E 理念,即要在更为复杂的环境与更为整体的问题中进行项目组织和沟通,突出学生作为专业咨询人员的作用、创新设计能力及其经验要求以及科学如何在社会中应用的伦理问题。按照整体观的理论,就是能够跨学科开阔地思考,并考虑到位于每个设计挑战中心的人的维度的工程师,并尝试了解和解决产品和完整系统的所有条件(Wise,2008)。我们认为系统工程师是具备全方位视野,综合掌握知识,并在复杂情境下创造性地解决实际问题的工程师。

2.3.2　培养规格维度:分层分类地培养知识体与能力体高度融合的系统工程师

规格维度旨在回答人才的特征与类型。整体工程教育认为要培养知识体与能力体高度融合的系统工程师,同时要实现多元化的培养,不同类型、层次的

学校要对工程人才培养的目标进行针对性的规划。

2.3.2.1 知识体与能力体高度融合

对工程人才的知识能力要求素有"通专之争"。有学者认为,目前学生知识面太窄,科学基础不坚实。近年来全球工程教育界对学生的知识储备进行了各种探索。有的努力将通识教育全面介入工程教育。《2020 工程师》报告认为要通过切实的行动来保证通识教育在工程教育中的价值和地位。有的则是将重视科学基础放在极为重要的位置,如美国不断加强 STEM 教育,再比如,由卓越的工程学知识、企业管理学知识与艺术人文社会科学组成的"欧林三角"哲学。那么,在学生学习时间是恒定的情况下,如何处理通识、专业基础知识与专业技术知识的比例与时间关系? 整体工程教育认为应该建构"宽专交融"的知识体(如图 2-1 所示),即强调人文社会科学的情境化作用(突出环境友好性、文化传承性),强调专业的技术知识是关键构成(突出

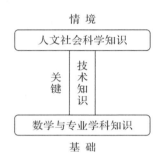

图 2-1 整体工程教育知识体

技术可行性),以及广博的数学与科学知识基础(突出思维系统性)。同时要建构"知行合一"的能力体,实现知识与能力的高度融合。工程人才最核心的能力是识别条件,并在特定要求下,整合所学知识,进行定义及行动的能力。识别条件与要求就是需要"宽"的知识体为前提,整体、定义及行动的能力则是要求突出培养学生将理论应用于实践的能力。

2.3.2.2 分层分类地培养系统工程师

"一体三维"整体工程教育视域下工程人才类别,可划分为工程实践者、工程研发者、工程领导者等三类工程人才。工程实践者,需要在扎实的基础工程实践和科学知识学习上,加强集成创新;对于工程研发者,则需培养其深厚科学功底和集成创造能力,并使其具备一定科研攻关精神和能力;而对于工程领导者来说,应具备其他类型工程人才的核心能力,同时注重培养整体判断能力以及创业家精神。值得一提的是,三类工程人才并不是机械划分,非此即彼,而是相互之间存有较强的相关性,并在一定条件下可以实现类型的跃迁。三种工程人才也可以理解为在大学不同阶段所针对培养的不同能力。在工程人才培养

过程中,通过提升其整体能力,促使其向工程领导者的定位跃迁,进而带动产业发展的整体跃迁。

2.3.3　培养过程维度:以真实工程世界体验为主线

为培养整体性工程师,整体工程教育试图充分把握整体工程教育的实践性与创造性理念,以突出真实工程世界体验为主线,整合课程设置,突破教学方式与学业评价的传统模式,对工程人才培养的过程维度进行系统重构。

2.3.3.1　教学方式:以 DBL 为主线

以设计为主线的培养出发点,首先是在理念上,"创新设计成为一种思维方式"日趋成为共识;其次在实践上,全球范围内也有初步探索。CDIO 从背景层面回归,强调将工程产品的生命周期作为教育实施的大环境,其中 C 环节即是设计,而且 D、I、O 环节同样离不开设计;欧林工学院同样提出了以设计为主线的培养模式;新加坡设计大学提出大 D 理念。整体工程以 DBL 为主线,强调的是以设计流为主线,在真实设计中进行知识的储备与应用,提升工科学生的自主学习能力。所谓设计流,即学生在学期间在不同学业阶段分别完成概念设计、项目设计、新颖设计与应用设计等环节,这些设计环节前后相互关联,根据工程问题解决的不同阶段设定,最终呈现完整的工程设计过程(说明问题-产生结果-选择方案-建立实物-评估-呈现结果)(见图 2-2)。

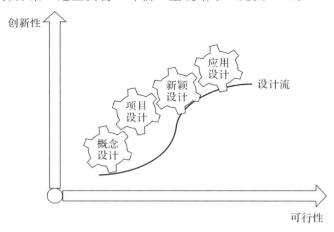

图 2-2　整体工程教育 DBL 概念图

2.3.3.2　课程设置：S-E-P 集成的课群

整体工程教育着力构建真实工程世界体验，以 DBL 为主线进行教学方式的改革，同时以课程设置为暗线来组织具体的培养模式，充分体现集成性的课程、实践性的设计、创造性的产出。课程设置的核心准则是处理好理论与实践的关系。课程改革的重点是突出现代工程专业实践的教育环节并保持扎实的科学理论基础。需要增设工程导论入门课程做引导，促进学生对工程实际的认知和工程造福人类的责任和荣誉的了解（叶民，2014）。

整体工程的课程观认为要妥善处理理论课程（study）、体验课程（experience）与实践课程（practice）的三者比例关系。其中体验课程与实践课程的主要区别在于课程发生的情境，体验课程主要还是侧重于在校内对真实工程情景的仿真与模拟，而实践课程则是在产业界"真刀真枪"地认知与操作。整体工程的课程观同样还强调围绕设计流，将课程设置模块化、课群化，让学生能根据目前所处设计阶段自主地选择课程模块。

2.3.3.3　学业评价：以设计为主考核目标

整体工程的学业评价仍然以设计的完成质量与在此过程中体现的素质能力进行多元评价。设计的考核标准是开放式的，优秀标准不是达标测试，对科学性、创新性、可行性、美观性等维度进行综合考虑，当然各阶段的设计的评判标准会有所侧重。

设计的考核是硬杠杠，设计流环节是主线，是不可替代的，占据核心学分要求，不能用课程选修的方式来抵换。在评价办法上，尽可能地使用多元化的手段，特别是在新形势下如何充分借用新的技术条件的作用。利用翻转课堂、MOOCs 等平台，创新评价手段，切实解决所学知识的广度与学习时间有限的矛盾，也是使这种新型的做中学培养模式付诸实践的重要课题。

2.3.4　培养支持维度：构建整体工程教育生态系统

培养支持维度旨在解决如何更好地形成工程教育合力来支撑整体工程教育的模式建构。我们认为要在学校与学校之间、学校与产业之间形成充分的互动、取长补短、互利共赢，进而形成整体工程教育的完整生态系统。

2.3.4.1 探索构建基于网络治理的工科学校联盟

目前国际上已有欧洲工程大学教育联盟(CLUSTER)、德国 TU9 等比较成熟的大学联盟,中国也有 C9 大学联盟、e9 理工科大学联盟和其他分科类高校联谊会/协作组等形式的大学联盟。当前,应进一步促进我国工程院校教学资源和学生主体的互补和流动,推动国际工程院校间的交流与合作,形成工程教育的院校联盟,形成教育的合力。

2.3.4.2 积极吸纳基于协同创新的产业参与

事实上,目前教育部实施的卓越工程师计划正是反映了积极吸纳产业参与工程人才培养的努力。整体工程教育认为应进一步拓宽产业参与人才培养的涉及面,即全链条式的参与。一个是要尽可能地参与到人才目标的规划中来,寻找产业需求与培养供给的契合;另一个是为真实工程世界体验探寻更宽阔的实践平台,让工程人才在实训中掌握工程技能,同时致力于大学与产业协同创新效应的推动。

因此,整体工程教育以把握教育逻辑与工程逻辑为本体,通过培养规格、培养过程与环境支持等三个维度的规划,构建整体工程教育的生态系统,整体性地培养系统工程师,见图 2-3。

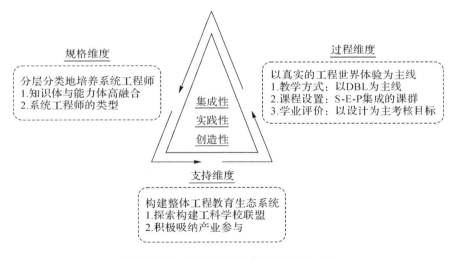

图 2-3 "一体三维"的整体工程教育模式

2.4   本章小结

创新创业的时代主题与产业创新的新趋势对工程科技人才有了更高的质量诉求。在回归工程实践的国际工程教育浪潮中,本章基于大 E 工程教育理念与整体工程教育理念,试图建构以集成性、实践性与创造性为一体的,把握工程教育双重逻辑的整体工程教育模式,并从培养目标、过程、规格与支持四维度进行理念建构。

本章首先回溯了整体工程教育的理论基础,即大 E 理念与整体工程教育观。大 E 理念是由 MIT 工学院院长 Moses 教授提出,旨在强调工程师应该关注许多更大的环境背景因素,包括他所在的公司、公司的顾客、公共政策,以及周围环境等。大 E 工程的术语是一种回归,强调一种为工程实践服务的工程教育,与工程科学采纳的研究导向观念正好相反。整体工程教育观是由 Joseph Bordogna 教授提出,强调以一种更突出跨学科、全系统的路径,培养在迅猛变化的世界中具备将问题抽象化、领导团队型项目、跨学科交流、终身学习能力的工程科技人才。两者理念构建的出发点基本一致,即都展示了对回归工程实践的努力。

新中国成立以来,我国工程教育整体上也经历了技术范式(工程教育 1.0 时代)和科学范式(工程教育 2.0 时代)。面对工程教育的新型环境,我们提出了整体工程教育模式,试图为工程教育回归工程实践提供进一步的探索,以此为打造中国工程教育的工程范式(工程教育 3.0 时代)奠定基础。整体工程教育是以"集成性、实践性与创造性为一体"为工程教育的核心逻辑进行的理念建构与模式探索。通过这一核心指导,我们进一步提出了"一体三维"的整体工程教育理念架构,一体即"集成性、实践性与创造性为一体",三维即培养规格、过程与支持三个维度,以此来培养整体性工程人才,形成整体工程教育的创新架构。从培养规格上看,分层分类地培养知识体与能力体高度融合的系统工程师;从培养过程上看,要致力于构建以设计为主线的教学方式(DBL),以 S-E-P 集成的课程设置,以设计为学业主评价内容;从培养支持上看,强调分别从基于真实世界的工程教育平台构建以及基于网络治理的工程教育联盟平台构建等方面设计支撑体系。

本章参考文献

[1] 叶民.工程教育 CDIO 模式适应性转换平台的研究[D].杭州:浙江大学,2014.

[2] 王沛民.中国工程教育研究(EER):式微与复兴[J].高等工程教育研究,2013(6):13-21.

[3] 林健."卓越工程师教育培养计划"通用标准诠释[J].高等工程教育研究,2014(01):12-23.

[4] 宋国学.基于可雇佣视角的大学生职业能力结构及其维度研究[J].中国软科学,2008(12):129-138.

[5] 温志毅.工作绩效的四因素结构模型[J].首都师范大学学报(社会科学版),2005(05):105-111.

Ⅱ 课程体系重构篇

第三章 面向整体工程教育的国内工科课程体系重构

当前，为适应现代科技与经济发展的综合化，培养学生解决复杂问题的能力，整体工程教育已成为国内工程教育的发展趋势。本章希望追踪整体工程教育思潮下国内工程教育课程体系的变革，从学科性课程和体验性课程两个方面总结高等院校现行工程教育中体现的整体性，并得到我国整体工程教育课程体系重构的几点启示。

本章基于两个标准选取了五所高校做结构化案例研究。[①] 这两个标准是：从工程教育水平出发，选择国内领先的高校；从地理位置出发，尽量使所选高校分散于国内不同区域。最终，选取了清华大学、浙江大学、上海交通大学、西安交通大学、哈尔滨工业大学五所高校。这五所高校处于我国工程教育领先水平，且分散在我国各个地区，较具代表性。在结构化案例研究中，对以上五大高校整体工程教育课程体系改革的背景、基础课程体系改革、典型院系课程体系、教学成果及特色进行了梳理和分析。在此基础上，将整体工程教育课程体系分为学科性课程和体验性课程与活动两个模块，其中学科性课程包括三种模式的基础工科平台课程、四种模式的专业课程与通识课程；体验性课程与活动分为课程与活动两种形式。最终，本研究得出了我国整体工程教育课程体系重构的五大启示。由于学科性课程中的三种基础工科平台课程反映了五所高校整体工程教育的最大特征，故本章按三种基础工科平台课程进行编排，分为：院级平台学科集成模式；跨学院平台学科集成模式，含工学小类平台学科集成模式及工学大类平台学科集成模式；基于项目的学科集成模式。

---

① 本章所选案例素材（包括制作），除特殊标注外，均引自案例院校官网、培养方案等相关材料。

3.1 院级平台集成模式

3.1.1 清华大学

3.1.1.1 背景

1979 年起,清华大学在专业设置中开始体现出理工科集成的趋势。1984 年起,为了提高理工科学生的素质和学校的学术水平,学校先后建立了经济管理学院、理学院、人文社会科学学院、法学院等,鼓励学生交叉选修自然科学和人文社会科学课程。

20 世纪 90 年代,清华大学开始全面推行"面向 21 世纪的教育教学改革",提出培养三类工科人才[①],并据此推进了课程体系和教学内容改革:一是切实控制课程教学的总学时,避免学生课程学习负荷过重。二是课程体系的调整和内容的取舍,要注意"切入点"的选择与"接口"的设计。[②] 三是根据教学基本要求和因材施教原则,处理好公共基础、技术基础课程模块"通用"与"提高"的关系。四是加快教育教学技术的现代化建设(吴敏生,1997;张文雪,李家强,1998)。

进入 21 世纪以来,清华大学工程教育强调"厚基础,重实践,求创新",尊重工程科技人才培养规律,重视实践能力、创新能力的培养。2014 年 10 月,清华大学在第 24 次教育工作讨论会上发布了《清华大学关于全面深化教育教学改革的若干意见》,其中,对工程教育进行了以下改革:一是试点书院制博雅教育,在部分院系推广较为完整的两年期通识教育课程体系。二是强化课程的整合性,减少专业课程的数量和刚性,将专业核心课程控制在学分总量的 1/3~2/5。三是推动本科生及研究生第二学位、双学位、跨学科项目,设立引领社会和市场需求的多学科交叉融合硕士生项目,支持"学堂计划""卓越计划"等各种人才培养试点项目。

---

① 即与注册职业工程师"接轨"的专业学士、含工学学士学位的工学硕士或工程硕士及跨学科复合型人才。

② "切入点",指学科前沿内容与经典内容的连接点。"接口"指本门课程内容与其他课程的连接点。

2010 年以来,体现清华大学工程教育整体性的重要事项见表 3-1。

表 3-1　2010 年以来清华大学体现工程教育整体性的重要事项

时间	事项	描述	对象
2010 年	加入教育部"卓越工程师计划"	18 个本科专业和 14 个工程硕士学科领域入选,培养"研究型、管理型、创新型、国际型"的多类型卓越工程人才。	本科生硕士生
2011 年	成立清华大学"学堂计划"之钱学森力学班	以工程力学系为主,联合其他工科学院的 7 个系的力量共同建设。	本硕博贯通培养
2013 年	建设 i. Center 创客空间、X-LAB 等创意创新创业教育平台	i. Center 创客空间涵盖工程、科学、艺术、人文等各个院系具有创意创新创业志趣的创客资源,目前为全国乃至全球最大。X-LAB 中 X 代表探索未知、学科交叉,LAB 体现实践学习与团队工作。	本科生为主
2013 年	开设"跨学科系统集成设计挑战"课	以本科一年级新生为主、要求跨学科团队协作的一堂面向问题的创新型课程。	本科生
2014 年	成立"新雅书院"	通识教育实验区。推进通专融合,统一安排通识教育课程,促进学科交叉。	本科生
2014 年	《清华大学关于全面深化教育教学改革的若干意见》	对包括工程教育在内的教育教学进行重大改革。	本科生硕士生博士生
2015 年	启动"数据科学与工程"专业硕士学位项目	国内首个混合式教育的硕士学位项目,所有课程都将采用基于在线课程学习的翻转课堂。	硕士生
2015 年	开设创新与创造力开发讲座	分享创造力的意义与内涵、创造力之发展、创造力之元素、创造力的训练方法、创造力的多维取向等,纳入全校本科培养方案。	本科生。
2015 年	开设创业导引——与创业名家面对面通识课	为本科生开设的创新创业通识课,邀请俞敏洪等 20 余位创业名家授课,计 2 学分。	本科生

续表

时间	事项	描述	对象
2015 年	启动"清华大学学生创新能力提升证书项目"	利用 X-LAB 跨学科课程资源,把原本分散在各院系的不同类型的创新课程集中,学生在毕业前一个学期内自由选择课程,达到要求学分并完成实践活动,可获证书。	研究生为主
2017 年	脑与智能实验室、未来实验室	校级交叉机构、强化信息、机械等学科的优势。	本科生
2019 年	《关于持续深化改革,提升工科发展水平的实施意见》	"工科＋"发展思路,以工程基础研究、多学科交叉和工程教育为着眼点,以创新融合的手段努力推动工程科技人才培养和重大技术突破。	全校工程学科

3.1.1.2　基础课程体系

清华大学本科工程教育课程体系包括基础课程与专业课程两大模块。其中,基础课程体系包括院级平台课程、实践与创新课程(项目)、通识课程三类,见表 3-2(其中课程间的斜线表示两者择一)。

1. 院级平台课程

自 2004 年,学校基本实现了"本科按院培养",各院系分别开设院级平台课程,对其下属各专业学生在学科基础方面的必修课程和学分做出院内统一的要求。这些课程通常为学生提供在所属领域进行较为深入学习和研究所必须的基础理论和知识、科学方法、基本能力和技能培养。平台课程一般安排在第一、第二学年进行,少部分安排在第三、第四学年,学生一般从第三学年开始才正式进入专业方向课程学习。

2. 实践与创新课程(项目)

清华大学开设的实践与创新课程(项目)主要有专业实习实践、大学生研究训练计划(Students Research Training,简称"SRT")、创新与创造力开发讲座、军事理论与技能训练、英语综合运用训练等。

其中,SRT 计划由一至三年级学生或老师申请研究项目立项,其他一至三年级学生可报名参加该研究项目,并由学校提供"SRT"计划项目基金,以促进学科交叉、使本科生及早参与科研实践、加强培养学生创新意识和创新能力,具有学科集成、资源统筹、学生为主、导师为辅、激发创造等特点。该计划于 1996 年由清华大学在国内率先开展,历经 19 年,已成为清华大学独具特色的品牌项目,近几年来每年均有 60％以上的本科生参加到学校支持的 1000 多个"SRT"项目中[6]。该计划的基本流程见附表 1。

创新与创造力开发讲座是"清华大学社科大讲堂"中的一讲,于 2015 年开设,主要包括创新与创造力的关系、社会创造力的培养和未来想象教育是当前学术研究的前沿问题。与普通讲座不同的是,"清华大学社会科学大讲堂"纳入"文化素质教育讲座"课程体系,列入全校本科培养方案,并按"文化素质教育讲座"课程要求举办。

3. 通识课程

清华大学传统通识课程包括公共基础课、文化素质课、数学和自然科学基础课、信息技术基础课(部分专业)等。

2014 年,学校进行"本科大拓通识课"改革,成立通识教育实验区"新雅书院",每年择优录取建筑学院、电子系、汽车系、生命学院、法学院大一新生 120人,要求学生在传统通识课程外选修 4 门由新雅书院开始的通识教育核心课程。书院已开设和将开设的通识教育核心课程共计 14 门,以古今、中西、文理的交汇与融合为基本出发点,以中国文明与世界文明、文化传统与当代精神、人文与科学为主线,由耶鲁大学、麻省理工学院、剑桥大学、北京大学及中国社会科学院等的诸多名师授课。

表 3-2　清华大学工程教育基础课程体系

类别	子类别	课程
院级平台课程（以机械工程学院为例,38 学分）	设计与制造类	机械设计基础、制造工程基础、材料加工
	力学与材料类	材料力学、理论力学、工程材料
	热学与流体类	工程热力学、传热学基础、流体力学
	测量检验与控制类	测试与检测技术基础、控制工程基础
	专业概论	机械工程概论

续表

类别	子类别		课程
实践与创新课程（项目）	SRT 计划		
	创新与创造力开发讲座		
	专业实习实践		机械制图实践、金工实习（集中）、电路系统设计与实践/现代制造系统概论及实验、机械设计综合实践、生产实习
	军事理论与技能训练		
	英语综合运用训练		
通识课程（81 学分）	公共基础课		思想政治理论、体育、外语
	文化素质课		文化素质教育核心课、新生研讨课、文化素质教育讲座、一般文化素质课
	数学和自然科学基础课	数学	必修微积分、线性代数；限选随机数学方法、概率论与数理统计、数理方程引论、复变函数引论
		物理	大学物理、物理实验
		生物与化学	大学化学/现代生物学导论/现代生物学导论实验；推荐选修物理化学
	信息技术基础课	电工电子	电工技术与电子技术Ⅰ、Ⅱ
		计算机应用基础	计算机程序设计基础；计算机硬件技术基础/机械系统微机控制
	新雅书院通识教育核心课程		《史记》研读、早期中国文明、法律与文学、艺术的启示、中国现代文学经典、文学名作与写作训练、器物与生活等任选 4 门

3.1.1.3　典型案例

1.工程力学专业（钱学森力学班）本科整体工程教育课程体系

（1）概述

清华大学工程力学专业（钱学森力学班）隶属国家基础学科拔尖学生培养计划和清华学堂人才培养计划，是一个定位于工科基础交叉创新培养的班级，旨在营造一个有助于学生充分发展、突出创新能力和全面人文素质培养的学术环境和氛围,为学生将来成长为力学和多个技术科学领域的国际一流的学者或领军人物打下坚实的基础。该班的设立是清华大学对回答"钱学森之问"的积极探索和实践。该班所属的一级学科——力学,是国家重点一级学科,在教育部学位与研究生教育中心 2013 年公布的一级学科排名中名列全国第一。基本情况见表 3-3。

　　清华大学工程力学专业(钱学森力学班)具有两大特色:一是学科集成。以工程力学系为主,联合航天航空学院、机械工程学院、土木水利学院的 7 个系,借助于全球范围顶尖学者的力量共同建设。根据该班《本科培养方案》的毕业要求,合格的本科毕业生除需掌握作为工科基础的力学核心知识及数学、物理、化学、生物、信息技术等基础学科方面核心课程的知识外,还需掌握力学或一门其他工科(如航空、宇航、机械、汽车、土木、水电、能源、环境等)的基础专门知识。二是本硕博贯通规划培养。全部本科毕业生可根据自身志向选择本硕连读、本博连读或出国深造。

表 3-3　清华大学工程力学专业(钱学森力学班)选拔、分流、出口机制

机制	详情
选拔机制	土木、水利、机械、精仪、热能、汽车等相关院系多渠道选拔优秀学生
分流机制	低年级设两次退出分流,不适应者退出到原来院系
出口机制	设本科学位出口;设硕士学位出口,在本校自择专业本硕连读;设博士学位出口,在本校自择专业本博连读;前往他校或他国继续学习

　　(2)课程体系设置

　　除上文所讲创新实践课程与项目、传统通识课程外,该班为试点班级,不修读航空航天学院级平台课。该班课程体系还包括工程基础课(41 学分)、专业选修课(12 学分)。其中,工程基础课(41 学分)为必修,分基础课(16 学分)和专业基础课(25 学分)两类。专业选修课模块(12 学分)为选修,包括力学、航天航空、机械、精密仪器、热能工程、汽车工程、土木工程、水利工程等子模块。要求从中选择一个子模块,至少学习该子模块 4 门专业课程,总学分不少于 12 学分,且与工科基础课模块不重叠。有关子模块和课程的选择,可与导师商定后,根据今后拟从事专业方向的必修课和选修课要求抉择。

　　此外,作为特色班级,该班的创新实践课程与项目、实践环节合并为实践与科

研课(22 学分),且与普通班级有所区别,分为必修环节(17 学分)、大 project 课程(3 学分)和选修环节(2 学分)三个子类别。其中,必修环节中的 ORIC 项目,全称为 Open Research for Innovative Challenges,是一个针对钱学森力学班全体同学设立的开放、自主、创新、挑战研究项目。它是一个完整的科研过程,学生自主提出一个具有挑战性和可行性的科研创新项目,自主寻找适合自己的导师,进行自主研究。"跨学科系统集成设计挑战"课程是清华大学为学校本科生开设的一堂创新型课程。它以本科一年级新生为主,要求跨学科团队协作,是清华在课程改革中的最新教学实验。该课程的目的是让在校本科生广泛接触不同的学科知识,同时培养学生跨学科团队协作、项目控制与时间管理的能力。以清华大学工程力学专业(钱学森力学班)跨学科系统集成设计挑战课程"自动化海岛物资配送系统及海上石油城开发"主题为例,该实践课程的三个要素见表 3-4。

表 3-4　清华大学工程力学专业(钱学森班)跨学科系统集成设计挑战课程三要素

要素	具体情况
跨学科的两方阵容	"自动化海岛物资配送系统及海上石油城开发"这一主题,牵涉到地理信息系统、物联网技术、经济因素分析等各类元素,由校内外 30 余名师生作为"挑战方"共同设计题目。来自清华大学工业工程系、工程力学系、美术学院等近 20 个不同院系学生被打乱分为 8 个小组作为"任务方阵"努力完成挑战。
主题式挑战任务	整个课程项目以"自动化海岛物资配送系统及海上石油城开发"为主题:一场突如其来的地震使我国南海海域板块抬升,出现一座新无人岛 A,任务方的任务就是合作开发物资运输投放系统及制作商业勘探开发计划,以取得风险投资,赢得竞标。 这一主题及包含的技术内容、说明文档、工作流程,是由挑战方在课程前 3 个月开始进行设计与准备的。挑战任务包括在 4 天的期限之内建构自动化的陆海空运送系统的沙盘模型、撰写石油城规划方案企划书,每日的个人工作日志、团队工作视频记录与宣传视频制作等[7]。
整体方案展示	为了打动"风投人"获取资金,8 个小组的学生需在 4 天后进行整体方案展示。学生团队完成的作品有的是商业开发方面的,如石油矿物等资源勘探开发、智能捕鱼等;有军事应用方面的,如全自动海面监测防御系统;还有环境保护方面,如海空协同智能油污清理系统。

最后,该班学生除需进行综合论文训练外,还可进行出国研学。具体课程设置见表 3-5。

表 3-5　清华大学工程力学专业(钱学森班)课程体系

类别	子类别	课程
工科基础课 (41 学分)	基础课	电工与电子技术、工程材料、机械设计基础(1)、科学与工程计算基础、程序设计基础
	专业基础课	动力学与控制基础、固体力学基础、流体力学、热力学与统计物理、实验力学基础、有限元法/计算流体力学
专业选修课 (六个方向选一,修读该方向至少 4 门课程,总学分≥12)	力学专业方向	塑性力学、复合材料力学、力学实验技术、空气动力学、粘性流体力学、冲击动力学、断裂力学、计算固体力学
	机械方向	材料加工原理、工程材料、生物材料工程与器件、计算机辅助组织工程
	汽车方向	汽车理论、汽车发动机原理、汽车电子与控制、智能交通系统、动态测试与分析
	能源方向	传热学、燃烧学、热力设备传热与流体动力学、叶轮机械原理、流体机械原理
	航天航空工程方向	航天器动力学、航天器总体设计、飞行力学基础、航天器姿态控制系统、运动稳定性、飞机部件空气动力学
	土木水力水电方向	建筑材料、结构力学(1)、混凝土结构(1)
实践与科研课	大 PROJECT 课程	创新设计与探究:土木工程结构破坏试验与模拟/仿人足球机器人技术综合实践/人体能量发电/电子产品方案的物理实现及其可靠性/未来音乐工厂项目
	必修环节	军事理论与技能训练、金工与现代加工技术实习、暑期强化课、学生研究训练(SRT)、开放创新挑战研究(ORIC)
	选修环节	跨学科系统集成设计挑战、国际学者暑期课程

2. 土木工程专业学硕整体工程教育课程体系[8]

清华大学土木工程专业属工学门类,其学硕教育含 7 个研究方向,即结构工程、岩土工程、抗震抗爆工程、地下结构、桥梁结构、土木工程材料与土木工程信息技术方向。该专业硕士生毕业要求学分不少于 25 学分,包括公共必修课 5 学分,必修环节 2 学分,专业学位课程学分不少于 18 学分,其中考试学分不少于 21 学分。鼓励选修学术与职业素养,以加强研究生综合素质培养。除公共必修学分和必修环节外,其他课程由指导教师根据学科方向要求和研究课题需要安排选课计划,其中研究生基础理论和专业课程不少于 6 门。具体课程设置见表 3-6。

表 3-6 清华大学土木工程专业(学硕)学科专业课

学科专业课程子类别	课程	学科专业课程子类别	课程
基础理论课	数值分析 A	跨二级学科专业选修课(≥2 学分)	大跨及高层结构体系
	应用随机过程		钢结构的断裂与疲劳分析
专业课(≥6学分,可在导师指导下另选)	建筑工程防火理论和方法		壳体和空间结构计算
	钢筋混凝土原理		抗震工程概论
	钢筋混凝土有限元		工程振动的试验与分析
	钢结构稳定理论及应用		结构抗震与减震原理
	土木与建筑工程 CAE		有限元线法
	能量原理		求积元法与应用
	土力学理论及数值方法		高等实验土力学
	地理信息系统原理及应用		钢—混凝土组合结构
	工程结构耐久性与行为评估		系统可靠性理论与工程
	纤维复合材料工程结构理论		遥感技术原理及应用
	颗粒材料力学理论与实践		面向对象设计方法
	地基处理与复合地基		结构抗震实验方法
	高等结构动力学		混凝土结构的抗火性能及计算
专业基础课	弹塑性力学		计算机软件技术基础
	有限元及变分法基础		计算机图形学基础
	结构动力学		城市历史与理论
	灾害学		现代城市规划引论
	水泥基复合材料断裂力学		系统建模理论与方法
	水泥基材料化学与物理		自动控制原理
	建筑材料物理化学		智能交通系统基本理论与应用

除以上课程以外,清华大学还对土木工程专业硕士生提出了学术与职业素质课、自学课、补修课以及参与学术活动的要求。具体来讲,要求硕士生修读不少于1门学术与职业素养课程;涉及与研究课题有关的专门知识,由导师指定内容系统地自学,可列入个人培养计划。根据内容的难度和学习时数计1～2个学分,作为非学位要求学分;凡跨学科录取的硕士研究生,一般应在导师指导下修补2门或2门以上有关本科主干课程,修补课程只记成绩,不计入研究生阶段的学位要求总学分;参加相关学术活动不少于10次,其中2次为跨专业的学术报告。

3.“大数据硕士项目”专硕整体工程教育体系

清华大学于2014年4月成立数据科学研究院,秉承“学校统筹、问题引导、社科突破、商科优势、工科整体、业界联盟”的指导方针,逐步推进包括“大数据硕士项目”在内的若干专业硕士培养项目。

大数据硕士项目的目标是培养具有大数据思维、运用大数据思维及分析应用技术的高层次人才。目前,清华大学共有6个学院开设了该项目,面向全校硕士生招生,招生规模为150人/年。学校鼓励学生参加本院大数据硕士项目,若学生所在学院没有开设该项目,也可修读其他学院项目。按要求修完大数据硕士公共课程10个学分的,均可获得大数据硕士证书。

根据数据科学研究院官网信息,该项目共有五个研究方向。具体来讲,信息学院、交叉信息研究院等开设数据科学与工程方向项目,金融学院开设互联网金融方向项目,公共管理学院开设大数据与国家治理方向项目,社会科学学院开设经济社会数据方向项目,经济管理学院开设商务分析和金融硕士保险方向项目。

该项目2014—2015年共开设10门大数据公共课程,见表3-7。

表 3-7　清华大学大数据硕士项目公共课程

课程	学分	学时	课程	学分	学时
大数据分析 A	3	48	大数据管理与创新	2	32
大数据分析 B	3	48	大数据治理与政策	2	32
大数据系统基础 A	3	48	数据伦理	*	*

续表

课程	学分	学时	课程	学分	学时
大数据系统基础 B	3	48	大数据科学与应用系列讲座	*	*
数据思维与行为	2	32	大数据平台核心技术	*	*

＊注:后三门课程未公布学分与学时。

3.1.1.4 办学成效

清华大学整体工程教育办学成效显著。

竞赛方面:吴小平 SRT 项目"水力学教学实验中物理量的计算机采集与处理",获 2002 年校 SRT 项目一等奖和校"挑战杯"科技竞赛一等奖;车德梦将自己参与的 SRT 项目进行发展,获特等奖学金、清华大学"挑战杯"特等奖;李国轩获首都高校机械创新设计大赛一等奖;孙杰获美国 ASME 机构与机器人设计大赛冠军;李博闻获清华大学电子设计大赛特等奖;朱麟参与研究的项目先后获得学校"挑战杯"二等奖,全国环境友好科技比赛理念类一等奖、全国第一名等荣誉。

论文发表方面:2014 年 12 月,钱学森力学班大三学生薛楠等发表论文《页面漂浮颗粒超强的亚稳态自组装》,成为化学论文发行量和影响最大的杂志发行单位美国化学学会编辑之选(ACS Editors' Choice)论文,在该杂志网站头条新闻展示一周,成为永久免费的浏览资源。目前只有 300 多篇文章享有该荣誉。

创新产品或服务方面:2015 年 9 月,清华大学 2012 级钱学森力学班在 ORIC 项目中作出种种创新,例如杨权三同学的 "Pumping Suppresses the Coffee-Ring Effect by Impelling the Retreat of the Contact Line"对喷墨打印机的"咖啡环"效应进行了研究,并提出了有效的解决方法;杨柳同学的选题 "Study of quasi-liquid on ice surface under pressure by molecular dynamics simulations"是对理论模型的研究;祝世杰、祝凌霄、孙帆三名同学合作的未来音乐工厂二期项目"独舞的竖琴",通过团队协作制造出了自由度可到达钢琴级别、可自行演奏的竖琴;杨连昕同学的 "Ankle-foot model and Optimal strategy Reducing energy-lost in human walk",对人走路时的各种模型进行了研究,探寻了减小人走路耗能的方式；赵晨佳同学的"昆虫饮水机制及最优化策略研究"研究出了蜜蜂的饮水机制；等等。

未来发展方面：2009级首届钱学森力学班毕业生，100％在国内外面试攻读硕士或博士研究生，其中7人前往美国哈佛大学、麻省理工学院、加州理工学院等著名高校深造。

3.1.1.5　清华大学整体工程教育课程体系特色

特色一：基于院级平台的集成性

清华大学本科工程教育基本实现了"本科按院培养"，各院系分别开设院级平台课程，对其下属各专业学生在学科基础方面的必修课程和学分做出院内统一的要求。这些课程通常为学生提供在所属领域进行较为深入学习和研究所必须的基础理论和知识、科学方法、基本能力和技能培养。清华大学该课程体系体现了院级跨学科集成的特色。

特色二：基于主题式课程的集成性

清华大学为全校本科生开设"跨学科系统集成设计挑战"课程，围绕某一具体主题由跨学科的任务方团队进行方案设计，以解决挑战方团队提出的某一具体问题。该课程让在校本科生广泛接触到不同学科知识，要求学生跨学科、跨团队协作以解决某一具体问题，体现了集成性特点。

3.1.2　西安交通大学

3.1.2.1　背景

西安交通大学在人才培养模式上实行拓宽专业口径、柔化专业方向的改革，推进构建综合素质培养教育、科研能力培养教育和创新能力培养教育的"2＋4＋X"三段式研究型大学人才培养新模式的改革，通过实行"2＋4＋X"培养模式，形成"学士—硕士—博士"贯通的培养体系，统筹本科生与研究生教育，整体设计学生的知识结构和综合能力培养机制。

在课程体系方面，西安交通大学通过核心课程与学科专业课程的建设，形成一批精品课程。压缩课内学时，加强课程的实践性、应用性和选择性，体现学以致用与因材施教。

西安交通大学近年内体现整体工程教育的事项见表3-8。

表 3-8 西安交通大学近年内体现整体工程教育的事项

时间	事项	内容	适用对象
2003 年	开设工科"学硕班"	缘起于教改班,2003 年"学硕班"普及至工科	本科生 硕士生
2007 年	积极参与、开展大学生创新实践项目	包括国家级、省级"大学生创新训练项目"及"本科生科研训练和实践创新基金"项目	本科生
2007 年	钱学森实验班	工科实验班	本科生 硕士生 博士生
2009 年	电子信息与工程学院"信息新蕾"计划	加强拔尖本科生的创新能力培养,选拔一批优秀本科生进入科研实验室,参与科研团队的科研工作和学术活动,为进一步深造和发展打下良好的基础	本科生
2010 年	卓越工程师计划	机械、能动、电气专业	本科生 硕士生
2010 年	建设"工程坊"	学生创新实践开放平台	本科生 硕士生 博士生
2016 年	混合式教学课程	加强信息技术与教学过程深度融合,推动线上、线下混合式教学模式,培养学生自主学习能力。	本科生 硕士生

3.1.2.2 基础课程体系[9]

1."2+4+X"人才培养模式

2004 年,西安交通大学提出"2+4+X"人才培养模式,力求夯实基础,培养学生实践和科研能力,从而培养出具有创新意识和拼搏精神的优秀人才。

(1)两年综合基础教育

西安交通大学本科第一、二年按学科大类培养,淡化专业,主要进行综合基础教育,以人文、社会、自然科学重要基础知识教育为主,同时加强道德、人格、行为、健康等方面的教育和批判性思维学习能力的培养。为了保证基础知识教育能达到预期的目标,学校遴选出了 20 门课程作为核心课程,担任核心课程教学任务的教师主要是教授或高水平的副教授。

这些课程包括:数学与自然科学课程、人文与社会科学课程、计算机基础课程、英语课程。其中,人文与社会科学课程包括自然科学与技术、文化传承、社会与艺术、生命与环境、世界文明五类。英语课程按网络分层次教学方式进行。

(2)四年实践研究能力培养

西安交通大学强调教育教学过程对学生的实践能力与独立思考能力的培养,将本科三、四年级的专业基础课和专业课的学习,以及毕业设计与硕士生 2 年制改革有机地结合起来。

4 年的前两年,注重接受专业知识、开拓眼界,从实践中形成系统完成项目的学习思维方法。这些实践包括:开设项目设计(CDIO)课程、进行专业实习、校企联合开设课程和指导学生开发项目等。在本科三年级开始对学生实行分组导师制,并采取问题引导、综合性实验、大作业、小课题等多种形式,着重培养学生的实践能力和研究能力。高年级学生还可选修研究生课程。在培养过程中根据学生的个人选择、能力和兴趣进行分流。本科毕业后,一部分学生选择就业,一部分学生通过保送或考试进入硕士研究生阶段学习。

4 年的后两年,更注重应用知识、发现问题、解决问题三大能力的提高,切实培养自学能力、探究能力、创新能力和解决问题的能力。

(3)X 年创新能力培养

X 年为创新研究能力培养。该阶段属于博士学位学习阶段,用若干年时间主要培养学生追求创新的能力,除必要的课程学习外,主要是从事高水平的科学研究工作,探索未知科学的奥秘。

2.建设学生创新实践开放平台——"工程坊"

(1)概述

工程坊是西安交通大学依托学校学科优势,为学生锻炼实际动手能力及开展科技创新活动而建设的新型工程实践训练基地。工程坊的基本任务是:使学生参与自主实践、项目实践及教学实习。西安交通大学将工程坊与图书馆进行类比,来说明工程坊的定位:图书馆是学校的"知识库",提供书籍、资料和阅览室;工程坊是学校的"技术库",提供设备、工艺和活动室。

(2)特色与建设目标

西安交通大学工程坊的特色是开放、安全、方便。工程坊面向学生、教师、社会开放,提供全方位的安全教育与安全环境。学生靠兴趣驱动,可方便地前往工程坊进行各种(计划、组织或个人的)工程实践活动。

西安交通大学工程坊的建设目标是把工程坊打造成学生工程实践、训练、项目培育等的多功能实践基地。工程坊提出"小发明,大创造"的口号,让学生在实践中获得新知、体会愉悦,激发学生对学习的冲动和兴趣。

(3)学生科技活动长期项目及获奖情况

工程坊中进行的学生科技活动长期项目有:中国机器人大赛 Robo Cup 大赛、机械创新设计大赛、空中机器人大赛、太阳能汽车项目、航模大赛等。

学生通过在工程坊中的实践,完成了诸多创造性作品。其中,海滨沙滩垃圾清理车、多功能爬墙清洁机、绿色扫落叶机、野外垃圾收集装置、水回收利用装置、手脚互动式康复仪等项目在全国大学生机械创新设计大赛陕西赛区中获奖。

3. 推行"本科生科研训练和实践创新基金"项目

为推进本科生创新能力培养,西安交通大学开设了校级"本科生科研训练和实践创新基金"项目。同时,学校注重将校级项目与国家级、省级"大学生创新训练项目"相衔接,鼓励已结题的"本科生科研训练和实践创新基金"项目申报国家级、省级"大学生创新训练项目"。

西安交通大学"本科生科研训练和实践创新基金"项目一般接受该校全日制在校大二、大三本科生申报,五年制可放宽至大四本科生。项目的申报有四个要求:一是大学生创新训练项目执行时间原则上为 1 年,特殊可执行 2 年,但不得超过申报学生的在校时间;二是每位学生只能申请参与一个项目,项目由所在学院配备指导教师进行指导,指导教师应有中级以上职称,每位指导教师同时指导的项目不得超过 2 项;三是项目参与人为本科生团队,每个团队人数以 3~5 人为宜,不超过 5 人,团队组成鼓励学科交叉、跨专业联合,项目成员必须有明确分工。四是项目必须由学生根据兴趣自主选题,要求选题思路新颖、目标明确,具有创新性和探索性。

大学生创新训练项目资助金额见表 3-9。

表 3-9　西安交通大学大学生创新训练项目资助金额

类别	理工医学类	文史经管类
国家级	10000 元	6000 元
省级	7000 元	4000 元
校级	5000 元	3000 元

注：以上为批准立项的平均金额。

3.1.2.3　典型案例

1.钱学森工科实验班

为了探索杰出人才培养模式，西安交通大学自 2007 年开始开办"钱学森实验班"。西安交通大学遵循校友钱学森学长"大成智慧学"的教育理念，淡化专业，采用开放式、启发式、先理后工、工文结合的培养模式，按照现代科学技术体系构建实验班课程体系，注重学生初步的系统集成能力、实践能力和创新能力的培养，使学生具备可持续发展的自我学习能力和良好的综合素质，成为在各行业起引领作用的优秀杰出创新人才。

（1）分阶段的培养模式

西安交通大学钱学森班遵循"2＋4＋X"模式培养。其中，2～2.5 年实施理、机、动、电打通的大工科通识教育；在此之后实施 1.5～2 年的专业教育和 2 年硕士科研能力训练；最后，进行 X 年博士创新能力培养。

钱学森班学生单独编班，独立授课，本科阶段前两年不分专业的通识教育中，主要学习系统科学、数学科学、自然科学以及人文社会科学中最重要和最基本的知识，培养学生的科学思维能力和人文素养。本科阶段后两年主要进行专业基础理论和技能的学习。2＋X 年的研究生教育阶段则主要培养学生的科研和创新能力。

（2）课程设置

课程设置遵循以下原则：一是基础科学理论扎实，培养理论分析和逻辑思维的能力；二是技术科学交叉宽厚，为系统综合处理问题打下坚实基础；三是工程科学展现高新，实现"博的基础上的专"；四是综合教育方式多样，养成良好品格，发展兴趣爱好，拓展知识空间，积极探索创新。

根据以上原则，钱学森实验班打破原有专业壁垒，将全部课程以钱学森现代科学体系中的 11 个部类划分,学生所学基本要涉及所有方面。此外,改变了传统教学方式,加大了实践课程的比例,采取开放式、启发式、小班讨论的课程教学方式,特别强调实践能力、团队合作能力的培养。

钱学森班的课程结构由主干课程、辅助性课程、常识性课程和集中实践四个部分组成。主干课程包括数学科学、自然科学和系统科学方面的课程,覆盖了工科各学科的基础课程、专业课程和技术课程。辅助课程包括社会科学、行为科学和人文艺术等方面的课程,与工科形成文工交叉。常识课程包括了理工以外的其他科学技术部门的常识性知识,以系列讲座形式开设。集中实践包括工程训练、专业实习、社会实践、课程设计等,通过实践提高动手能力,了解社会,培养学生理论联系实际,分析问题、解决问题的能力(见图 3-1)。

图 3-1　西安交通大学钱学森班课程体系

钱学森实验班学生总学分为 175 学分(课内)+8 学分(课外),在本科阶段学分不得低于 170 分。其中,学科专业课程约 119 学分,占总学分 68%,综合素质类课程 39 学分,占 22.28%,集中实践 17 学分,占总学分 9.72%。课外 8 学分,开展社会实践和科技创新活动。

2.电气工程及其自动化"学硕班"[10]

(1)概述

西安交通大学学硕班是该校贯穿本、硕人才培养的新举措。学生修满本科学分后可在该学科选择研究生相关专业继续连读硕士学位,进入连读硕士的学生在取得对应学科研究生培养方案所要求的学分和完成硕士学位论文后授予硕士学位。截至 2011 年 4 月,西安交通大学共在 6 个优势学科建立学硕班,其中工科专业包括电气工程及其自动化、能源与动力、机械与工程、材料工程学科。

西安交通大学电气工程及其自动化"学硕班"培养具备电工电子技术、电力系统自动化、工业自动化、电机与运动控制、计算机控制技术等方面的工程技术基础和相关专业知识,德智体全面发展的电气工程领域创新人才。

（2）培养要求

本一硕连读班的学制为 3＋3 年。本一硕连读班注重对基础理论的掌握，注重培养学生的科学思维能力和科学研究方法，前三年为基础课程和专业基础课程学习阶段，接下来 3 年为研究生课程学习阶段，以及硕士学位论文工作阶段。在第四学年，学生可以在该学科相关专业选择继续连读硕士学位或本科毕业（选择本科毕业的学生在完成本科培养计划和本科毕业论文（设计）后授予该专业的学士学位证书），本一硕连读班中进入连读硕士的学生在完成硕士培养计划和毕业论文后授予硕士学位。

在本科阶段学生应获得以下几个方面的知识和能力：一是掌握较扎实的数学、物理等自然科学的基础知识，具有较好的人文社会科学、管理科学和外语综合能力；二是系统掌握本专业领域必需的较宽的技术基础理论知识，主要包括电工理论、电子技术、信息处理、控制理论、计算机软硬件基本原理与应用等；三是获得较好的工程实践训练，具有较熟练的计算机应用能力；四是具有本专业领域内专业知识与技能，了解学科前沿的发展趋势；五是具有强健体魄，高度的社会责任感，强烈的团队意识和良好的沟通能力，出色的持续学习能力，杰出的工程研究、实践创新和组织管理能力。

（3）课程设置

西安交通大学电气工程及其自动化"学硕班"的主干学科是电气工程、控制科学与工程、计算机科学与技术。其主要课程有：电路理论、电子技术、工程电磁场与波、电机学、微机原理与单片机接口技术、电力电子技术、自动控制原理、电力拖动基础、电力系统分析、微机保护、电力系统自动化、发配电系统综合设计（特色课程）、高电压技术、智能电器原理与技术等。

西安交通大学电气工程及其自动化"学硕班"专业课程设置见表 3-10。

表 3-10　西安交通大学电气工程及其自动化"学硕班"专业课程

课程名称	课程名称	课程名称
军事理论	中国近现代史纲要	微机保护
高等数学 A－1	大学英语 B－4	控制机电
大学英语 B－1	数学建模	高电压技术
大学计算机基础 B	计算方法	发电厂电气部分

续表

课程名称	课程名称	课程名称
画法几何与工程制图 B	概率论与数理统计 A	运动控制系统
体育与健康	体育与健康 4	现代电气控制技术与 PLC
军训	电路理论 2	电力系统自动化
画法几何与工程制图课程设计	电路测试技术	智能电器原理与设计
形势与政策－1	模拟电子技术	形势与政策 5
毛泽东思想和中国特色社会主义理论体系概论	模拟电子技术实验	体育与健康 3
高等数学 A－2	电机学	工程基础实训与实践 A
大学英语 B－2	电机学实验	形势与政策 2
高级语言程序设计	思想政治理论课实践教学	艺术导论
思想道德修养与法律基础	形势与政策	大学生心理健康教育
大学物理 B－1	复变函数与积分变换	形势与政策 4
物理实验 B－1	数字电子技术	素质拓展课程模块
线性代数 A	数字电子技术实验	人文社科类
形势与政策 1	自动控制原理	自然科学类
体育与健康 2	微机原理与单片机接口技术	工程技术类
当代世界经济与政治	工程电磁场与波	公共艺术类
大学生职业生涯与发展规划	电力电子技术	托福英语听力
大学语文 B	电力系统分析	电路理论 1
马克思主义基本原理	电力拖动基础	电路测试技术
大学英语 B－3	认识实习	数学物理方程
大学物理 B－2	电子技术课程设计	物理实验 B－2

3. 电子信息与工程学院"信息新蕾"因材施教计划[11]

2009 年 3 月,为进一步加强拔尖创新人才的培养,促进教育教学改革,充分发挥优秀教学科研团队的人才培养资源优势,因材施教,为具有较大发展潜力的优秀本科生提供更好的创新实践环境和条件,为学校高层次创新拔尖人才培养输送一批高素质的生源和后备力量,电子与信息工程学院推行了"信息新蕾"因材施教计划,简称ITP计划(Information-technology Talent Program)。

ITP计划的目标是,加强拔尖本科生的创新能力培养,选拔一批优秀的二年级本科生进入科研实验室,参与科研团队的科研工作和学术活动,接受良好的学术文化熏陶,学习和初步掌握科学研究方法,锻炼提出和解决问题的能力,培育初步的科研素养,为进一步深造和发展打下良好的基础。

ITP计划的主要内容是,对学有余力的优秀本科生因材施教,通过完成具体的科研任务,激发学生的好奇心和上进心,锻炼提出和解决科学和技术问题的能力,使其初步掌握科学表达和学术交流的基本方法,将理论与实际结合,系统培养学生的综合科研能力。该计划的实施办法见表3-11。

表 3-11　西安交通大学电子信息与工程学院"信息新蕾"计划主要流程

编号	流程	具体情况与相关要求
1	科研团队遴选	学院在综合考虑科研实力、接收能力、实验室条件等因素的基础上,遴选实施ITP计划的科研团队,将优先遴选依托国家级、省部级重点实验室和工程中心的科研团队。
2	项目指南和培养计划制订	参加ITP计划的各科研团队制订本团队切实可行的项目指南(需求),主要包括:研究方向、指导力量(含研究生)、依托的科研项目、工作要求、接纳人数等,并对参加的每个学生制订单独的培养计划。
3	申请	学习有余力、勤思考、肯钻研、学习成绩优良(学分成绩80分以上)的本科生,根据各科研团队公布的指南,结合个人的特点和兴趣,以个人或小组的形式填写"信息新蕾"计划申请表。
4	选拔	辅导员、班主任对个人或小组的申请给出推荐意见,科研团队负责培养对象的选拔,选拔方式由各团队自行决定,接收名额由学院根据具体情况分配。
5	实施	参加"信息新蕾"计划的学生,需定期到所在的实验室工作,参与学术研讨,承担具体研究任务,撰写研究报告和论文。项目实施期限为一年。

3.1.2.4 办学成果

西安交通大学整体工程教育办学成效显著。

竞赛获奖方面:钱学森工科实验班学生在国际、国家竞赛中成绩斐然。该班学生在数学建模国际竞赛(The Mathematical Contest in Modeling,简称MCM)中获得国际一等奖(Meritorious Winner);在跨学科建模国际竞赛(The Interdisciplinary Contest in Modeling,简称MCM)中获得荣誉提名。此外,该班学生在 IDEA 中国公开赛、TI 杯电子系统专题邀请赛、第四届全国大学生机械创新设计大赛、全国大学生机械设计大赛、中国机器人大赛 Robo Cup 公开赛中多次获奖。

据西安交通大学官方统计,2007—2009 级三届学生获竞赛类奖项共计 90 余项。其中,国际奖 5 项(其中一等奖 2 项),国家奖 17 项,省奖 31 项(其中一等奖 10 项),西北赛区奖 3 项,校奖 34 项。截至 2010 年底,钱学森实验班三个年级的学生在各级活动中获奖 160 多项,仅首届钱学森实验班学生就有 28 人受表彰 82 项,比例占入学人数的 43%,占毕业人数的 84.85%。

3.1.2.5 西安交通大学整体工程教育特色

特色一:本硕博贯通培养,在 2＋4＋X 的不同阶段侧重体现集成性、实践性与创造性

西安交通大学 2＋4＋X 培养模式覆盖了本科、硕士、博士的全部阶段。其中 2 代表包括工程教育在内的第一、第二学年本科教育按大类进行,淡化专业,主要进行以人文、社会、自然科学为主的综合基础教育,体现集成性。4 代表在本科三、四年级硕士的两年时间里加强对学生实践能力的培养,体现实践性。X 代表在博士学位学习阶段,用若干年时间主要培养学生的追求创新的能力,通过高水平的科学研究工作,创造性地探索未知科学奥秘,体现创造性。

特色二:设置学硕班,实现本硕贯通培养

在六个优势工科学科设立"学硕班",本硕贯通培养学生,使之具备较好人文社会科学、管理学、外语综合能力,具备较宽的技术基础理论知识,具备较好的工程实践能力,具有本专业领域内的专业知识与技能。

3.2　跨学院集成模式

3.2.1　浙江大学——工学小类平台学科集成模式

3.2.1.1　背景

2002 年,在四校融合发展的大背景下开展了第一次教育教学大讨论,重点讨论了人才培养的目标定位,确立了"以人为本,整合培养,求是创新,追求卓越"的教育理念,形成了《关于加强教育教学工作的若干意见》。《意见》将整个工科分为工科Ⅰ类、工科Ⅱ类、工科Ⅲ类、工科Ⅳ类,设置大类平台课程,试行专业教育前期按大类培养、后期实施宽口径教育的新模式,为学生跨学科交叉学习打下基础。对公共基础课程和部分学科基础课程进行调整、梳理、整合,进行基础课程分层次、递进式的教学改革。同时,专门设置第二课堂学分,强化课内外教学有机结合。

2006 年,学校又进一步推进通识教育和大类培养工作。借鉴世界一流大学办学经验,构建新的本科课程体系,将本科教育课程总体分为通识课程、大类课程和专业课程三大类,课程内容向着相互渗透、交叉、综合的方向发展。通识课程拓展了原有公共基础课,着眼于学生全面素质的提高,特别是为学生了解历史、理解社会和世界提供多种思维方式和广阔的教育,设置了历史与文化、文学与艺术、经济与社会、沟通与领导、科学与研究、技术与设计六大类别,有利于学生形成均衡的知识结构;大类课程着重于建立宽厚的学科知识基础,拓宽知识面,注重文理互补、理工交叉,文、理、工相互结合的教育,为学生今后学业发展奠定基石;专业课程着重培养学生扎实的学科专业知识以及动手能力、创新精神。另外,学校还设置个性化课程学分,推进学生自主性学习、创新性学习和个性化学习。

2010 年,在国家科技、人才、教育中长期发展规划纲要相继出台的背景下开展了第二次教育教学大讨论,重点讨论了人才培养的特色优势,明确了深化教育教学改革的重点突破方向,形成了《关于进一步加强和改进教育教学工作的若干意见》。

2014 年,浙江大学反思工学类大类培养,考虑到学生整体素质提高,将工学大类细分为建筑土木、机械能源、材料化工、电气工程、航空航天与过程装备五个大类分别制订大类培养方案。

2015 年 5 月,浙江大学正式启动四校合并以来第三次全校范围教育教学大讨论。会议指出,目前浙江大学正处在全面实施综合改革的关键时期[12]。一要加强课程建设、构建辅助教学平台。二要推进小班化教学、开设研讨型课程。三要推进工科专业课程教学模式改革。例如,化工设计课程进行的面向项目团队工作的教学模式改革;工程图学课程在对教学方式进行改革的同时,在考核方式上也进行不断的探索;应用光学课程采用研究型教学法进行教学,鼓励和引导学生对课堂教学内容进行深入思考,并带出相应的学生科研题目;综合化学实验课程采用开放式的教学模式来培养学生的实践动手能力。

2000 年以来,体现浙江大学工程教育整体性的重要事项见表 3-12。

表 3-12　2000 年以来浙江大学体现工程教育整体性的重要事项

时间	项目	内容	适用对象
2002 年	推行"第二课堂"课程学分制度	本科学生在完成必修、选修和实践教学环节学分外,必须修读第二课堂活动至少 4 个学分方能毕业。	本科生
2006 年	推行"个性化"课程学分制度	学生可自主选择修读全校所有通识课程、大类课程、专业课程,建议工科学生利用个性课程学分选择修读"4+1@3 工程教育平台"课程。	本科生
2007 年	建立竺可桢学院 IEE 工高班	即浙江大学综合工程教育实验区工高班,是由浙江大学竺可桢学院、浙江大学科教发展战略研究中心和浙江大学教务处共同合作推进的辅修性质的特色实验班级。	本科生
2008 年	工学推行大类培养	全国大类招生最早的高校之一,学习西方顶尖高校,在本科前两年推行通识教育。	本科生
2014 年	将工学大类细分为五个大类[13]	考虑到学生整体素质提高,将工学大类细分为建筑土木、机械能源、材料化工、电气工程、航空航天与过程装备五个大类。	本科生

时间	项目	内容	适用对象
2014 年	浙江大学创新与创业管理强化班改革	改革包括:采用混合制招生;学制改为两年;开始实行淘汰制,两年约淘汰 30%	本科生、硕士生、博士生、校友
2016 年	成立浙江大学工程师学院	高层次工程科技人才复合交叉培养的特色学院,主要开展研究生层次工程师培养和企业工程师培训	硕士生、博士生
2018 年	面向 2030 的学科会聚研究计划	"双脑计划""量子计划""设计育种计划",充分利用学科综合优势打造交叉研究创新高地,促进学科会聚造峰	硕士生、博士生

3.2.1.2　基础课程体系

浙江大学本科工程教育课程体系包括基础课程与专业课程两大模块。其中,基础课程体系包括大类课程、通识课程、个性课程、第二课堂四个部分。2014 年开始,浙江大学将整个工学类分为建筑土木、机械能源、材料化工、电气工程、航空航天与过程装备五个大类分别培养。五个大类的基础课程体系仅在大类课程部分存在较小差别,在通识课程、个性课程、第二课堂三个部分基本相同。具体课程见表 3-9。

1. 大类课程

浙江大学五个工学大类的大类课程均包括大类必修课程、大类选修课程两个子类别,五个工学大类的大类课程存在差异,但差异较小。

2. 通识课程

浙江大学工学类本科生需要修读的通识课包括思政类、军体类、外语类、计算机类、通识选修课程。其中,计算机类又分为 A、B 两组,学生在两组间择一修读。

3. 个性课程

在个性课程模块,学生可自主选择修读全校所有通识课程、大类课程、专业课程。该校建议学生利用个性课程学分选择修读"4+1@3 工程教育平台"课程,或选择修读本专业推荐的个性课程,或根据个人发展需要有计划地跨专业修读课程。

4.第二课堂

浙江大学工学类本科生第二课堂活动[14]是指在课堂教学以外的时间,学生在教师指导下所进行的旨在加深基础知识,扩大知识领域,开扩视野,发展科技、文体、艺术等方面的兴趣和才能,培养独立工作和创造能力,提高思想品德和综合素质的实践创新活动。根据《关于制订2006—2008级本科专业培养方案和指导性教学计划的原则意见》(浙大发教[2006]1号)规定,本科学生在完成必修、选修和实践教学环节学分外,必须修读第二课堂活动至少4个学分方能毕业。学生第二课堂活动的表现作为实践能力与素质拓展课的成绩记入学生档案,成绩分为优秀、良好、合格、不合格四个档次。具体来讲,包括11类项目。

第二课堂活动包含浙江大学大学生科研训练计划(Student Research Training Program,简称SRTP项目)。该计划于1998年开始实行,主要目的在于:一是给本科生提供科研训练机会,以期学生尽早进入该专业科研领域,接触和了解学科的前沿,明晰学科的发展动态;二是充分利用学科综合、教学资源和人才的优势,因材施教,提高办学效益;三是培养学生理论联系实际、自主创新意识、科研创新能力和独立工作能力;四是加强师生团队合作精神和交流表达能力;五是以"研"促进"学"与"产"的紧密型结合,鼓励出研究成果。本计划的基本流程见附表2。

浙江大学工程教育基础课程体系见表3-13。

表 3-13　浙江大学工程教育基础课程体系

类别	子类别	课程
大类课程 (38学分)	设计与制造类	机械设计基础、制造工程基础、材料加工
	力学与材料类	材料力学、理论力学、工程材料
	热学与流体类	工程热力学、传热学基础、流体力学
	测量检验与控制类	测试与检测技术基础、控制工程基础
	专业概论	机械工程概论

续表

类别	子类别		课程
通识课程 （42＋5 学分）	思政类		思修、史纲、毛概、马原、形策
	军体类		军事理论、军训、体育、体质测试
	外语类		大学英语、英语水平测试
	计算机类 （AB 择一）	A 组	C 程序设计/Java 程序设计/Python 程序设计；计算机科学基础/科学计算基础/其他课程号带"G"的课程
		B 组	程序设计基础、程序设计专题
	通识 选修课 *	人文社科组	历史与文化类（课程号带"H"的课程）、文学与艺术类（课程号带"I"的课程）、沟通与领导类（课程号带"J"的课程）、经济与社会类（课程号带"L"的课程）通识课程
		科学技术组	科学与研究类（课程号带"K"的课程）、技术与设计类（课程号带"M"的课程）
		通识核心课程	课程号带"S"
		新生研讨课程	课程号带"X"
个性课程 （10 学分）	"4＋1@3 工程教育平台"课程		工程导论、系统科学与工程、计算机辅助创新、科技人才领导力开发、综合工程学 Ⅰ / Ⅱ / Ⅲ 三选一
第二课堂 （≥4 学分）	第二课程		院(系)和学会及以上级别的各类学科竞赛；院(系)及以上级别的大学生科研训练项目；校级及以上的文体竞赛；学校和学院(系)组织的科技、学术和文化节活动项目；自主实验技术创新项目与实验竞赛；就业实习或实训；社会实践、社会工作和国(境)外交流；论文、专利等成果发表；学业指导团队和学长项目；经学校认定的公益性服务项目；其他

3.2.1.3 典型案例

1. IEE 工高辅修班本科整体工程教育课程体系[15]

（1）概述

浙江大学综合工程教育实验区（Integrated Engineering Education，IEE）工高班是由浙江大学竺可桢学院、浙江大学科教发展战略研究中心和浙江大学教务处共同合作推进的辅修性质的特色实验班，每届从大一（或五年制大二）理工科本科生中招收 60 人，单独编班，隶属于竺可桢学院，由竺可桢学院实施管理。

学生进入竺可桢学院后，不分专业，先在文、理、工三大类平台上进行通识课程和基础课程的前期培养。在第二学年，根据自己的兴趣、特长确认主修专业，在主修专业的同时进行综合工程教育培养，同时实行本科生专业导师制。IEE 工高班培养模式见表 3-14。

表 3-14 浙江大学综合工程教育人才培养模式创新实验区工高班培养模式

培养事项	培养模式
培养目标	创新型工程科技人才
招生对象	浙江大学全日制大一年级或五年制大二年级理工科本科生
培养类别	辅修培养
计划学制	三年
修读学分	28＝17（最低必修学分）＋7（最低选修学分）＋4（最低实践学分）
出口通道	合格毕业生：由学校颁发"浙江大学工程教育高级班"证书，享受浙江大学竺可桢学院的荣誉称号； 优秀保研生：工高班每年推荐至少十名以上的学生免试攻读浙江大学研究生，以实现本硕一贯培养。部分优秀学生可进入联合培养通道，选派到海内外著名大学和科研机构攻读博士学位； 分流中转生：对于中途退出工高班的学生返回原学院，已修完课程按选修学分认定。
证书发放	授予"浙江大学工程教育高级班"证书

（2）IEE工高班的教学安排与课程设置

在充分研讨的基础上，浙江大学重构和系统规划了工高班教学计划，其教学计划涵盖"工程基础模块、工程设计模块、工程管理模块和工程实践模块"四模块19门必修课程，见表3-15。

表3-15　浙江大学综合工程教育人才培养模式创新实验区工高班课程体系

教学模块	课程名称
工程基础模块	工程导论、工程原理（Ⅰ）、工程原理（Ⅱ）、数学建模系统科学与工程
工程设计模块	数据结构基础、计算机图形学设计思维与表达、嵌入式系统计算机辅助创新
工程管理模块	领导力开发、生产与运行管理、项目管理、创业管理、科技管理
工程实践模块	工程研究与实践、整合与创新设计、电子系统综合设计

（3）主修专业与辅修专业的配合

以机械与能源大类机械设计制造及其自动化（汽车工程）专业为例，该专业学生除需修读机械与能源大类课程以外，还需修读81学分的专业课程。这些专业课程可分为三类，即专业必修课程（56学分）、专业选修课程（9学分）、实践教学环节（8学分）及毕业论文（设计）（8学分），具体课程见表3-16。

通过以下课程可以发现，机械设计制造及其自动化（汽车工程）专业开设了一些工程基础课程，如同学们可在个性课程中选修工程导论课。IEE工高班课程体系将工程导论设课为必修课，并增加工程原理等课程，进一步强化了学生的工程基础。机械设计制造及其自动化（汽车工程）专业开设了工程设计课程机械设计，IEE工高班通过开设数据结构基础、计算机图形学、设计思维与表达、计算机辅助创新等课程，加强学生运用设计工具的能力，并通过整合与创新设计、电子系统综合设计等课程，在实践中加强学生设计能力。机械设计制造及其自动化（汽车工程）专业并未开设工程管理方面课程，IEE工高班开设了五门课程加强学生工程管理能力。

表 3-16　浙江大学机械设计制造及其自动化(汽车工程)课程体系

类别	子类别	课程
大类课程 (38学分)	设计与制造类	机械设计基础、制造工程基础、材料加工
	力学与材料类	材料力学、理论力学、工程材料
	热学与流体类	工程热力学、传热学基础、流体力学
	测量检验与控制类	测试与检测技术基础、控制工程基础
	专业概论	机械工程概论
个性课程 (10学分)	"4+1@3工程教育平台"课程	工程导论、系统科学与工程、计算机辅助创新、科技人才领导力开发、综合工程学Ⅰ/Ⅱ/Ⅲ
专业课程 (81学分)	专业必修课程	机械制图及CAD基础、概率论与数理统计、理论力学、机械设计、电工电子学及实验、材料力学、工程热力学、工程流体力学、材料力学实验、汽车构造、传热学、汽车发动机原理、汽车试验学、动力机械测试技术、汽车技术、汽车电子与控制、汽车设计、汽车理论、汽车及发动机专业实验、汽车新技术研究专题
	选修课程	低碳能源、工程化学、化学实验、微机原理及应用、工程材料、计算方法、复变函数与积分变换、自动控制理论、偏微分方程、随机过程、汽车空调、汽车性能与评价、随机振动理论、发动机振动与噪声
	实践教学环节	科研实践、汽车驾驶实习、汽车认识实习、汽车生产实习、汽车电子控制课程设计
	毕业设计	毕业设计(论文)

2.创新创业强化班[16]本科整体工程教育课程体系

(1)概述

浙江大学创新与创业管理强化班简称强化班(ITP),隶属于竺可桢学院。强化班旨在培养具有扎实的专业知识,强烈创新意识、优秀创新素质及创新技能的高科技产业经营管理创业型人才;培养具有国际视野、本土智慧,足以担起民族兴衰重任的未来企业家。

强化班的教学管理由竺可桢学院负责,班级每年从全校理工农医等各个专

业逾 5000 名二年级本科生中选拔,本着自愿报名、公开竞争、择优录取的原则,
共招生 40 人。这 40 人在保证完成本专业学习的同时,参加历时两年(自 2010 级
开始为两年半)的强化班学习。2014 年开始首次向研究生与青年创业校友开放。

2014 年,强化班改革正式实行,开始混合式招生。在面向浙江大学全日制
二年级非管理类本科生招收 40 人的基础上,向浙江大学全日制研究生(10 人)、
浙江大学校友(10 人)开放旁听名额。强化班学制改为两年,从本科生大二下学
期开始,到大四上学期结束。同时强化班开始实行淘汰制,两年约淘汰 30%。

浙江大学创新创业强化班培养模式见表 3-17。

表 3-17　浙江大学创新创业强化班培养模式

培养事项	培养模式
培养目标	高科技产业经营管理创业型人才
招生对象	浙江大学非管理类、全日制大二年级本科生(40 人)或研究生(10 人)
培养类别	辅修培养
计划学制	两年
证书发放	所有参加本计划并完成全部课程的同学,将获得竺可桢学院与管理学院联合颁发的学习证书;完成全部辅修课程的本科生,将获得竺可桢学院颁发的荣誉辅修证书

(2)课程体系

浙江大学创新创业强化班是辅修性质的特色班级。其课程主要包括两类,即强
化班辅修课程、讲座与实践(见表 3-18)。浙江大学创新创业强化班所有课程均要求
邀请行业专家参与课程,其中,2 学分课程至少聘请 1 位专家主讲 2 学时;3 学分课程
至少聘请 2 位专家主讲 4 学时。此外,所有课程均预留足够时间用于学生答疑。

表 3-18　浙江大学创新创业强化班课程体系

课程类别	课　程
辅修课程	创业管理、新产品开发与项目管理、市场调研与分析、创业计划撰写、创业管理战略、创业财务、团队沟通与领导力、经济学、管理学、创业营销、创业企业法律与知识产权实务、创业估值与融资、商业模式
讲座与实践课程	创业讲座、创业计划设计

3.2.1.4　办学成效

浙江大学工程教育办学成果显著。截至 2009 年底,工高班学生获得国际大学生数学建模大赛一等奖 11 人次,二等奖 16 人次;获全国大学生数学建模大赛一等奖 15 人次,二等奖 34 人次,省级一等奖 15 人次。除建模大赛外,其他竞赛的国际级获奖包括:2003 级工高班学生彭晨获得了 2006 欧莱雅工业大赛中国区冠军,巴黎决赛亚军;2004 级学生李毅获 2007 年足球机器人世界杯小型组第四名;2006 级林悦获 2008 年 ACM 国际大学生程序设计竞赛亚洲赛区金牌;2006 级于智获 2009 年 ACM 国际大学生计算机编程竞赛亚洲预选赛亚洲金奖。其他竞赛的国家级获奖包括:2004 级李毅获 2007 年中国机器人大赛暨足球机器人中国公开赛冠军;2004 级周李芳获 2007 年"三井化学"杯大学生化工设计邀请赛特等奖。2006 级李俊塈获中国机器人公开赛(Robocup Open)rescue 仿真组一等奖(第五名)。

3.2.1.5　浙江大学整体工程教育课程体系特色

特色一:基于五个工学大类的集成性

浙江大学并非实行整个工学类的集成培养,而是将整个工学类分为建筑土木、机械能源、材料化工、电气工程、航空航天与过程装备五个大类分别培养,在本科前两年推行通识教育。五个工学大类的大类课程均包括大类必修课程、大类选修课程两个子类别。

特色二:基于辅修的集成性

浙江大学 IEE 工高班、创新创业强化班均是辅修性质的班级,通过辅修专业与主修专业相结合的方式实现学科集成。学生进入班级后,不分专业,先在文、理、工三大类平台上进行通识课程和基础课程的前期培养。在第二学年,根据自己的兴趣、特长确认主修专业,在主修专业的同时进行综合工程教育培养。通过主修+辅修模式,可实现单专业向双专业的集成。

特色三:开设较多的创造性课程

浙江大学开设领导力开发、项目管理、生产与运行管理、创业管理、科技管理等创造性课程,培养学生的创新意识、创新素质及创新技能。IEE 工高班学生在建模大赛、国际级及国内级其他竞赛中获奖颇丰,是课程具有创造力的间接体现。

3.2.2　上海交通大学——工学大类平台学科集成模式

3.2.2.1　背景

上海交通大学近年正全面推进人才培养体系改革,力求通过多学科交叉、通识教育与宽口径专业教育相结合的方式,培养具有宽厚基础知识、创新精神、全球视野、能够适应未来社会需求的复合型人才。2012 年,上海交通大学提出"四大贯通"[18]改革思想,打通人才培养各个环节,探索并实践拔尖创新人才培养的"交大模式"。"四大贯通"的重点是"拆墙":贯通本、硕、博教育;打通学科间壁垒;开拓校企联合培养;前伸人才培养轨道。

第一,"本、硕、博"贯通:培养体系中的"卓越课程"。上海交大全面推进本、硕、博课程体系贯通建设,按照培养目标、培养方案和教学内容对本科生、硕士生、博士生的课程进行整体设置和建设,建立本、硕、博课程库与选课系统,使很多学生受益匪浅。无论本专业还是其他专业,无论是本科生、硕士生或是博士生课程,只要有益于创新人才培养就有机会纳入学生的个性化培养方案。贯通课程体系以创新能力提升作为核心,打造精品卓越课程。实践、团队合作、动手等有利于创新能力提升的培养手段和方式也将更多地引入课程体系中。

第二,学科贯通:多领域交叉和综合能力养成。学校开设了数学—金融和工科—管理本硕两个贯通试点班。依托综合型大学强大的理科、工科和经济与管理学科,瞄准当今学术发展动态和产业发展趋势培养一流人才,致力于探索依托传统学科优势和新型学科优势的贯通。各相关学院和学科共同设计课程,共同完成本、硕课程教学,共同编写研讨课教案,形成双导师制合作指导学生机制。在贯通的课程体系中,学生可以自主地选择跨学科的课程。该模式不是简单地将课程叠加,而是将各学科的学习、研究和实践整合成一体,实现学科交叉融合,促进学生形成复合的思维方式,让学生获得不同专业之间的跨学科学习和研究的体验,全面提高学生创新能力和综合素质。2004 年,上海交通大学在吸收海外一流大学特别是欧美一流大学工程学院基于平台的人才培养相关经验基础上,建立了上海交通大学"工科创新人才培养平台",培养交叉复合型人才。

第三，校企贯通：探索工程人才培养新模式。上海交通大学打通高校与企业的壁垒，携手培养创新人才，以国家教育体制改革试点项目为契机，以卓越工程师教育培养计划为抓手，开展教育教学改革，不断探索校企联合培养创新人才新模式。从 2007 年开始，学校举办创新创业大讲堂，邀请企业领袖、业界翘楚为学生讲述创新理念；2010 年进一步创办创业学院，在全校范围内营造创新氛围，培育创业意识和创新精神，造就未来的产业巨子；通过改革加强学生培养方案，加强第一课堂和第二课堂方面的校企合作。经过多年摸索和实践，逐渐形成产学研结合培养人才的四种模式：引进、对接、共建和推荐。

第四，大学中学贯通：人才培养轨道前伸。上海交大把创新人才培养往中学前移，积极探索并建立一个多样化、全方位、分层次、广辐射的中学生创新能力培养体系，这是学校拔尖创新人才培养的标志性特色。学校在全国率先通过课程共建、实践创新体系建设等一系列途径，探索建立与高中联合培养创新人才的模式。2007—2012 年，由院士、国家级教学名师、"千人计划"、"长江学者"、"973"首席科学家等大牌教授组成"教授团"，为中学生开设高水平讲座 250 余次，仅 3 年就开设中学生自主特色实验项目 124 项。此外，学校还率先在全国成立拔尖创新人才早期培养基地，目前已经与上海中学、上海交通大学附属中学、南洋模范中学、江苏省常州市高级中学、天津市南开中学等 10 多所中学建立了长期的人才培养合作关系，共同建设拔尖创新人才培养基地。

2005 年以来，体现上海交通大学工程教育整体性的重要事项见表 3-19。

表 3-19　2005 年以来体现上海交通大学工程教育整体性的重要事项

时间	项目	内容	适用对象
2005 年	建立上交—密西根学院	联合学院，下设机械类、电子与计算机工程两个专业。	本科生 硕士生 博士生
2007 年	开办创新创业大讲堂	邀请企业领袖、业界翘楚为学生讲述创新理念。	本科生 硕士生 博士生
2010 年	创办创业学院	在全校范围内营造创新氛围，培育创业意识和创新精神，造就未来的产业巨子。	本科生 硕士生 博士生

续表

时间	项目	内容	适用对象
2011 年	开设电子信息科学类交叉学科本硕连读试点班（IEEE 试点班）	电子电气工程、通信、计算机科学与工程交叉融合，培养电气电子技术与信息科学的科学家和工程师，满足要求的本科生可申请直升研究生并提前开始研究生基础课程的学习。	本硕贯通
2011 年	在原有学科开设试点班级	开设机械工程钱学森班，设机械工程与能源、动力工程两个方向。开设机械工程与自动化试点班，分设机械工程与能源、动力工程两个专业方向。开设生物技术与工程领域实验班，包括生物技术（基地班）、生物技术（生物信息试点班）及生物工程（基地班）。	本科生
2012 年	建立上交—巴黎高科卓越工程师学院	以工科实验班的形式开展教学，中外合作办学。	本硕贯通
2014 年	创建上海交通大学"工科创新人才培养平台"	依托机械与动力工程学院，联合八大工科学院，交叉复合进行一年半不分专业的电、机、力学、生物等工科基础课程学习。	本科生
2014 年	推行"致远工科荣誉计划"	将原来的"志愿计划"由理科专业扩展到所有工科专业，培养未来科技领袖。	本科生
2015 年	建立生命与环境交叉平台	以"绿色化"和"整合型"为指导思想，有机融合生命、环境、化学化工、医药、食品等 12 个与人类发展息息相关的学科方向，构建多学科交叉创新人才培养体系。	本科生
2020 年	上海交通大学强基计划	面向国家重大战略，培养具有人文素养和科学精神，具有批判性思维能力、知识整合能力、沟通协作能力，多元文化理解能力和全球视野的创新型领袖人才。	本科生 本博衔接

3.2.2.2　基础课程体系

上海交通大学工程教育实行大类培养方式,建立工科平台,在前 1.5 年为学生开设基础课程。工科平台是打通机、电、船、材等工科学科人才培养方案的跨学院、跨学科交叉培养创新人才模式,培养应对未来需求的多学科交叉的复合型人才。该平台自 2004 年开始实施,覆盖机械与动力工程学院、电子信息与电气工程学院、船舶海洋与建筑工程学院、材料科学与技术学院、生命科学技术学院、生物医学工程学院、化学化工学院、航空航天学院等 8 个学院23 个专业。

根据工科平台 2015 级培养计划,上海交通大学工科平台课程体系包括五大模块,即专业教育课程、专业实践类课程、通识教育课程、个性化教育课程、创新项目模块。本节主要介绍专业教育课程和创新项目这两个重要模块。

专业教育课程又分为基础类、专业选修课程两类。其中,人文学科课方面,学校开设文学人类学批评、汉字学概论、金庸小说研究、《礼记》导读、心智哲学、犹太文明史等 172 门课程,要求工科平台学生从 172 门课程中选修 8个学分。社会科学课方面,学校开设科学与宗教、当代中国政治制度、儿童/青少年社会工作、沟通管理、企业文化等 156 门课程,要求工科平台学生从156 门课程中选修 4 个学分。自然科学与工程技术方面,学校共开设现代科技概论、现代农业与生态文明、海洋世界探秘、地球生命等 75 门课程,供学生选修。数学或逻辑学课方面,开设逻辑思维的训练、推理与思维训练、数学与文化、统计原理等 12 门课程,供学生选修。具体课程见表 3-20。

创新项目包括本科生研究计划与大学生创新计划。本科生研究计划(Participation in Research Program,简称 PRP)是学校为使学生尽快接受科学研究的基础训练,有组织、有计划地让本科生参与课外科研项目的研究工作,从而培养学生的科研兴趣、科研意识和科研能力,并为本科生进一步参与大学生创新计划打下坚实的基础。该计划的基本流程见附表 3。大学生创新计划通过支持品学兼优且具有较强科研潜质的在校学生开展自主选题的科学研究工作,培养其发现问题、分析问题和解决问题的能力,从而提高学生的实践和创新能力。目前上海交通大学已形成融校级、市级和国家级的多层级的大学生创新计划体系。大学生创新计划实施过程与本科生研究计划较为相似,但在项目验收及执行时间上与本科生研究计划稍有区别。

表 3-20　上海交通大学工科平台基础课程体系

类别	子类别	课程
专业教育课程	基础类	程序设计思想与方法、电子技术、理论力学(E 类)、高等数学(A)、电路理论、工程学导论、线性代数(B 类)、概率统计、大学物理(A 类)(1)、大学物理(A 类)(2)、大学化学、大学化学实验、生物学导论、前沿讲座
专业教育课程	专业选修课程	飞行基础与模型试验、数据结构 C、材料热力学、程序设计(2)、机械与动力工程前沿、有机化学(B 类)、程序设计课程、数据结构与算法、基础工业工程、离散数学、数据结构与算法、工程图学(1)、计算机系统基础(1)(上)、物理化学(B)、统计推断在模数转换系统中的应用(B)、生物医学统计概论
专业实践类课程	实验课程	大学物理实验(1)、大学物理实验(2)
专业实践类课程	实习实践课程	工程实践(1)、(2)(选修)、军训
通识教育课程	公共课程类	军事理论、思修、史纲、马原、体育(1)、体育(2)、体育(3)、大学基础英语(1)、大学基础英语(2)
通识教育课程	通识教育实践活动	通识教育实践活动
通识教育课程	人文学科	(共开设 172 门)
通识教育课程	社会科学	(共开设 156 门)
通识教育课程	自然科学与工程技术	(共开设 75 门)
通识教育课程	数据或逻辑学	(共开设 12 门)
创新项目	本科生研究计划、大学生创新计划	
个性课程(≥20 学分)	(从学校开设的课程中任意选择 20 以上学分)	

3.2.2.3　典型案例

本节主要介绍上海交通大学－巴黎高科卓越工程师学院的本硕贯通整体工程教育课程体系。

（1）学院概况

2013年4月，上海交通大学与法国巴黎高科集团强强联手，打造上海交通大学－巴黎高科卓越工程师学院，借鉴法国高等工程师学校的培养模式，为学生提供精英式教育。巴黎高科集团由11所法国历史悠久、最负盛名的工程师院校和1所顶级的管理院校组成，被誉为法国企业界、教学科研机构和政界培养高级管理人员和高级工程师的摇篮。学院借鉴巴黎高科学校工程师培养的课程体系和教学模式，探索中国工程人才培养的新模式（图3-2），旨在造就适应经济社会发展需要、具有国际化视野的高层次复合型精英人才。重点合作的四所学校是巴黎综合理工学院、巴黎高等先进技术学院、巴黎高等矿业学校和巴黎高等电信学校，为高质量的合作办学提供了保障。

（2）培养模式及文凭

该学院全面推行精英式教育，每年招生100人，将他们培养成具有扎实的基础、严谨的态度和活跃的创新精神的三语精英人才。学院学制为4＋2.5年，目前开设四个专业：机械工程、能源与动力工程、信息工程、法语工程。其中，法语专业的学生须选三个工科专业之一作为第二辅修专业，满足学业要求后可获上海交大第二学科学士学位。

教学分为两个阶段：第一阶段为基础阶段，由经验丰富的法国预科老师主导教学工作，将法国预科的教学要求和多学科国际化的培养模式紧密结合起来。第二阶段为工程师阶段，将与法方院校及企业紧密合作，按法国工程师培养模式，培养具有国际视野和管理能力的优秀工程师。

图3-2 上海交通大学－巴黎高科卓越工程师学院培养模式

凡满足学院学业要求的学生4年本科结束后可直接进入硕士阶段学习，完成所有学业要求的学生可获得上海交大学士学位（学历）、硕士学位（学历）以及法国工程师职衔委员会（CTI）认证的上海交通大学－巴黎高科卓越工程师学院工程师文凭[17]。同时，学生经过申请并满足相应学业要求可获得上海交通大学法语专业第二学科学士学位证书。上海交通大学－巴黎高科卓越工程师学院是经过教育部审核批准在上海交大成立的学院，颁发文凭资格也必须经过中华人民共和国教育部以及法国CTI的审核批准，所以与在法国拿到的工程师文凭一样受非欧洲国家认可。部分学生可在四所合作学校之一同时修读双学位（巴黎综合理工学院、巴黎高等先进技术学院、巴黎高等矿业学校和巴黎高等电信学校）。

（3）课程设置[18]

根据上海交通大学－巴黎高科卓越工程师学院工科试验班类（中外合作办学）2015级培养计划，该班课程体系包括三大模块，即通识教育课程、专业教育课程、个性化教育课程模块。其中，通识教育课程、个性化教育课程与本章第二部分基本相同，唯一的区别在于在通识教育的人文科学子类别增加了"工程师文化"课程。专业教育课程方面，含47门必修课与3门选修课，见表3-21。

表 3-21　上海交通大学工科试验班类（中外合作办学）2015级培养计划专业教育课程

课程名称		
初级法语语法（1）	英语演讲与技巧	高级法语听说
法语听说（1）	高级法语语法	操作系统
基础法语（数学）	法语辩论技巧（2）	论文写作指导
初级法语语法（2）	高等数学Ⅶ	流体力学基础
高等数学Ⅰ	高等数学Ⅷ	高等电子学
大学基础物理	普通化学原理（3）	法国电影艺术（选修）
物质结构导论	高等物理（5）	法国历史概要（选修）
中级法语语法（1）	C程序与算法分析	法国文学与艺术（1）（选修）
普通化学原理（1）	法语写作（2）	综合实用法语（选修）
法语读写（1）	高等数学Ⅲ	法语听说（2）
法语入门	高等数学Ⅳ	中级法语语法（2）
基础法语（物理）	法语读写（3）	法语写作（1）
高等数学Ⅱ	法语听说（3）	法语辩论技巧（1）

续表

课程名称		
跨学科数值方法实践	高等物理(1)	高等数学 V
科技法语	高等物理(2)	高等数学 VI
法语读写(2)	近代物理学	普通化学原理(2)
高等物理(4)	高等物理(3)	跨学科高级模拟与数据处理

3.2.2.4 办学成果

上海交通大学整体工程教育课程体系办学成果显著。

论文获奖方面:上海交通大学电信学院本科生、机动学院硕博连读生谷国迎获 2011 年第八届 IEEE 信息与自动化国际会议最佳论文奖。

竞赛获奖方面:在第十二届"挑战杯"全国大学生课外学术科技作品竞赛决赛场上,上海交大软件学院学生组成的"AEVIOU 蜂窝式中文滑行输入法"团队一路过关斩将,夺得大赛特等奖。

奖学金获奖方面:2014—2015 学年,该院王一帆、陈煜炯获国家奖学金;孙特获上海市奖学金。2015 年,孙特、魏士清获 Ardian 企业奖一等奖;陈翔、李能蔚、李彦浩、金格获 Ardian 企业奖二等奖;方顾煜、钟鸿儒等 9 名学生获 Ardian 企业奖三等奖。

未来发展方面:2014 年,交大巴黎高科学院 5 名学生被巴黎综合理工学院录取,到法国进行为期 2.5 年的双学位交换学习。

3.2.2.5 上海交通大学整体工程教育课程体系特色

特色一:基于工科平台的集成性

上海交通大学工程教育实行大类培养方式,建立工科平台,在前 1.5 年为学生开设基础课程,包括专业教育课程、专业实践类课程、通识教育课程、个性化教育课程、创新项目五大模块。工科平台打通机、电、船、材等工科学科人才培养方案,实行跨学院、跨学科交叉培养创新人才模式,覆盖机械与动力工程学院、电子信息与电气工程学院、船舶海洋与建筑工程学院、材料科学与技术学院、生命科学技术学院、生物医学工程学院、化学化工学院、航空航天学院等 8 个学院 23 个专业。

特色二：基于高占比人文社科管理类课程的集成性

学校的上海交大－巴黎高科卓越工程师学院按照"专业课＋人文社会管理类课＋法语语言与文化课＋英语课"的方式组织教学,人文社科管理类课程占整个教学计划的30％以上,并为学生打下扎实的数理基础及工程基础,充分培养学生的跨学科综合素养与能力,体现了集成性的特点。

3.3　基于项目的集成模式

3.3.1　哈尔滨工业大学

3.3.1.1　背景[19]

近年来,哈尔滨工业大学坚持精英式创新人才教育模式,坚持"四项结合",设置"基础学科拔尖学生培养计划——英才学院"和"工程领军人培养计划"两类拔尖学生专门培养模式,打造"研究型、个性化、精英式"具有国际竞争力与领导力的高素质人才。

在课程设置方面,哈尔滨工业大学做到了五个坚持。一是坚持"通识教育与专业教育相结合的教育模式"。在专业课程之外,开通文学经典、人文艺术等六大类通识平台课程,加强自然与人文两类文明的交融。二是坚持"基于课堂学习和项目学习相结合的教学方式"。仅2011年、2012年两年,哈尔滨工业大学就有6000余名大一学生自主参与了1600余项目。三是坚持"校园培养和校企合作培养联合的培养模式",除却课堂学习,高年级学生有机会参与到校企合作的企业实践训练中。四是坚持开展科研实训。作为教育部"卓越工程师教育培养计划"首批入围高校,哈尔滨工业大学依托工程实验室开展训练,开辟了覆盖本科全阶段的科研训练阵地。五是坚持"校内培养与国际化培养相结合的培养途径"。该校通过实施"大学生外语与国际化能力提升计划",在部分专业试行专业课英语授课,促进本科教育国际化(参见表 3-22)。

表 3-22　哈尔滨工业大学近年工程教育整体性相关事项

时间	事项	内容	适用对象
2009 年至今	推行"卓越工程师教育培养计划"	在全面加强学生品德修养、人文素质和数理基础培养,提高学生实践能力的基础上,对具有领导潜质的优秀学生加以培养,在提升其管理理论水平的同时为其提供实践平台和机会。	本科生
2011 年	建立英才学院	覆盖主要理工优势学科方向,选拔不超过 200 名优秀考生进入英才学院,致力培养面向国家重大战略需求、面向国际学术前沿,"厚基础、强实践、重能力、求创新",具有国际竞争力的人才。	本硕贯通或本硕博贯通
2012 年至今	推行"工程领军人培养计划"	遴选优秀本科生,接受经济管理学院教师授课。	本科生
	实施"基于项目的学习"计划	学生团队围绕一个具体的项目,在项目构思设计、实际体验、探索创新、内化吸收的过程中,自主地获得较为完整而具体的知识,发展学生解决问题的能力,培养学生的终身学习技能。	本科生
2019 年	实施《哈尔滨工业大学一流本科教育提升行动计划 2025》	以立德树人为根本任务,坚持人才培养中心地位,坚持本科教育基础地位。	本科生

3.3.1.2　基础工程教育

实施"基于项目的学习"计划,培养学生创新能力

实施"基于项目的学习"计划是学校教学改革的新举措。在"基于项目的学习"中,学生以团队形式开展有意义的研究活动,学生围绕一个具体的项目,充分学习、选择和利用各种学习资源,在项目构思设计、实际体验、探索创新、内化吸收的过程中,自主地获得较为完整而具体的知识,发展学生解决问题的能力,培养学生终身学习的技能。

2011 年、2012 年我校有 14 个学院开展此项工作,通过实施一年级年度创新项目、二/三年级专业设计项目课程、四年级毕业设计项目、大学生创新创业训练项目、科技竞赛项目等环节,在各年级开展"基于项目的学习"计划。大一年度项目取得初步成效,在新一轮的培养方案中要求所有工科专业设置一定数量的项目学习学分,使这种学习模式常态化,惠及每一名学生。为此,学校已在"985"建设经费中投入近 1000 万元,进行实验室等相关条件建设。

3.3.1.3　典型案例

1.英才学院英才班

哈尔滨工业大学将继续通过"英才学院"模式,覆盖全校主要理工优势学科方向,按照高考分数和所在省份成绩排名,面向全校前 5% 的优异学生(考生外语语种限为英语),选拔不超过 200 名优秀考生进入英才学院,探索与世界接轨的拔尖创新人才培养体系,致力培养面向国家重大战略需求、面向国际学术前沿,"厚基础、强实践、重能力、求创新",具有国际竞争力的人才。"英才学院"模式具有三个鲜明特点:注重个性化国际化培养、课程体系量身打造、动态进出本硕(博)贯通。

注重个性化国际化培养采取阶梯式培养方式,一、二年级按照大类培养,并享有两次调整专业的机会,高年级按照专业培养。全面实行导师制,进行个性化指导,为学生一对一配备导师,指导学生选课及制定未来专业发展方向规划,并协助学生开展实践环节及科技活动。聘请国内外专家来校开设特色课程,选送优秀学生赴国外一流学府交换学习、赴国外一流高校短期交流访问、到世界国际知名企业和研究机构实习等,力争实现每位学生在本科期间都有一次国际学习交流经历。

量身打造课程体系。学校专门为英才学院的学生设置通过重基础、宽口径的通识教育和个性化、强实践的专业教育课程体系,着重加强学生的数理基础、人文通识、外语能力和科研实践能力的培养。学校聘请校内外一流师资为英才学院学生开设高水平课程。坚持综合素质全面培养,注重对学生思想先进性和社会责任感的引导,突出创新思维和动手能力的培养,鼓励培养学生独立自主解决问题。强化领导力培养,通过领导力培训和科创团队等形式,提高学生的团队合作能力和领导能力。

动态进出本硕(博)贯通。依据学生的学习状况实施动态进出机制,前三学年的每个学年末对学生进行考核,依据学生学习状况确定进出。表现优秀的学生若选择在哈尔滨工业大学继续深造,将推荐免试攻读硕士、博士研究生。

2.自动化专业本科生卓越工程师计划[20]

(1)人才培养目标

培养适应科学技术、工业技术发展和人民生活水平提高所需要的,具有优良的思想素质、科学素质和人文素质,具有宽厚的基础理论和先进合理的专业知识,具备良好的分析、表述和解决工程问题能力,具有较强的自学能力、创新意识、实践能力、组织协调能力,爱国敬业、诚信务实、身心健康的高级专业人才,毕业后可在飞行控制、运动控制、工业过程控制、电力电子技术、检测与自动化仪表、电子与计算机技术、信息处理、管理与决策等领域从事系统分析、系统设计、系统运动、科技开发及研究等与自动化相关方面工作,并为学生进入研究生阶段学习打好基础。

培养出的毕业生要获得以下几方面的知识、能力和素质:一是具有较好的人文艺术和社会科学素养,较强的社会责任感和良好的工程职业道德,较好的语言文字表达能力和人际交流能力。二是具有较扎实的数学和自然科学基础,较系统地掌握本专业领域宽广的技术基础知识。三是具有本专业领域内所必需的专业知识,了解其学科前沿和发展趋势。对控制系统相关问题具有系统表达、建模、仿真、分析求解、论证及设计的能力。四是对未来的工程运作方式有一定了解。五是具有本专业必需的设计、仿真、实验、测试、计算、文献检索等基本技能和较强的计算机应用能力。掌握运用现代信息技术获取相关信息的基本方法。六是掌握一门外语,能熟练阅读本专业外文资料,具有一定的听说能力和跨文化的交流与合作能力。七是具有创新意识和从事科学研究、科技开发的初步能力,具有一定的组织管理能力和在团队中发挥作用的能力。八是对终身学习有正确认识,具有独立获取知识的能力和适应发展的能力。九是能正确认识自动化对于客观世界和社会的影响,了解与本专业相关的法律、法规,熟悉环境保护和可持续发展等方面的方针和政策。

(2)课程体系

该专业主要课程涉及自然科学基础(数学、物理、化学)、技术科学基础(包括工程图学、电路、大学计算机基础、C语言程序设计、基础电子技术、集成电子技术)、专业技术基础课(自动控制原理——古典和现代、自动控制元件及线路、计算机控制、单片机与 PLC 技术、控制系统设计)、人文社科等类型课程,要求学生认真完成这些课程各个教学环节的学习。该专业强调学生动手能力和创新能力的培养,注重课堂教学和实验、实习、设计等实践性教学环节的有机结合,提倡学生尽早下实验室进行科学研究训练;本专业要求学生有较强的专业外语阅读能力。具体课程设置见表 3-23。

表 3-23　哈尔滨工业大学自动化专业本科生卓越工程师计划课程设置

课程名称	课程名称	课程名称
工科数学分析	数字电子技术基础	自动控制原理课程设计
代数与几何	数字电子技术实验	生产实习
大学化学 II	电子技术课程设计	高级语言程序设计
思想道德修养与法律基础	健康素质课	C 语言测控系统程序设计
大学英语/日语/俄语	自动控制原理 I	复变函数与积分变换
军训及军事理论	自动控制元件及线路 I	毛泽东思想和中国特色社会主义理论体系概论
大学计算机基础	航天技术概论	工程训练(电子工艺实习)
体育	数据结构与算法	控制系统设计课程设计
概率论与数理统计	计算机软件技术基础	系统辨识
模拟电子技术实验	导航原理	飞行器控制与制导
数学实验	精密机械设计基础	过程控制系统
理论力学 III	全校性任意选修课	运动控制系统
大学物理 II	大学物理实验 I	企业实践/毕业设计
大学英语/日语/俄语	计算机组成技术 I	电路实验 I
中国近现代史纲要	现代控制理论基础	创新训练课
工程图学(CAD)III	控制系统设计	全校性任意选修课
马克思主义基本原理	计算机控制	工程训练(金工实习)
C 语言程序设计	单片机与 PLC 技术	模拟电子技术基础
电路 I		

3.3.1.4 办学成效

哈尔滨工业大学整体工程教育办学成果显著。

竞赛获奖方面:2011 年,全校共计参加 30 类大学生创新竞赛,承办了第四届全国大学生节能减排社会实践与科技竞赛。参加了"第四届全国大学生创新年会"。机电学院 2008 级学生李松信同学主持的《升阻复合型垂直轴风力发电机》,获得"大学生创新训练计划最优秀论文"称号。截至 2011 年,学生参赛获国际级奖项 136 项、国家级奖项 209 项、省级奖项 127 项,地区联赛奖项 41 项。累计获奖学生 1042 人。此外,英才学院成立三年来,该学院学生累计获国际级奖项 50 余项。

项目开展方面:2011 年,校级大学生创新性实验计划项目共立项 464 项,参加学生数 2000 人。结题项目 504 项,其中 134 个项目获奖,一等奖 47 项,二等奖 87 项。

论文发表方面:截至 2011 年 11 月底,该年本科生投稿 66 篇,发表 38 篇。

专利方面:截至 2011 年 11 月底,该年共申请专利 32 项,已授权 2 项。

未来发展方面:英才学院成立三年来,80%以上学生获得推荐免试攻读研究生资格。

3.3.1.5 哈尔滨工业大学整体工程教育特色

特色一:实施基于项目的学习计划

首先,学校实施"基于项目的学习"计划,体现了集成性、实践性与创造性。在该计划中,学生围绕具体项目、具体问题,组成跨学科团队,以跨学科视角对问题进行多维度研究,体现了集成性。其次,学生实际地参与到项目构思设计、实际体验、探索创新、内化吸收的过程中,体现了实践性。再次,学生在项目进行中不断探索创新,并取得初步成效,体现了创造性特点。

特色二:设置创新学分,加强创新意识及能力培养

学校自动化专业本科生卓越工程师计划的实验课程中突出创造性、设计性,并设置创新学分,要求学生参与创新讲座、创新课或创新活动,培养学生创新意识及创新能力。

3.4　本章小结

3.4.1　整体工程教育的课程形式

本章的 5 个小节展现了清华大学、浙江大学、上海交通大学、西安交通大学及哈尔滨工业大学 5 所高校整体工程教育课程体系设置。对以上内容进行整理，可得国内大学案例总结表，见附表 4。进一步分析可以发现，高校整体工程教育课程体系具有两种形式，一是学科性课程，即理论课程，包括基础工科平台课程、专业课程与通识课程；二是体验性课程与活动，即在学校中进行的实践性课程与活动。

3.4.1.1　整体工程教育的学科性课程

学科性课程中的基础工科平台课程至少存在三种模式，即工科大类平台模式、工科小类平台模式、学院平台模式，见表 3-24。工科大类平台模式将整个工学学科打通为工学类，覆盖若干学院的下属专业，形成跨学院、跨学科的创新人才培养模式，如上海交通大学采用的工科大类平台模式。工科小类平台将整个工学类分为若干工学子类，对每个子类设立必修课与选修课，如浙江大学采用的工科小类平台模式。学院平台模式是各学院对下属各专业学生在学科基础方面的必修课程和学分做出院内统一要求的模式，如清华大学采用的院级平台课模式。高等院校整体工程教育对模式的选择取决于所设立的学科间的相互关系、学生质量、办学水平等诸多因素。

学科性课程中的专业课程表现出学科集成的特点，五校在专业课程中展现出五种不同的学科集成模式，即基于专业选修课的学科集成、基于辅修课程的学科集成、基于高占比人文社科管理课程的学科集成、基于跨学科学位的集成、基于主题式课程的学科集成，见表 3-25。清华大学工程力学专业（钱学森力学班）以工程力学系为主，要求学生选修航空宇航、机械、汽车、土木、水电、能源、环境模块中某一模块的课程，体现了基于专业选修课的学科集成。浙江大学 IEE 工高班、创新创业强化班等辅修班级的设立体现了基于辅修课程的学科集成。上海交通大学—巴黎高科卓越工程师学院要求人文社科管理类课程占整个教学计划的 30％以上，体现了基于高占比人文社科管理课程的学科集成。清华大学在各个学院设立大数据硕士项目，体现了基于跨学科学位的集成。

学科性课程中的通识课程在数理化、计算机、外语、思政、军体等传统通识课程之外，因为普遍开始认识到人文社科类的重要性，加强此类课程以培养工程师情怀（见表 3-26）。

表 3-24　基础工科平台课程的三种模式

模式	实例	基本特点
工科大类平台模式	上海交通大学工科大类平台课	打通机、电、船、材等工科学科人才培养方案的跨学院、跨学科交叉培养创新人才模式，覆盖 8 个学院 23 个专业。
工科小类平台模式	浙江大学五个工科小类平台课	将整个工学类分为建筑土木、机械能源、材料化工、电气工程、航空航天与过程装备五类分别培养。
学院平台模式	清华大学院级平台课	对学院下属各专业学生在学科基础方面的必修课程和学分做出院内统一的要求。

表 3-25　专业课程中学科集成的五种模式

学科集成的模式	实例	特点
基于专业选修课的学科集成	·清华大学工程力学专业（钱学森力学班）	以工程力学系为主，联合 7 个系共同培养，要求学生选修航空宇航、机械、汽车、土木、水电、能源、环境模块中某一模块的课程。
基于辅修课程的学科集成	·浙江大学 IEE 工高班 ·浙江大学创新创业强化班	设立辅修性质班级，新生不分专业在文、理、工三大类平台上进行通识课程和基础课程的前期培养。第二年确认主修专业。通过主修＋辅修模式，可实现单专业向双专业的集成。
基于高占比人文社科管理课程的学科集成	·上海交通大学—巴黎高科卓越工程师学院	按"专业课＋人文社会管理类课＋法语语言与文化课＋英语课"方式组织教学，人文社科管理类课程占整个教学计划的 30％以上。
基于跨学科学位的学科集成	·清华大学大数据硕士项目	在若干学院开设学院相关方向的大数据硕士项目。

续表

学科集成的模式	实例	特点
基于主题式课程的学科集成	·清华大学跨学科系统集成设计挑战课 ·西安交通大学项目设计（CDIO）课程	要求跨学科团队协作、面向某一具体工程问题的课程。

表 3-26　五校通识课程

高校	通识课程
清华大学	·思政、军体、外语、计算机、数学及自然科学 ·新设若干新雅书院通识核心课程
浙江大学	·思政、军体、外语、计算机、数学与自然科学 ·新设人文社科组、科学技术组、通识核心课程等通识选修课
上海交通大学	·思政、军体、外语 ·人文学科课、社会科学课、自然科学与工程技术课、数学与逻辑学课
西安交通大学	·计算机、外语 ·数学与自然科学、人文与社会科学
哈尔滨 工业大学	·数理、外语 ·人文

3.4.1.2　整体工程教育的体验性课程与活动

体验性课程方面，主题式课程的设置是较新颖的做法。这些课程围绕某一具体主题开展，要求来自不同专业的学生组成跨学科研究团队，在实践中探索解决问题的创新方案，集中体现了集成性、创造性和实践性。清华大学"跨学科系统集成设计挑战"课程、西安交通大学的项目设计（CDIO）课程即体现了这一思想。

体验性活动方面，五大高校均开设本科生科研项目，表明使本科生及早参与科研实践，在实践中学习、创新是我国整体工程教育的重要共识。这些科研项目可由学生自主立项，在执行过程中充分发挥学生的自主学习精神，并能得到学校专项经费的支持，开展成效显著（表 3-27）。

表 3-27　体验性课程与活动

高校	体验性课程	体验性活动
清华大学	跨学科系统集成设计挑战课	大学生研究训练计划、专业实习实践等
浙江大学		第二课堂(含浙江大学大学生科研训练计划)
上海交通大学		本科生研究计划、大学生创新计划
西安交通大学	项目设计(CDIO)课程、校企联合课程	"工程坊"中的学生科技活动长期项目、本科生科研训练和实践创新基金项目
哈尔滨工业大学		"基于项目的学习"计划

3.4.2　对策建议

在以上结构化案例分析基础上,可对我国整体工程教育课程体系构建提出以下建议。

一是积极推进主题式课程的开设,在主题式课程中完成学科集成、实践与创新。清华大学开设"跨学科系统集成设计挑战"课程;哈尔滨工业大学开设基于项目的学习计划。这些课程围绕某一具体主题开展,要求来自不同专业的学生组成跨学科研究团队,在实践中探索解决问题的创新方案,集中体现了集成性、创造性和实践性。

二是按需选择工学大类培养、小类培养、学院培养等不同方式,酌情构建工学大类平台、小类平台、学院平台基础课程体系。上海交通大学实行大类培养,设置工学大类平台基础课程体系;浙江大学先推行了工学大类平台课程体系,后又改革而将工学大类分为 5 个小类,设置小类平台课程;清华大学实行本科按院培养,开设院级平台课程。平台课程的宽度,即其统一覆盖范围,应与学校人才培养目标、教学水平、学生素质等因素相配合,且应是随这些因素变动而变动的动态过程,在实践过程中因时而变、不断调整改革。

三是探索辅修学位证书正规化路径,提高辅修班参与意愿。浙江大学开设IEE工高班、创新创业强化班等辅修班级,但符合要求的毕业生仅可获得辅修班的荣誉证书,无法受到教育部的正式认可。如若辅修学位证书能得到教育部正式认可,能提高学生参与辅修班的积极性,并会提高对辅修课程的重视程度。

四是促进本科生参与科研,并可计算学分或代替毕业论文。清华大学开设大学生研究训练计划;浙江大学开设大学生科研训练计划;上海交通大学开设本科生研究计划、大学生创新计划;西安交通大学开设本科生科研训练和实践创新基金项目。这些计划旨在鼓励本科生尽早参与科研实践,促进学科交叉、培养创新意识与能力。这些计划通常可以计 2～4 个学分,符合一定条件的还可代替本科毕业论文,大大提高了本科生参与科研的积极性,并为从本科到硕士提供了过渡。

五是提高工程教育毕业生学历层次,推进本硕贯通与本硕博贯通培养。西安交通大学的 2＋4＋X 培养模式及学硕班设置、清华大学工程力学专业(钱学森力学班)本硕博与本硕贯通规划培养、上海交通大学－巴黎高科卓越工程师学院本硕贯通培养课程体系充分体现了这一趋势。通过整体设计学生的知识结构和综合能力,能使整体工程教育课程体系在本科生、硕士生、博士生三阶段起到 1＋1＞2、1＋1＋1＞3 的效用。

六是加强人文、社会等通识课程,打牢数理基础,培养工程师情怀。清华大学"大拓通识课",建立通识教育实验区"新雅书院"以加强学生的人文社科素养;上海交大－巴黎高科卓越工程师学院课程体系要求人文社科管理类课程占整个教学计划的 30% 以上。这些人文社科等课程能帮助学生打牢数理基础,培养工程师责任感与情怀。

本章参考文献

[1] 吴敏生.关于清华大学教育教学改革若干问题的思考[J].清华大学教育研究,1997(2):11-16.

[2] 张文雪,李家强.清华大学面向 21 世纪的教育教学改革[J].高等教育研究,1998(3):36-39.

[3] 清华大学教务处.清华大学"卓越工程师教育培养计划"[EB/OL]. http://www.tsinghua.edu.cn/publish/jwc/7345/.

[4] 中国教育报.清华大学:"三变"教育平台厚植创新创业沃土[EB/OL]. http://www.edu.cn/edu/gao_deng/gao_jiao_news/201510/t20151013_1325749.shtml.

[5] 清华大学.清华大学 SRT 计划[EB/OL]. http：//wenku. baidu. com/view/ 77085e33f111f18583d05ab0. html.

[6] 清华大学. 教育教学——实践教学[EB/OL]. http：//www. tsinghua. edu. cn/publish/newthu/newthu_cnt/education/edu-1-5. html 以机械工程学院 为例该班为试点班级,该班学生不修读航空航天学院院级平台课.

[7] 清华大学新闻网.清华开设"跨学科系统集成设计挑战"新课程[EB/OL]. http：//www. tsinghua. edu. cn/publish/news/4205/2013/201301161552182905 99046/2013011615521829 0599046_. html.

[8] 清华大学. 清华大学土木工程研究生培养方案[EB/OL]. http：//wenku. baidu. com/link? url = h3qutjjKZ086 _ YnYF97skP _ bUunB1VYC4TCuxX7w g4FWy5nmiON6weN3KukYxSJvUJSlR0MoCat _ z2sbFidOAQBKHsIgWu _ Vk 3SrsTpLq0S.

[9] 邱捷. 西安交通大学本科教育改革"四步曲"[EB/OL]. http：//wenku. baidu. com/link? url = sP8Ql3UmN2bZQ09GhN3ukNNdJ2o8mCykDWiy- KysvGKb _ YZoWLmfp7Ij0qvZIGdJrA94DwymkrKbgBxVNgn7UBOaw7obqzAlJ5 sbUUJ6PDO.

[10] 西安交通大学.电气工程及其自动化专业(本硕连读)培养方案[EB/OL]. http：//wenku. baidu. com/link? url=JESxsIpw3Fh6yHcuC52tt1S-m6FI CIoy-PxOkFqXikIg89qf6aBxAWvCsyFdePBDEJ9CU7-JkhDmAjxnUt7 ha5vO7IOANEWkL-qDt5m1Ixy.

[11] 西安交通大学电子与信息工程学院."信息新蕾"因材施教计划[EB/OL]. http：//www. docin. com/p-495462485. html

[12] 吴朝晖.强化教育责任,创新培养机制,努力构建以立德树人全面发展为目 标的人才培养体系[EB/OL]. http：//mp. weixin. qq. com/s? _biz＝Mj M5NDgxNTQwNQ ＝ ＝ ＆mid ＝ 2650711273＆idx ＝ 1＆sn ＝ efb5bd c2a5d3f2d233b93cdca36512cd＆scene ＝ 1＆srcid ＝ 0720mo9ntagAFNeAP HLX7mQg＆from＝groupmessage＆isappinstalled＝0♯wechat_redirect.

[13] 中国网.浙江大学:今年工学大类细分为 5 类增加农村生比例[EB/OL]. http：//edu. china. com. cn/gaokao/2014-05/28/content_32513638. htm.

[14] 浙江大学.浙江大学本科生第二课堂学分管理办法[EB/OL]. http：//mse.

zju. edu. cn/chinese/redir. php？ catalog_id＝4739&object_id＝35865.

［15］浙江大学. 竺可桢学院［EB/OL］. http://www. itper. org/index. php/Index.

［16］浙江大学竺可桢学院. 创新与创业管理强化班［EB/OL］. http：//paper. jyb. cn/zgjyb/html/2012-03/05/content_60547. htm.

［17］中华人民共和国中外合作办学监管工作信息平台［EB/OL］. http:// www. crs. jsj. edu. cn/index. php/default/approval/detail/839.

［18］上海交通大学. 教学信息服务网［EB/OL］. http：//electsys. sjtu. edu. cn/ edu/pyjh/pyjhQueryNew. aspx.

［19］科技日报. 哈工大"四步"定位本科创新人才培养［EB/OL］. http://edu. people. com. cn/n/2013/0701/c1053-22028439. html.

［20］哈尔滨工业大学. 自动化专业本科生卓越工程师培养方案［EB/OL］. http://blog. renren. com/share/319399066/12164029523.

第四章 面向整体工程教育的国外工科课程体系重构

近年来,在国际高等工程教育领域中,课程设置不当往往对大学培养解决系统性工程问题的通识型人才产生不利影响,这种不当主要表现在三个方面:一是课程体系与教育目标在一定程度上的不相关,课程体系往往以强调学科逻辑发展的专业理论课程为主,而以问题为中心的跨学科相关性课程、人文类与实践类课程相对较少。二是课程门类不够完整,科学核心类、人文类课程门类过于单一,学科视野狭窄。三是课程内容脱离实际,在人文类、跨学科相关类课程中没有充分引入与现实生活紧密相关且争议性强、差异性大的各种课题与内容。

我们选取了美国的麻省理工学院、加州大学伯克利分校、伊利诺伊州立大学、斯坦福大学,以及英国的剑桥大学、德国的亚琛工业大学等院校进行结构化组合案例分析。① 这类院校的工科在世界的排名位居前列,每年为世界输送了高质高量的工科人才,其工科课程体系也具有各自的特色。这些国外院校的工科课程更多注重的是宽专交融、打破学科之间的边界、灵活创新度。对这些工科方面的优秀院校的课程体系改革进行研究,对我国研究型大学的本科、研究生工科课程体系重构改革具有一定的借鉴意义。

---

① 本章所选案例素材(包括列表),除特殊标注外,均引自案例院校官网、培养方案等相关材料。

4.1 跨年级集成模式

4.1.1 麻省理工学院(MIT)

4.1.1.1 背景

自 20 世纪 80 年代以来,MIT 课程改革的主要趋势一是从工程的系统性、整合性出发,优化科学核心课程、发展人文课程和跨学科相关课程,以加强对通识型人才的培养;二是关注实践性教育改革,以促进学生的创造性能力的发展。尽量避免对学位课程进行过于具体的设计,尽可能拓宽课程基础内容,以使学生形成灵活的思想和宽广的知识背景。一直以来,MIT 不断在工程教育方面实施多种措施与方法,MIT 工程院改革的最为显著特点是:保持传统的基础课程体系,满足不断新出现的需求与挑战,据此做相应的改革,万变不离其宗(见表 4-1)。此外,工程院还设置了许多跨学科研究生项目,比如设计与最优化计算项目、计算与系统生物项目、计算科学与工程项目、哈佛—MIT 健康科学技术计划、全球运营领导人计划、MIT—葡萄牙计划、MIT 专业教育、系统设计与管理项目。

表 4-1　MIT 工科教育体系改革概览

时间	项目/计划	目标	内容
1969	本科生研究导向计划(UROP)	支持学生、教师间的研究合作关系	1. 本科生参与研究活动的每一个阶段; 2. 贯穿整个学年。
1987	增加人文课程	以开放和分析的方式提出与人类文化相关的课程问题,防止学生的偏见与愚昧	目前,MIT 的人文类课程体系已经逐步发展到包括 5 类 30 多门分类课程、近 20 门自由选修的综合性课程,全校统一要求选修的人文课程增加到 8 门。

续表

时间	项目/计划	目标	内容
2001	本科生实践导向计划(UPOP)	面向所有专业大二学生,帮助学生成功融入到专业领域中去,成为组织的强大贡献者	1.为期一年; 2.由学生、雇主、教师和 MIT 校友一起支持; 3.MIT 校友开展专业发展培训,有机会到全世界优秀企业、政府和非营利组织实习; 4.分为三个阶段:培训期、实习期、反思期。
2007	Gorden 工程领导力计划	培养工科学生的工程领导力	在工科各个专业教学计划之外设计的完整的工科教育专业培养方案。
2010	弹性工程师学位计划	培养能解决跨领域、跨专业问题的工程师	以机械工程系、航空航天专业以及化学工程专业为主,学生除了本身专业的核心课程之外,可以选择额外的跨学科、跨领域的集中课程(concentrations),也可以在导师指导下安排选择自己的集中课程。

4.1.1.2 工科课程体系总体概况

MIT 工科专业培养方案中,课程主要分三个部分:公共基础课程(GIRs)、沟通课程和专业课程。

公共基础课程是所有专业必须学的课程,其中包括自然科学类课程、人文艺术和社会科学类课程(HASS)、科学与技术的限制性选修课(REST)和实验室课程,总计需要学习 17 门课程。学生需要修满 6 门自然科学类课程、2 门科学与技术限制性选修课,以及 1 门实验课、8 门 HASS 类课程。

其中,自然科学类、REST 类以及实验室这三类课程介绍了科研方法的基本要素:实验基础和技能、数学分析和对实验事实的思维模式(见表 4-2)。HASS 类课程是为了使学生能够对人类社会有一个广泛的理解,发展语言和写作技能;对人类文化知识、人类活动的思想观念和思维系统的认识;对社会、政治和经济的理解;对艺术交流和自我表现形式的敏感度。[1]

除了公共基础选修课,所有专业的学生还必须学习 4 门沟通类课程,2 门在人文、艺术、社会科学的沟通类课程(CI-H),2 门本专业里的沟通类课程(CI-M),主要训练学生一般的写作与语言交流能力。

4.1.1.3 案例——以机械工程为例

1.机械工程系整体课程概况

机械工程系的宗旨是关注世界上最迫切的需要,比如可再生能源与外太空和海底探索。近十年来,机械工程系正在进行的研究活动范围迅速扩张。主要对七个领域进行了研究。

①力学:建模、实验和计算;②设计、制造和产品开发;③控制、仪器使用和机器人技术;④能源科学与工程;⑤海洋科学与工程;⑥生物工程;⑦微纳米科学与技术。

MIT 工科的培养计划主要分为本科与研究生。从 MIT 机械工程系秋季 2015 的最新课程信息中[2],可以发现,课程涉及了本科生课程以及研究生课程体系,具体情况如下表 4-2 所示。

表 4-2 MIT 工科课程体系概况

特点	具体介绍
本科生、研究生课程交叉	分别是固体液体的有限元分析 1、机器人导论、反馈控制系统的分析与设计、生物分子反馈系统、生物力学和运动神经控制、纳米工程的基础、纳米级别到宏观级别的运输流程、船用动力和推力、光伏发电原理、可持续能源等。
本科生与研究生所分类的领域大抵相同,但有所侧重	1.本科生课程体系中,主要有本科核心课程、大一导论性课程、高级课题与特殊课程、论文研究实践部分以及 13 个专业研究领域方面的课程。专业研究领域方向的课程比重较小,其中,设计类课程 8 门;其次是能量能源工程、系统动力学与控制、实验工程、生物工程,6~7 门不等;而动力学与声学、计算工程、微电子机械系统与纳米工程、热力学、军舰架构、光学、制造、工程管理均为 1~2 门不等。

续表

特点	具体介绍
本科生与研究生所分类的领域大抵相同,但有所侧重	2.研究生课程体系中,除了同样存在差不多分量的实践类课程,与本科生的区别在于:一、没有设置核心类课程。二、本科生所占量并不很多的课程,在研究生课程中明显增多。比如,动力学和声学、计算工程、军舰架构等,都有明显增多。三、增加了本科没有的领域课程,比如固体力学和材料、流体力学和氧化、海洋工程与声学等。可见,相对于本科课程来说,研究生的课程显得更为聚焦,课程体量以及类型也很广。
课程具有阶段性	不论是本科课程,还是研究生课程,有相当一部分课程需要学生修完公共基础课。

(1)本科课程体系

机械专业的本科教育计划旨在培养学生的问题解决能力、设计能力以及交流与沟通的技巧,使得学生在未来的工作中得以受用,无论是作为一个工程师,还是去创业,抑或是继续深造做研究,都可以受益终身。

面向不同兴趣的工科设置三种教育计划

机械工程系(Department of Mechanical Engineering)为本科生提供了三种教育计划。第一种是获得机械工程科学学士学位(Bachelor of Science in Mechanical Engineering)的传统计划,这种计划已经形成稳定的结构,使学生将来在机械工程领域具有广泛的职业选择。第二种计划的学生获得的是工程科学学士学位(Bachelor of Science in Engineering),这些学生希望自己的职业发展具备更好的灵活性。这种计划除了吸取第一种传统计划的基本要素外,还结合了另一个相关领域的课程体系。第三种是机械与海洋工程教育计划(Mechanical and Ocean Engineering),专门为那些对机械工程应用于海洋科学、海洋勘探、海洋资源利用以及海上运输感兴趣的学生设定,他们将获得机械与海洋工程科学学士学位(Bachelor of Science in Mechanical and Ocean Engineering)(见表 4-3)。

表 4-3　MIT 机械工程本科教育计划情况

教育计划	基本情况
机械工程科学教育计划	获得机械工程科学学士学位,传统计划,学生将来在机械工程领域具有广泛的职业选择。
工程科学教育计划	获得工程科学学士学位,未来就业灵活性更高,结合另一领域的课程体系,跨学科。同时,该专业也可作为其他专业学生的第二学位申请目标。
机械与海洋工程教育计划	获得机械与海洋工程科学学士学位,机械工程应用于海洋科学、海洋勘探、海洋资源利用以及海上运输。

所有这三种教育计划都为学生提供专业实习的机会,结合了工程学科基础和项目导向的实验以及设计经验,提高学生的独立性、创造力、领导力以及深入研究能力。

机械工程系课程依教育计划的不同分别设置

机械工程系根据不同学位要求来安排课程。机械工程科学学士的培养模式较为传统,专业确定了占绝大部分的一系列的专业必修核心课程,另外列出了限制性的选修课让学生有方向地学习,同时根据学生不同的兴趣方向可以选择非限制性选修课程来学习。总体课程架构较为成熟与确定,机动性较小。而工程科学学士的培养更加侧重工程类的课程,所以削减了必修核心课程的学分数,去掉了限制性选修课程,全都增加到工程选修课程里,使得培养目标更为集中。机械与海洋工程科学学士则与机械工程科学学士类似。

从具体课程设置来看,多门学科需要学生先修完物理、微积分课程,像机械工程方向的必修课程中,有 8 门课程都是需要先修完物理以及微积分课程。可见,物理、数学与工程的关联性很大。

同时,机械工程系的各类课程虽然安排紧密、严格,但仍存在可以自由替换的课程。既保证了学生学习的兴趣与动力,又可以使得教学计划得以完整地实施下来。

综合来看,我们可以发现,机械工程科学方向培养以及机械与海洋工程科学方向的培养模式相较于工程科学方向的培养来说,更为相近。前二者之间,海洋学位的必修课与机械工程的课程差不多,有 11 门相同,分别为机械材料 1、机械材料 2、动力学与控制 1、动力学与控制 2、热流工程 2、机械工程师数值计算、测量与工具、微分方程、流体动力学、机电机械系统设计、海洋系统设计等，其中 8 门都是必修核心课程，3 门机械工程是限制性选修课，分别为流体动力学、机电机械系统设计、海洋系统设计。而且，机械工程的学生必须写本科论文，而机械与海洋工程科学方向，则成为了限制性选修课程。至于工程科学方向，可以从其课程体系中发现，该方向更加专注于工程选修课，在必修核心课程中较多为导论性的了解课程。

（2）研究生课程体系

研究生计划类型多样化

机械工程系的研究生项目主要分为四类，一类是科学硕士，偏向于研究，分别是机械工程科学硕士、海洋工程科学硕士、造船及海洋工程科学硕士以及海洋工程科学联合培养硕士；二类是应用型硕士，偏向各个方面的应用，注重知识的广度，时长为一年，主要是制造工程硕士；三类是职业类学位，分别是造船工程师与机械工程师学位，其中机械工程师学位需要有硕士水平，而造船工程师只需要有大学毕业的水平即可；四类是博士计划，主要对接的是一类硕士项目，更加侧重于深度的研究（见表 4-4）。

表 4-4　MIT 机械工程系研究生学位计划[3]

类别	具体计划	基本情况
科学硕士类	机械工程科学硕士	时长 1 年半到两年，学生需要完成高级的研究课程并需要完成一项原创的研究、研发或是在导师以及研究人员的指导下完成设计、研究的执行。
	海洋工程科学硕士	需要学生对于工程的知识了解广泛，并且对于海洋文明有所兴趣，同时可以有随时解决相关问题的工程能力。
	造船及海洋工程科学硕士	覆盖了水泵装置在海洋表面、下面运行的各个方面，学生要擅长水泵装置及其子系统的设计。
	海洋工程科学联合培养硕士	区别于以上的海洋工程科学硕士，该计划是与伍兹霍尔海洋研究所（WHOI）联合培养的硕士，学生同时在 MIT 和 WHOI 的教员指导下开展学习研究。在 MIT 期间，学生的硕士计划和其他类似的计划差不多。

类别	具体计划	基本情况
应用硕士类	制造工程硕士	为期 12 个月,旨在提高学生在已出现或正在出现的制造企业中的技术领导力。学生需要完成一系列高度整合的项目,涵盖了流程、产品、系统以及制造业的商业运营部分。
职业资格类	机械工程师学位	给那些并不想继续深入研究而只想进入工程实践领域的硕士生设置的。该计划强调学生在制造工程领域知识的广度,包括其经济、社会方面。这与博士计划不同,博士计划要求的是研究的深度、研究的创新程度。要拿到这个学位,学生需要进行高级课程项目以及完成偏向于应用的论文。因此,该计划除了硕士学位之外,需要至少 1 年的时间。
	造船工程师学位	面向的是对造船以及船只设计方面感兴趣并且具有广泛大学毕业生水平工程教育素质的人,想获得专业造船工程师水平的学生。
博士	博士学位	PhD 或 ScD。博士学位在各个领域的研究都可以,同时也提供与伍兹霍尔海洋机构联合培养博士的机会。

每类研究生计划的课程体系结构专业化

科学硕士计划的四项要求:1. 写作能力;2. 学分修满;3. 论文;4. 海洋相关学位额外的任务分配。

一般来说,硕士学位需要完成的学业任务要求是在 1 年半的时间里,完成 6 门 12 学分的课程以及 1 篇毕业论文。除此之外,海洋专业相关的硕士计划还有另外安排的课程要求(见表 4-5)。选择 MIT 工程院中另一个工程系中的第二硕士学位的学生,所修课程分别对待,但是只要完成 1 篇毕业论文即可。

表 4-5　MIT 海洋方向相关的硕士学业要求

硕士计划	课程名称	备注/学分
海洋工程科学硕士	海洋流体动力学	强调海洋环境专业实践的课程
	海洋交通工具设计原则	
	声学和传感或结构力学或结构动力学	
造船和海洋工程科学硕士	海洋流体动力学	该专业领域至少 24 学分课程,如果本科修过,可以不继续修
	军舰架构导论＋船用动力和推力	
海洋工程联合培养硕士	海洋声学	12
	海洋生物声学和地声学	12
	粗糙表面上和非齐次媒介的波散射	12
	时间序列分析与系统识别	12
	海洋仪器系统原理——传感器和测量	12
	海洋工程项目	可转换学分
	自适应阵列处理	12
	海气交互作用:莱恩边界	9

制造工程硕士,旨在培养未来大制造企业中具有领导力的工程师,因此其对于该计划的硕士要求主要是:1.写作能力;2.修满包括授课、实验室课程在内的 90 学分;3.一次专业领域的研究报告;4.占比 24 个学分的论文项目。其具体课程设置如表 4-6 所示。

表 4-6　**MIT 制造工程硕士计划**

项目	基本情况		学分
写作能力	满足 section4 提及的要求		
课程	制造与物理类	制造流程与系统	24
		流程最优化与控制	
	制造系统类	制造系统导论	24
		供应链规划	
		制造系统与供应链计划	
	产品设计类	产品设计与开发	12
		产品设计	
	商业基础类	工程管理	18
		新流程开发	
	限制性选修课	机器人导论	12
		数字控制系统分析与设计	
		微/纳米工程实验室	
		仿生机器人	
		全球工程学	
		材料结构的甄选与流程	
		系统动力学导论	
		系统动力学 2	
研究报告	关于全球制造创新和创业精神		
论文	学生到企业中实习,着重于技术创新、系统创新以及商业战略		

我们将科学硕士、制造硕士的课程设置进行了对比。依照所培养的人才性质不同,在具体的课程方面也存在很大的区别。科学硕士的课程偏重于某专业领域的深入研究,制造硕士课程则偏重于实践问题解决、商业运营领导等。

2. MIT 工科课程分享模式创新:网络开放课程(Open Course Ware,OCW)

就在 2015 年 10 月 7 日的时候,MIT 宣布了一个试点研究生计划,将在线课程与硕士生培养相结合,目前试验的专业是供应链硕士计划(SCM),将于 2016 年 2 月开学。这个又被称为"微硕士"(Micromaster)计划项目的实现,得益于 MIT 的在线教育及课程的发展。在 MIT,有一个特色就是网络开放课程。早在 1999 年,MIT 就在考虑如何利用互联网来不断发展知识,教育更多的学生。于是在 2001 年,OCW 宣布正式上线。从 2002 年开始的 50 门课程的上线,一直发展到现在,如今已经有 2250 门课程上线,并有包括中文、西班牙语、韩语、葡萄牙语、土耳其语等不同国家的语言的翻译。其间,MIT 为了满足独立学者等不同领域、不同群体的需求,开发出 MITx、OCW educator 等在线网络课程学习教育平台。

目前机械工程系共有 12 个特色课程开放,如表 4-7 所示。

表 4-7　MIT 工程系网络开放特色课程

课程名称	授课对象
力学与材料学 1	本科生
纳米到宏观运输过程	本科生 / 研究生
探究海洋、空间、地球:工程设计的基础	本科生
机器如何运作以及运作原理	本科生
固体和架构的有限元素流程	本科生
仿生原理和设计	本科生
流体动力学	本科生
机械工程师数值计算	本科生
项目实验室	本科生
工程动力学	本科生
海洋自治、传感和通信	研究生
系统和控制	本科生

以最新开设的"仿生原理和设计"为例,这门课不在 ME 的课程计划内(必修和选修科目中均无),而是放在网上公开的。网络开放课程会设置教学大纲,规定课程期间的研讨会,比如"仿真原则与设计"是每星期一次会议,每次会议开 2 小时。也说明了选择这门课所必须先修的课程和教材。同时,还会安排日程表,布置作业安排,提供资源下载渠道等。

3.工科领导力课程设置

2007 年麻省理工学院（MIT）发起一项新的工科本科生教学改革项目：Gordon 工程领导力计划（以下简称 Gordon 计划）。这个计划旨在运用新的教学方法培养学生的领导力、提高 MIT 工程和科技教育的质量。

Gordon 计划并不是一个独立的工科教育专业培养方案，而是在 MIT 工学院各专业的教学计划之外，设计了一套完整的工程活动，以领导力为导向，以学科为基础，以工程实践为背景，训练学生动手操作，为理解和解决现实生活中重大的工程问题奠定基础。实际上，Gordon 计划为本科生完成学业提供了经历更丰富的途径，加上 MIT 已经有的工学院各系的专业培养方案，MIT 的本科生实际上可以有三条可能的成长路径（见表 4-8）。

表 4-8　Gordon-MIT 工程领导力计划

项目		介绍
目标		培养工程发明、创新和实践的领袖，提高工程教育的质量
发展路径	第一条：以项目为基础	大一部分专业，完成基础课程
		大二确定专业后每年完成至少一项围绕本专业基础知识的项目课程
		四年完成所有项目后，获得工学学士学位
	第二条：跨学科	课程之外，大二参加 UROP
		大三大四参与至少两门短期课程，从工程领导力、组织理论、产品生产和工程项目任选
		学生完成 UROP 项目、两个短期项目、一次工程实习以及领导力评估报告，获得"Gordon 工程师"资格证
	第三条：少数学生核心项目	完成前两个路径所有内容
		参加工程实践项目（包括跨学科的项目和国际化项目）、进入"工程领导力实验室"，选修领导力课程，接受工业界导师的指导，完成额外的企业实习
		所有课程、项目完成后，获得"Gordon 工程领袖"资格证书

续表

项目		介绍
组织实施	选拔	工科大二学生提出申请,递交自评报告与发展计划
		最终选出 30 名学生进入计划
	具体规划	课堂学习:领导力概念和分析框架的课程
		实践:依托各系已经有的课堂和教学项目,提供实践领导机会
		讨论:定期组织学生、教师和工业界的导师进行交流

从其课程设置上可以看到,该领导力计划非常具有创新性。在两年的时间里,学生不仅可以学习关于工程领导力方面的课程,还可以充分地实践,提升对工程领导力的感知。

4.1.1.4 小结

理论课程、体验课程以及实践课程随着不同的培养计划而不同。本科生理论课程居多,体验课程不多,但每一类所占周期较长,学生会有一定的时间期限针对某一个话题进行研究体验,而实践类课程往往集中在本科第三、第四年。研究生计划按照具体的计划有所差异,体验类课程为主,理论课程兼而并之。整体课程情况具体如下。

1.工科课程设置灵活,跨年级跨学科

MIT 工科课程中,机械工程系在设置课程的时候,所涵盖的范围较广,分别涉及了机械工程、海洋工程、制造工程等方面,本科生与研究生的课程之间也有所重合,涉及的领域相互交叉。不同专业方向的课程互相打通,犹如一个"课程池",学生在达到了自己专业要求的学分之后可以按照自己的兴趣选择其他领域的课程。同时,MIT 机械工程系也十分注重学生的多元化培养,除了涉及海洋、热力、光学的知识,课程中还设置了工程管理、设计等偏向于提高学生创造力、创新能力的课程。

2.课程设置具有阶段性

一方面,工科学生需要完成共同的基础理论课程,比如公共基础类课程中的微积分、物理、化学、生物等自然科学类课程,以及技术限制性课程如机械材料学、动力学等,才能继续选择部分课程。另一方面,部分课程的学习除了要修完公共基础课程,还需要学习其他的课程,比如生物分子反馈系统课程,需要学生提前修好生物,才可以继续学习。

3.强调实践的重要性

MIT除了重视工科理论基础的培养,还十分重视学生实践能力的培养。不仅有实践项目作为学分或是转换学分,而且其他在其课程中也有所体现。比如实验工程专门就是为了提高学生的动手、实践能力而设置的。这里涉及体验类课程以及实践课程,比如在公共基础课程中设置了测量与工具课程,学生还需要完成高级课程,比如独立研究、毕业设计等体验课程,像UROP作为学生课外的实践项目,是MIT一直以来的传统项目,贯穿在学生一整个学习的周期当中。此外,实践类课程往往在学生大三、大四时比重比较大,比如工作实践等。

4.完善传统教学模式:课程分享模式创新,培养未来工程师领袖

除了保持传统的教学模式之外,MIT创新了课程知识分享模式,建立了网络开放课程,相应的院系将课程放上网络。此外,工程领导力计划也是一种作为现有课程体系的补充,将大量的领导力课程补充进工科人才的培养之中。工程领导力计划中有三条发展路径,虽然不同发展路径侧重方向分别是:以项目为基础、以跨学科为主、以精英项目为核心,但共同点是:大一完成大部分的基础理论课程,比如工程创新与设计、工程领导力等,大二开始每年需要完成一定量的项目体验课程,比如项目工程、工程实践论文等,或是完成UROP项目、短期项目等体验类课程以及实习项目等实践课程,比如实习、工程实践访谈、个人领导力发展规划等。

4.2　跨专业集成模式

4.2.1　伊利诺伊州立大学(UIUC)

4.2.1.1　背景

UIUC是美国伊利诺伊州的州立大学,长久以来一直是全美理工科方面最顶尖、最有名望的高等学府之一。UIUC学科专业设置齐全,共有近200个专业学科,其中工学专业是世界上著名且庞大的工程体系,包括在全国及全球排

名前五本科生及研究生项目。工程学院是 UIUC 科研的核心单位,早年学院以约翰·巴丁教授发明的晶体管技术作为出发点,在物理系的蓬勃发展下不断分离出新的工程专业和研究所。工程学院有 26 个研究中心、10 个主要实验室和 9 个附属项目。UIUC 在办学中,主要以多元化、国际化为特点,在工程教育中发展出独具特色的交流、学习计划(见表 4-9)。

表 4-9　UIUC 工科交流学习计划

计划	目标	具体内容
工程国际交流计划	通过研究、工作,培养工科学生的国际化视野	可以选择暑期项目、学年项目、冬季休息项目、国外实习项目以及国外志愿者项目。
跨学科研究主题	与政府以及工业实验室合作,培养工科生卓越研究能力	成立了多个跨学科研究中心,包括贝克曼高等科学技术研究所、卡尔斯伍基因组生物学研究所、纳米科技中心、协调科学实验室、信息信任研究所、微型纳米技术实验室、国家超级应用计算中心、技术创业中心等。
研究生院成立"伊利诺伊多元伙伴中心(IPD)"	推动与美国少数族裔学生在 STEM 相关研究生项目的教育关系	1986 年酝酿,2010 年正式成立。
伊利诺伊暑期研究讨论会(ISRS)	促进多学科间的交流	每年暑期,研究生毕业生代表在多学科讨论会中展示自己的研究。
多元化项目[4]	推动学生、教师在工程领域跨学科交流,解决重大工程问题	1.研究生多文化工程招募计划(MERGE);2.少数群体的工程奖学金资助(SURGE);3.斯隆大学伊利诺伊指导示范中心。
在线工程教育	学生学习工程教育更加自由	1.计算科学硕士、航空航天工程科学硕士、土木工程科学硕士、机械工程科学硕士同等学力认证;2.14 个专业技能证书认证(包括工程师商业管理、土木工程、计算机科学、机械工程、战略技术管理、系统工程方面);3.100 多门工程各个系的独立课程。

4.2.1.2　工程学院总体概况

UIUC 工程学院下设 12 个工程系,涉及航空航天工程、农业与生物工程、生物工程、化学与生物分子工程、土木与环境工程、计算机工程、电气工程、工程物理、通用工程(general engineering)、工业工程、材料科学工程、机械工程与工程动力、核等离子体与辐射工程(NPRE)等专业方向。其中学院提供了工程辅修专业,包括生物工程、计算机科学、电子与计算机工程、国际辅修工程、材料科学工程、物理、聚合体科学工程、技术管理等。

除了以上传统的计划之外,针对工程院本科生,学院还新设置了几项特殊的计划,比如"首年工程计划(First-Year Engineering:Undeclared)"、"癌症学者计划"、IEFX 等(见表 4-10)。

表 4-10　UIUC 工程学院本科特殊计划

计划	介绍
首年工程计划	为并不明确选择具体某个专业的学生提供。
癌症学者计划	本科生计划,为优秀的、具有跨学科能力的学生提供的学习机会,出于社会挑战、结合实际情况推动的本科生教育。
伊利诺伊工程第一年实践(IEFX)	大一新生参与到不同的工程实践项目中。主要内容:1.4 周时间的工程 100 课程学习后定制基于项目的课程;2. 与老师合作进行;3. 学术及领导力开发的讨论会;4. 实验学习、课堂内外的技能应用。
工程 315(LINC)	跨学科、需求导向的服务学习课程,学生可以参与到非营利组织内,运用工程技能完成项目。
T&M 计划	工程学院与商学院联合设立的创新计划。通过设置特殊的课程,连接传统工程教育与企业教育。选取一部分优秀的学生。
毕业设计	去企业实际参与一个专门的项目。电气与计算机工程、工业与企业系统工程、材料科学工程、机械科学工程设置。

UIUC 工程学院的研究生计划有五个类别,分别是传统的硕士及博士计划、专业硕士计划、在线专业硕士计划、本硕连读计划、联合学位计划(见表 4-11)。

表 4-11　UIUC 工程学院研究生学位计划[5]

计划	具体	介绍
传统硕士及博士计划	航空航天工程、农业生物工程、生物工程、化学与生物仿真工程、土木与环境工程、计算科学、电子计算机工程、工业与企业系统工程、材料科学工程、机械科学工程、核等离子体与辐射工程、物理	12 系均有传统的硕士与博士计划,学生可以申请奖学金资助
专业硕士计划	航空航天工程专业硕士	不需要写论文、时间 1 年、自费。
	电气与计算机工程专业硕士	
	土木环境工程专业硕士	
	计算机科学专业硕士	
	能源系统专业硕士	
	金融工程专业硕士	
	机械工程专业硕士	
	生物仪器专业硕士	
在线专业硕士计划	航空航天工程	自费或者由自己所在的公司来支付
	土木与环境工程	
	计算科学	
	机械工程	
本硕连读计划	计算科学(BS/MS,写论文)	该计划的大三学生可以选择进入该计划。学生可以在 5 年的时间内获得学士及硕士学位。
	计算科学(BS/MCS)	
	材料科学工程	
	机械科学工程	
联合学位计划 (joint degree program)	土木工程:建构管理与建筑硕士	
	土木工程:建筑架构硕士	
	土木工程与工商管理硕士	
	物理与药学博士	

4.2.1.3 案例——以机械工程系专业为例

UIUC 的机械科学与工程系包含了机械工程和工程力学两个专业。机械工程对热传递、机械制造、机械设计以及控制有必修要求。工程力学(EM)更强调数学与物理基础,以此为原理来解决工程问题。

机械工程专业和工程力学的教育强调专业实践能力、深入研究能力、担当职业和社会的领导角色的能力。UIUC 机械工程和工程力学专业目标是使毕业生未来可以成功进入涉及机械工程技能的职业生涯或者获得研究生/职业教育,在所从事的领域中晋升为技术领导者或者管理者。

机械工程专业毕业生一般从事制造业、能源、运输业、航空航天行业、国防、计算软件与电子工业、汽车、环境、健康与生物工程、研发领域。工程力学的学生往往从事航空航天、汽车、软件、电子工业、大制造以及计算机。

1. 本科生课程

机械工程(ME)和工程力学(EM)两个专业的毕业总课程时长都需要达到 128 小时。

(1)机械工程专业课程设置

机械工程每一年的课程分布比较平均,每一位学生需要完成大学以及工程院所规定的社会科学课程以及人文通识课程。课程之间关联度很高,因此需要与指导老师相协调确定需要选择学习的课程。第三年的大部分课程都有前提要求,即要求学生在第一年、第二年的工程、数学、物理、化学以及计算科学的课程需要达到平均 2.25 的绩点。技术选修课、机械工程选修课要求需修满 6 个学时。数理统计选修课则是 IE300 or Stat 400/Math 463。

(2)工程力学课程设置

一般课程设置。工程力学专业在前两年的课程中与机械工程相差并不大,更多基于基础课程,比如物理、化学、数学等课程。不过,即便如此,在每一年的课程设置中都涉及本专业的基础课程。往往在第三年第二学期开始,专业导向性逐渐显露,在第四学年多为专业选修课。此外,机械工程与工程力学专业课程在很多方面都有所重合,跨学科的学习是 UIUC 工程学院较为注重的一面。

第二专业选择(Secondary Field Options)。工程力学专业的学生往往可以有第二专业的选择,包括生物力学、计算力学、工程科学和应用数学、实验力学、流体力学、材料力学、固体力学等。学生也可以塑造一个个性化的第二专业领域,只要经过导师以及部门负责本科生项目的副主任的同意。唯一的要求是第二专业课程必须与力学相关,形成一个系统的体系,至少包括两门工程类课程,以及至少 12 小时课时,并且不能是工程力学课程单里的必修课。

2.研究生计划与课程

机械工程与工程力学专业一共有 6 个研究生计划,分别是机械工程科学硕士、工程力学科学硕士、机械工程博士、工程力学博士、在线机械工程硕士、机械工程硕士(见表 4-12)。

表 4-12　UIUC 机械工程与工程力学研究生计划

类别	计划	介绍
科学硕士	机械工程科学硕士	分为论文方向与非论文方向,用时 1.5～2 年,都是研究型硕士; 论文:24 学分课程,8 学分论文,必修实验安全基础; 非论文:32 学分课程,4 学分独立项目研究,必修实验安全基础。
	工程力学科学硕士(理论与应用力学硕士)	分为论文方向与非论文方向; 论文:24 学分课程,8 学分论文研究,必修实验安全基础; 非论文:32 学分课程,必修实验安全基础,课程架构依照博士计划设置。
专业硕士	机械工程硕士	工业导向,用时 1 年; 涉及领域有:生物力学、控制与动力学、液体与热科学、纳米力学与纳米加工、固体材料、力学与计算、能源系统等。
在线硕士	在线机械工程硕士	分为论文方向与非论文方向,一共 5 年时间通过网络学习获得学位; 论文方向 32 个学分,非论文方向 36 个学分,所获得学位与在校的计划学位效力相同。

续表

类别	计划	介绍
博士	机械工程博士	机械工程硕士、工程力学硕士都可以申请； 32 个学分，其中 3～4 个学分必须是高等数学。
	工程力学博士[6]（理论与应用力学博士）	强调力学与应用数学的掌握； 16 学分核心课程，16 学分拓展课程，32 学分论文研究； 核心课程：数学方法 1 和 2，非黏流或黏性流动，固体力学 1； 拓展课程：固体力学、流体力学、工程科学、应用数学模块（至少 2 学分）；材料力学模块（至少 1 学分）；计算与实验力学模块（至少 1 学分）。

机械工程与工程力学研究生计划提供了包含流体力学与热科学、固体力学与材料、控制与动力学、纳米力学与纳米加工、生物力学以及特殊主题 6 个方向的课程内容。学生在选择课程的时候具有很大的灵活性。

3.特殊计划及课程[7]

（1）特殊的计划：工程首年计划

首年工程计划，是 UIUC 工程学院新推出的计划。如果学生并不确定自己到底对哪种类型的工程感兴趣，就可以申请该计划。学生在这一年结束后，再决定选择具体的专业。进入该计划的学生需要学习的课程包括：与其他工程专业一样的基础课程、至少一门入门课程（gateway course）。基础课程包括微积分、化学、物理、修辞以及工程导论。学生所选择的课程都需要和自己的辅导员进行协商确定。

（2）设计系列的课程

设计系列选修课由 6 个小时的工程课程组成：3 个小时是与设计课程目标领域直接相关的课程，加上 3 小时的工程顶层设计课程。在多数情况下，顶层设计课程是在最后一个学期进行的。由部门主任任命的设计系列协调员，必须为每个学生的设计系列选修课提供意见。

以机械工程专业的 ME470 课程为例，在 ME470 的课堂上，学生在部门教授的监督下以团队工作形式去处理现实中来自制造业和服务业的设计问题。

最近 20 年,超过 3500 名高年级机械工程和工业工程的学生与 200 多家企业合作过 950 多个项目。学生从这种开放式的问题解决导向的经历中,获得了各种各样的锻炼,比如要求综合和应用他们在工程课程上学到的知识,在时间和预算约束下完成工作,与企业员工通过口头或者书面交流自己的进程和成果等等。参与的企业同样受益于这个项目。

4.2.1.4 小结

UIUC 的理论课程主要包括基础课程(比如化学、微积分、物理、线性代数等)、科学选修课、技术选修课、人文社科选修课以及专业课程(比如热传递、信号处理、动力学导论)等。体验类课程主要是两大类,一类是像工程力学专业的第二专业选修课中涉及的实验力学(包括实验应力分析、电气和电子电路实验室课程)以及设计系列课程(包括航空航天设计、越野工业设计项目、过程设计、项目试验高级设计等);另一类是以计划、项目的形式进行,也是较为主要的一类,比如伊利诺伊工程第一年实践(IEFX)项目等。实践课程主要是工程 315 计划(LINC)以及毕业设计,学生需要到各类企业、非营利机构等组织内学习并解决实际问题。具体特点如下。

1. 宽口径,重基础

UIUC 工程院在培养过程中,宽口径特征十分明显,学生不仅有机会在第一年学习之后转换专业、选择第二专业,还可以选择"首年工程计划",腾出一年的时间学习工程基础知识以及涉及工程各个领域的知识,并在一年后选择特定的专业。并且,在本科教育中,每一年的学习体量比较均匀,涉及面从第一、二年的广逐渐转而第三、第四年的专,比如机械工程方面也涉及了力学、热力学、气体动力学等方面的课程,到了第三、第四年,技术选修课、专业选修课逐渐增多,逐渐在理论课程的基础上拓展体验类课程。

2. 强调跨学科知识的掌握

UIUC 中往往每个学科专业既有几门主干课,又有很多跨专业、甚至跨学科门类的选修课可选。并且设置了多门辅修专业课程、第二专业课程。比如工程力学专业,可以从多项第二专业课程中选择自己感兴趣的课程进行学习。还有诸如技术管理、生物工程等辅修专业可以选择。这些选择,加大了学生跨学科选择的自由度,有助于其跨学科能力的培养。尤其是在研究生阶段,通过各类研究交流学习计划、学位培养计划等,以问题为导向组建团队,让学生在多元化的团队中进行问题解决研究,以建立起跨学科思考的意识。跨学科导向的课程设置多以体验课程为主,理论课程作为体验课程的必要支撑,同时还会拓展一些实践课程,使得学生有机会借助项目在跨学科团队中与企业、产业共同解决实际的问题,比如工程 315 计划。

3. 重实践能力的培养

UIUC 所开设的独立研究课、特别专题课、研讨会报告课、前沿课比较多。在教学方法与手段上,UIUC 的课程多采用启发式、引导式、提问式、互动式等方法手段。课程布置的课后作业较多,有的要求独立完成,有的要求合作完成。作业要求写报告多、查资料多、讨论多,这些对于学生锻炼表达能力、写作能力、独立思考能力和团队合作能力都很有帮助。他们的课程更多地追求学生掌握知识的实际效果,而非分数。设计实践也算在课内,所以可以不用再另外去进行课程设计锻炼,因为把设计等实践类课程上好了,就掌握了相应的工程设计的知识和能力。设计系列课程基本都是体验类课程,每一门课程都需要学生在课后花大量时间进行项目设计,比如机械工程专业中专门的设计选修课。

4.2.2　德国亚琛工业大学

4.2.2.1　背景

进入 20 世纪后,大规模工厂的增加导致社会对高级工程师和低级技术人员需求的分化,德国大学因而更加坚定了培养工程师和科学家的"二元"信念。至 1933 年,德国不仅在科学教育上,而且在应用科学解决工业实际问题水平上,都处于领先地位。

德国亚琛工业大学(RWTH Aachen University)(以下简称亚琛工大)创建于 1870 年,为德国最大的理工大学之一,也是欧洲著名的理工大学。德国亚琛工业大学目前设置有 9 个学院:自然科学院、建筑学院、土木工程学院、机械学院、地理资源与材料科技学院、电子技术学院、人文学院、经济学院、医学院。该校在 2014—2015 年度拥有在校生 42298 名,截至 2014 年年底,共有 538 名教授、5230 名学术工作者、2722 名非编制员工、701 名培训与实习人员,全校共开设本科与硕士课程 144 门[8]。

2007 年,亚琛工大开始追求新的战略导向,其构想是基于研究领域的"亚琛工大 2020:迎接全球挑战",旨在可持续加强大学的竞争力以及拓宽发展目标和教学领域的需求,该构想独立于卓越计划,对于大学各个领域更加深入的研发工作的升级至关重要。2009 年,该决议草案通过,提出了在 2020 年之前需要达到的 7 个目标:1.解答当今世界研究难题;2.成长为世界最好的智库;3.对各层次给予支持和资助;4.进一步提高教学质量;5.改进关键科学绩效指标;6.在主要交叉学科研究项目和外部资助项目中获得主导地位;7.引领外部资金。并且所关注的领域主要在 4 个方面:自然科学、性别与多元化、国际化、交叉学科[9]。

2012 年 6 月,亚琛工业大学在二期卓越计划的战略构想是"亚琛工大2020:迎接全球挑战——聚焦交叉学科发展的技术型大学"。亚琛工业大学通过实施一系列战略措施以加强顶级研究,设置面向交叉学科的研究生院与卓越集群,以期在全球竞争中脱颖而出。

表 4-13　亚琛工大历年工程教育改革

时间	计划	目标	具体内容
—	本科生研究导向计划(UROP)	开发学生研究能力	三个分支：UROP 亚琛项目(RWTH UROP)、UROP 海外项目(UROP Abroad)、UROP 国际项目(UROP Internationa)
—	本科生(UPOP)	培养学生国家交流、学术、实践能力,拓展国际视野	1.北美地区的研究合作伙伴;2.学术交流与国际化。
2009	亚琛工大 2020:迎接全球挑战	1.解答当今世界研究难题;2.成长为世界最好的智库;3.对各层次基于支持和资助;4.进一步提高教学质量;5.改进关键科学绩效指标;6.在主要交叉学科研究项目和外部资助项目中获得主导地位;7.引领外部资金。	可持续加强大学的竞争力以及拓宽发展目标和教学领域的需求,该构想独立于卓越计划,对于大学各个领域更加深入的研发工作的升级至关重要。2009 年,该决议草案通过。所关注的领域主要在 4 个方面:自然科学、性别与多元化、国际化、交叉学科。

续表

时间	计划	目标	具体内容
2012	卓越计划 2 期:"亚琛工大 2020:迎接全球挑战——聚焦交叉学科发展的技术型大学"	1.在德国顶级研究中作出重大贡献;2.参与全球大学的竞争	1.加强自然科学,系统促进跨学科研究;2.加强联盟合作,扩大专门领域的研究,做好规划、教学和基础设施建设;3.吸引人才,创建特殊的学习环境,扩大传播基础知识;4.通过建立跨学科剖面区域,以跨学科研究有关未来的有关问题将大大加强。
2014	亚琛工程奖 (Aachen Engineering Award)	带动工业的进步,工程的发展	亚琛工大与亚琛市联合授予,每年授予一人,其在自己的工作中(工程领域)作出了重大积极的贡献。

4.2.2.2　案例——以计算工程科学(CES)专业为例

亚琛工大设置了 100 多门科目涉及了工程科学、自然科学、地理科学以及经济学、人文、医疗课程。自 2012—2013 冬季学期以来,亚琛大学将除了医学和牙医学之外的所有科目,都转变为了本硕一体化架构。

CES 课程致力于培养学生的两种能力,即解决问题的能力和跨学科能力。解决问题的能力使学生能够系统分析复杂的任务、开发和验证解决方案,从而建设性地处理复杂问题;跨学科能力使学生不仅能够在团队中沟通除技术技能以外的跨学科概念与方法,而且能够运用其他学科领域的语言和术语进行研究。CES 本科与硕士阶段的学习课程主要由 3 个学院联合设置,包括机械工程学院;数学、计算机科学与自然科学学院;地球资源与材料工程学院。

1.本科生

CES 本科生要求在前 6 个学期完成 4 个必修模块,这 22 门必修科目覆盖了以下领域:工程基础、数学科学基础、系统科学基础和信息技术基础。学生在第 5、第 6 学期需要根据自己感兴趣的特定职业领域选择相应的选修课程,可以从固体与结构力学、流动与燃烧学、材料科学、能源技术、流程工程学、生物技术与医疗技术、材料加工这 7 个领域中选择。

2. CES 研究生课程

(1)一般硕士生课程

CES 硕士课程主要分为三大模块,即 CES 研讨班、系列讲座和硕士论文模块,共计 55 个学分。学生必须从流体力学与燃烧学、流程工程学、机械系统学、信息学、数学这 5 个领域中选择一个作为研究领域。但不管选择哪个领域,数学、信息学和流程工程学的领域必须涉及。

截至 2014 年,亚琛工大刚入学的硕士生有 2917 人,其中 1624 人完成了亚琛工大的本科学业后继续攻读硕士。

学生学习的三个学期中,主要分为两个阶段。第一阶段,前两个学期,学生需要完成所有的必修、选修模块;第二阶段,也就是第三个学期,学生需要独立完成一个研究主题并以此作为自己的硕士毕业论文。

(2)基于跨学科研究学术组织——AICES 的研究生培养情况

亚琛计算工程高级研究中心(AICES)同属大型跨学科项目与机械工程学院,已入选卓越计划"研究生院"项目。它不仅作为一个大型独立单位拥有开展计算工程科学前沿领域研究的自主权,同时也作为机械工程学院的下属机构为计算工程科学领域培养跨学科人才。

AICES 研究中心重点关注各种新兴综合技术与挑战性课题,力求超越当前建模与仿真领域的一般方法,以推进计算工程科学的三个关键综合领域:即基于模型实验支持的模式识别和发现;理解规模的交互与集成;工程系统优化设计与运作,包括产品与制造流程。该中心召集了来自学校的 8 个学术部门、马普学会杜塞尔多夫钢铁研究所与 Jülich 研究中心的 47 位主要研究者进行协调工作,他们按专业知识领域组成若干个 AICES 研究课题的工作小组,各工作小组之间采用开放式交流模式,参见表 4-14。

表 4-14　AICES 研究课题组一览表[10]

应用与模型	数学与数值方法	计算工具与基础建设
材料工程:金属成型工艺凝固和设计	强离散化、稳定与非均质的有限元、有限体积法	共享内存、分布是内存和混合架构的并行处理
化学工程:建模与产品、工艺系统一体化设计	自适应多分辨率法、多层次求解	数据与模型管理、建模支持工具

续表

应用与模型	数学与数值方法	计算工具与基础建设
运输系统:飞机设计与汽车发动机设计	优化方法	多重物理量模拟工具
电气工程:电气机械、通信、半导体	模型识别与基于模型实验设计方法	自动分化
生物学和医学:心血管、呼吸、细胞系统	变形域流动模拟与网格移动技术	虚拟现实透视化
地球科学:地质储层和地质作用	流固耦合与相关保护性能	性能工具
	平均和封闭技术	
	模型简化:单一限制、渐进与多尺度方法	
	几何表示的生成、优化与参数化	

　　从具体课程来看,AICES 的课程分为两类:一类是 AICES 博士课程,硕士毕业生可以直接申请博士课程;一类是面向本科毕业生的快速通道博士生课程,他们在接受系统的硕士课程后直接攻读博士学位。硕士课程的专业包括仿真科学、计算工程科学、数学、机械工程和生物医学工程等。申请快速通道博士课程的学生必须要达到相应入学要求,详见表 4-15 所示。

表 4-15　CES 直博生录取的先决条件[11]

教育背景		其他
机械工程基础	25 学分	德语技能,比如 DSH2 级
数学/自然科学基础	37 学分	12 周实习
计算机科学基础	26 学分	有优秀的英语技能将被优先考虑
仿真技术基础	15 学分	
以上所有学科总学分	103 学分	

4.2.2.3　小结

德国亚琛工业大学的课程设置主要以模块领域为划分。每一个模块领域中理论课程与体验课程以该领域相适的比重存在,学生在相应的学分要求下可以自由选择。在模块之外,学生需要完成项目类的体验课程以及实习类的实践课程。对于硕士生,主要是以体验课程为主,往往以研讨班、讲座、论文为主要模块。此外,亚琛工业大学的特点是跨学科学术组织中对研究生的培养,比如AICES。研究生进入到 AICES 中心,加入到相应的课题组进行研究学习。具体特点如下。

1. 跨学科导向强烈

跨学科是亚琛工大在培养工科人才的一个非常显著的特点。从其学校的战略导向就可以看出,亚琛工大旨在于主要跨学科领域的科学研究项目中获得主导地位,并且关注的四大领域中,其中有一点便是"跨学科领域"。而到了2012 年,亚琛工大在卓越计划二期中再一次强调了要加强自然科学研究、促进跨学科研究,要加强在跨学科领域的研究等目标内容。

从本科生课程来看,学生在前 4 个学期学习基础知识和原理的阶段,不仅学习物理、数学等基础性知识,还需要学习热力学、材料科学、仿真技术学、力学等各个工科领域所涉及的其他专业的课程,并且学分所占比例并不小。同时,在其硕士、博士申请学习的阶段,并不仅仅局限于机械工程这个专业方向,可以选择各个相关技术领域的学科,比如自动化工程、能源、运输工程等方向领域。并且在博士阶段还明确提出,申请博士的学生需要有能够在跨学科的研究领域中工作的能力。

最为明显的是,亚琛工大的亚琛计算工程高级研究中心(AICES)本就是一个跨学科的学术组织,研究生在中心中选择不同方向的课题组进行研究,各个课题之间的内容本就是相互交织、循环的,非常锻炼学生的跨学科能力。

2. 模块化学习

另一个显著的特点便是模块化学习。学生不论是在本科还是研究生阶段,其所选择的课程都是基于几大模块领域的,比如仿真技术、工程基础、信息学等,每一模块下设置了相关领域的课程,学生可以在模块内自由选择所感兴趣的课程,达到一定的学分要求后即可。这样的模块化学习一来方便了跨学科战略实施,同时也尊重了学生的兴趣,使得整个课程体系松而不垮,严而不死。

3.基础知识课程扎实

亚琛工大的工科课程体系非常注重基础知识的传授以及方法原理的教授。本科教育主要是教授学生具体的专业课程内容,旨在帮助毕业生能够在专业领域成才。其课程内容并不局限于当前的热点,更多的是教授理论、基础概念以及在未来能够应用的方法。在学业结束时,学生应该能够处理在不同的技术、经济和社会条件下工程领域中的各类问题和情况。这一新的综合教学和学习方式使学生能够更好地应对未来工作中出现的各类挑战。

4.3　跨学院集成模式

4.3.1　加州大学伯克利分校(UCB)

4.3.1.1　背景

UCB 是美国排名第一的公立大学,目前共有 14 所院校,开设了 350 多项学位计划。在 US News 的排名上,UCB 的工程院在全球大学排名中位列第三,其中本科计划、研究生计划中的各个专业都位列全球前 5 位。一直以来,UCB 对本科生教学改革力度不减,实施通识教育与实践教育并行的举措。于 1991 年发布改进本科生教学质量的《马斯拉奇报告》,学校设立了新生研讨课项目,启动了通识课程改革,为一年级新生开设了 192 门研讨课。2000—2001 学年,研讨课数量增至 219 门。

而从 1868 年开始,工程便是 UCB 的核心教学项目,至今发展历史已经有 148 年历史。近几年,UCB 在工科课程设置上更加重视对于学生跨学科研究能力、工程领导力及工程师设计思维方面的培养(见表 4-16)。

表 4-16　UCB 历届工科培养改革概况[12]

时间	改革计划	目标	具体内容
1991	《马斯拉奇报告》	改善本科生教育质量	提出了本科教育改革与创新的四个方面建议:1. 做好新生过渡;2. 关注学习过程;3. 优化教育结构与资源;4. 构建大学教育共同体。
2000	设立"文理学院课程"	满足部分学生学习深度课程的需求	相继开出"探索博雅科目""发现课程""精神食粮研讨课""伯克利网络联系"等课程项目。
2007	Stanley Hall 开放	跨学科研究	1. 作为生物工程系以及加利福尼亚质量生物科学研究所跨学科研究中心;2. 研究数学、化学、物理生物以及工程。
2010	Coleman Fung 工程领导力研究所首次招收工程专业硕士	培养工程领导力	培养学生技术攻关的能力,同时培养学生的工程领导力以及管理能力。
2013	建立雅各布设计创新研究所(Jacobs Institute for Design Innovation)	将设计思维更好地融入工程课程	1. 在工作区,学生学习快速原型制作以及制造技术;2. 将小设计项目也作为学术项目完成。

4.3.1.2　工科专业大类学习总体概况

UCB 对工科学生实行动态的、跨学科的实践教育。工程院下设 7 个系,包括生物工程系、土木与环境工程系、电气工程与计算机科学系、工业工程与运筹学系、材料科学与工程系、机械工程系以及核工程系等。

对于本科生来说,工程院还设置了联合培养专业计划,学生在学习完至少 2 个学期的课程之后才可以申请该计划,计划包括生物工程与材料科学工程联培、电气工程计算机科学与材料科学工程联培、电气工程计算机科学与核工程联培、材料科学工程与机械工程联培、材料科学工程与核工程联培、机械工程与核工程联培(见表 4-17)。

表 4-17　UCB 工程院本科联培项目情况

项目	介绍
生物工程与材料科学工程联培	生物材料领域,学生会学习关于新材料的设计与合成的内容。
电气工程计算机科学与材料科学工程联培	材料设备,将 MSE 关于材料的知识与 EECS 关于电子设备与集成电路的应用相结合。
电气工程计算机科学与核工程联培(EECS/NE)	连接两个专业,针对电力生产、自动控制、计算科学、等离子体等方面进行结合教学。
材料科学工程与机械工程联培	材料力学行为,结合两个专业的基础课程知识,培养学生在结构与功能运用的材料选择和设计方面的能力。学生之后可以去航空航天、汽车、能源、制造业等专业领域。
材料科学工程与核工程联培	核反应堆环境材料行为的知识,包括设计和最优化。
机械工程与核工程联培	增强学生在两个专业上的背景能力,学生之后可以去专业的领域工作或继续在相关的领域做研究生。

在课程学习上,UCB 课程要求主要分四个部分:大学要求、伯克利校园要求、学院要求以及专业要求。加州大学要求所有本科生学习写作入门和美国历史与制度 2 门课程。而伯克利校区则规定本科生必须学习美国文化课程。同时学院和专业根据自身特色和计划也有不同的课程要求。

4.3.1.3　案例——以电气与计算机工程专业为例(EECS)

1.本科生

伯克利电子与计算机工程系是通过工程学院(COE)所提供,该院将计算机科学和电子工程的基本原理集于一体。EECS 提供两个学位,分别是电子和计算机工程(ECE)、计算机科学和工程(CSE)。CSE 学位计划更加强调计算机科学,而 ECE 学位计划则更强调电气工程。学生可以选择计划中的一个选项。选项可以在毕业前任何时间被改变。一方面为研究生学业做准备打基础,另一方面培养行业的工程师领袖。

EECS 最主要的特点是跨学科团队驱动的项目。该专业结合了电气工程以及计算机科学中的核心知识,并扩展至生物科学、机械与土木工程、物理科学、化学、数学以及研究运用中。

(1)学位专业任务

学位的总体要求最低要求 120 个学分,包括 4 大方面、共 10 个模块。其中,通识教育方面,主要是道德要求、人文社会科学、语言、体育要求,主要培养学生对工程伦理、工程责任的感知以及基本的写作、阅读的能力。基础教育部分,主要是自然科学、数学和统计、计算服务课程,学生需要必修物理,同时在物理 C、化学、生物、天文学、分子与细胞生物学中选择一门课进行学习。专业教育部分,主要包括在技术工程课程、基础的核心课程、高年级技术选修课部分,学生在技术工程上需要至少修满 45 个学分,其中包含至少 20 个学分的高层次 EECS 课程,课程涉及学科交叉,有力学、材料学、热力学、机械工程、核工程以及经济学等。而从核心课程以及高年级技术选修课程中可以发现,这些课程注重实际操作,且大多集中在电路、微电子、操作系统以及语言开发上,属于共性较强,在各个学科领域都可以运用的课程。最后一个部分是实践教育方面,主要以独立研究的形式表现出来。

(2)课程计划范例

学生前两年的课程基础类、必修类课程多于后两年课程,并且高年级(大三、大四)学生选择课程的自由度更大。通识课程部分均匀分布于前三个学年中。从其每年具体的课程设置上来看,低年级学生打基础,学习计算机、数学、电子工程的知识,并且需要通过自主学习完成读书报告。高年级学生在基础扎实之后,除了继续学习相关数学、统计物理等基础知识外,还需要针对自己的专业选修足够的选修课。整个学期课程分布、学分分布均匀,层层递进,学生学习由宽到专。此外,EECS 的高年级学生还有专门的高年级实验类课程,学生在 25 门课程池中至少选择 3 门进行学习。

2.研究生

(1)研究生计划概况

工程院的研究生计划主要有工业导向型、研究导向型以及特殊类型三种,其中工业导向型工程硕士计划(M. Eng)、在职硕士计划即集成电路高级研究硕士(MAS-IC)、本硕连读计划(B. S. /M. S.);研究导向型包括科学硕士计划(M. S.)、硕博连读计划(M. S. /Ph. D.)、博士计划(Ph. D);特殊类型指的是双硕士学位计划,即公共政策硕士和电气工程与计算机科学联合硕士(M. S. /M. P. P)。

其中,工程硕士计划则是为那些想马上进入专业工程领域进行工作的人。在职硕士计划,主要是集成电路高级研究硕士(MAS-IC),这是一种在线在职学位计划,培养集成电路领域深入的先进知识,包括但不限于数字、缓和信号、射频域等领域。本硕连读计划并不是每一个系所设置,主要是材料科学工程系以及电气工程和计算机科学系下所设置。科学硕士计划是每一个系下都有设置的学位计划,学位方向往往是自己系下所划分出来的专业方向,主要是为那些想要继续做研究、攻读博士学位的学生所准备。设置硕博连读计划的系有材料科学工程系、机械工程系、土木环境工程系等。双硕士学位计划在工程院中比较常见,主要是各系与戈登曼公共政策院合作培养的双硕士学位计划,比如公共政策硕士和电气工程与计算机科学联合硕士(M. S. /M. P. P.),便是该学院与 EECS 系合作设置的计划,学生可以在 2 年的时间里同时获得 EECS 科学硕士以及 M. P. P. 公共政策硕士学位。

由于各个系下的硕士计划主要差别在于专业和领域,因此,以 EECS 系为例,列出相应的研究生计划。

(2)研究生课程设置

在课程设置上,每一类研究生计划由于培养的目的不同,所修课程也存在差异。

工业导向型研究生计划课程里更加注重学生的工业实践操作能力以及相应的工业企业的经济管理类技能,比如工程硕士计划里,学生除了学习专业领域的数据系统、软件工程、工程模型最优等课程外,还需要学习组织行为学、知识产权、市场营销等课程,以获取对技术、经济、社会、企业的感知与相应技能。类似的,在职硕士所注重的是领域前沿知识,作为对在职人员的知识充电。本硕连读计划所培养的学生需要具有领导力、管理、创业精神以及跨学科技术能力。

研究导向型研究生计划,顾名思义,即是将学生往学术研究之路进行培养,所设置课程加深对专业的认知与理解,并且与本科的课程有着很好的连贯性。

特殊类型研究生计划课程设置也注重跨学科,与戈登曼公共政策学院联合培养的双硕士学位,额外加了对学生公共政策解读、制定、管理等方面的课程知识。

4.3.1.4　小结

本科教育主要分为通识教育、基础教育、专业教育以及实践教育。理论课程是所有课程的基础,包括基础课程,比如物理、化学、生物、天文学等,以及专业选修课程材料性能、工程力学、自动化控制系统等。低年级学生的体验类课程大多附属于理论课程的独立任务。除此之外,高年级学生还需要从实验类课程中选择,比如电气工程方向的电磁场与波、反馈控制、线性集成电路等,以及计算机科学方向的用户界面、数字系统元件及设计技术、软件工程等。研究生计划则也是按照具体的培养计划目标有所差异,UCB的研究生计划主要是工业导向型、研究导向型以及特殊类型。整体课程具体情况如下。

1.专业设置跨学科特征明显,重视专业之间、系所之间的联合培养

以 EECS 专业为例,由于其下有两个专业培养计划,因此,所设置的课程也是相关专业下的,学生可以在这些课程池中进行课程选择。工程院下设置本科联合培养学位,院与院之间建立联合培养硕士学位计划。本科工程院下,各个专业互相联培,专业交叉培养明显,主要与"材料科学工程"专业以及"核能工程专业"进行联合培养。

2.课程设置灵活,学生自由选择空间大

在计算机科学与电气工程专业里,划分两个学位计划,前两年有共同的基础课程,大三、大四的时候依据学生自己的兴趣进行选修比较专业性的课程。除了低年级部分的必修课程外,大部分为选修课程,只要修满一定的学分,并按照规定在特定的领域选择相应数量的课程即可。学生可以自由选择计算机科学或是电气工程的课程,并且对于两种专业方向学位的选择可以在毕业前任意时刻改变。

3.宽专递进培养,任务要求分配均匀

学生大学四年每年所修学分平均为 15～16 分,低年级课程与高年级课程划分清楚,只有掌握了低年级的知识才可以继续学习高年级知识。同时,低年级注重基础培养,高年级深入专业学习,也注重各领域共性的技能培养。

4.4　基于项目的集成模式

4.4.1　斯坦福大学

4.4.1.1　背景

斯坦福大学坚持"实用教育"理念和培养"领军人物"的目标,以"科学""艺术""文学"和"技术"八字为标语,始终坚持人文教育与科学教育的结合、科学研究和技术开发的结合、高等教育与职业教育的结合这三个原则。在工业经济时期向知识经济时期的过渡中,斯坦福大学在坚持优良传统的基础上,对人才培养模式也不断地进行创新,完成了从工业经济阶段向知识经济阶段的转变,旨在培养"优异与广博相结合"素质的新世纪领军人才。

美国居于世界前列的高校基本都有定期系统性地修订课程的传统,斯坦福大学自 20 世纪初以来,共经历过七次综合性的本科课程修订。斯坦福大学工学院不仅引导学生通过科学解决世界上存在的问题,也为学生提供了丰富的人文社科教育。同时,学院通过正式或非正式的机会为学生创造创业的经历。斯坦福大学工科课程体系改革情况见表 4-18。

表 4-18　斯坦福大学工科课程体系改革

时间	问题	目标
20 世纪 70 年代后期	传统的工程学从自然科学衍生而来	工程的统一和跨学科
20 世纪 80 年代	工科课程系统急剧膨胀接近满负荷	课程重新界定和配比

4.4.1.2　工科课程体系总体概况

斯坦福大学七个学院中只有人类科学院、地球科学院和工学院招录本科生。本科生 2015 年数据统计,7018 位本科生中,工学院占全校 20% 的学生。2015 年研究生数据统计,全校 9918 位研究生中,工学院学生占 38%。斯坦福大学的学生必须在修满 85 个学分(大三)的时候明确选择一个专业,但工学院所有专业都向全校学生开放,不仅限于工学院的学生,但是需要经过申请和面试。工学院于 1925 年正式独立成院,如今工学院拥有 5000 多位本科生和研究生,1/3 的员工和 40％的学生属于该院,共设 8 个系,分别有 9 个本科专业和 8 个研究生专业。

4.4.1.3 案例——电气工程专业为例

斯坦福大学电气工程专业培养学生获得以下几类能力:(1)获取数学、科学和工程知识的能力;(2)设计并进行试验并且分析解释数据的能力;(3)设计一个在满足现实制约因素如经济、环境、社会、政治、道德、健康和安全、可制造性和可持续性等的系统、部件或处理方式;(4)多学科团队运作的能力;(5)识别、具体化或解决工程问题的能力;(6)对专业和道德责任的理解;(7)有效沟通的能力;(8)具备广博的通识知识以便认识自己会在全球经济、环境和社会方面产生的影响;(9)意识到并有能力进行终身学习;(10)对时下现实问题的认识;(11)使用技术、技能和现代工程工具完成工程实践的能力;(12)入读工程或其他专业研究生的基础。

1.电气工程专业本科学习计划

斯坦福大学本科生在一年级以修习各种课程为主,完成 80 个学分的基础课程后可以申请具体的专业,只要满足申请要求,全校各个学院之间可以实现互选。大学四年的学习计划主要分为四种:标准计划(standard plan)、本硕联合培养(coterm)的标准计划、出国项目(study aboard)的标准计划和本硕联合培养加出国项目的标准计划。工程学院的计算机科学专业和工程学专业在 2015 年斯坦福大学年度报告中被列为最优秀的本科专业的第一名和第三名。

2.电气工程专业本科课程类别计划

电气工程本科教育的课程计划应包括通史课程、公共基础课、工程类课程、专业课程,和所有其他的本科专业学生一样需要完成 180 个学分。电气工程本科课程主要涉及硬件和软件系统、信息系统和科学、物理技术和科学三个学科,以及若干多学科选修领域。

3.斯坦福大学学分替换的具体实施

斯坦福大学接受预修课程 Advanced Placement（AP）学分。Advanced Placement（AP）是由美国大学理事会(The College Board)主持的考试,斯坦福大学可以将 AP 成绩抵扣相应课程的学分。

斯坦福大学为学生提供比较丰富的课程选择余地,例如数学类课程一共有

139 门课，难易程度有所不同，数字越大难度越高，可供学生们根据自己的专业和个人能力选择。学生们选课时首先要看自己的专业有没有推荐或要求的课程。此外，课程的选择是一个进阶的过程，相当一部分课程是需要建立在完成其他课程的要求后才能选择。因此，在复杂的选课系统中，学生需要与课程注册办公室、学监等个人和组织保持密切的联系，在共同帮助下顺利完成个人学业规划。

Math 51 和 52 内容相当于 CME100，CME 系列课程是结合工程领域的数学，并讲述工程领域必备方法论 MATLAB，而 Math 系列课程更注重数学内容，因此工学院推荐选修工学院内专业的学生首先选择 CME 系列数学课程。

工程类课程中，工学院开设的课程在关注工程科学的同时也大量融入工程设计与工程实践，在制度上将设计和实践列入学生学习课程的目标。

电气工程系希望在物理科学、数学、计算机和科技等基础上传授电气工程的基本概念和原理。本科阶段的目标是开发学生设计并实际操作实验性的项目，将结果有效地分享给科学界。本科生的课程改革需要解决新技术发展与学时数的矛盾整合课程，同时不仅加强软件和硬件的联系，也要加强实验，并强调创新。

4.专业和学科领域课程的设置

斯坦福大学工学院为学生们尽可能提供感兴趣的学习领域，也十分注重交叉课程的学习和学科间的融会贯通。工学院同时设有工程学位和设计学位。例如机械工程系下设生物机械工程、设计、流体物理与计算工程、力学与计算和热科学五个研究团队，并为本科提供生物机械、产品设计、工程与机械工程四个学位。土木与环境工程系在传统的建筑专业、环境与能源专业和土木工程专业的基础上，新增设了环境系统工程专业，对纯净水、城镇和海岸环境进行系统的研究。

（1）电气工程专业分学科领域交叉

硬件和软件系统方向从计算机持续往低能耗、更小更快的设备变革，满足功能完备的图像和高速运转的消费需求。此外，大数据和云计算对硬件提出了更高的要求。该领域结合电气工程和计算机科学两个领域，为学生提供交叉学科的课程。

信息系统和科学领域包含十分多样化的主题和应用，例如图像处理可应用于卫星图像的环境监测，也可以用于 MRI、CT 或其他医学成像方式进行医学诊断。在新技术和广泛的系统需求的驱动下,电源和控制系统再次兴起,包括机器人的利用系统。

物理技术和科学、电子系统和配套技术领域持续推动硬件和软件的发展,物理技术和科学包括新技术(如纳米和电子机械)和基于传感器的模拟电路。该领域需要将广泛的基础物理知识(如电磁学、量子力学等)进行多样化应用。

(2)电气工程专业跨学科课程

Bio-EE(Bio-electronics and Bio-imaging)是生物科学、医药学和工程的交叉领域,提高诊断和保健传输系统对经济和社会具有十分重要的意义。

Green-EE (Energy and Environment)领域代表着清洁能源的新兴技术、多层次的系统工程(电网、智能建筑、节能电器)以及智能电子产品的创新三者之间的融合。充分利用电气工程涉及的三个学科领域、自下而上的技术和自上而下的系统。

Music-EE (signal processing and transducers)领域结合电气工程接口和转换器,为学生提供将创作激情与提高信号处理、硬件和系统能力相结合的机会,从而推动音乐和艺术表演的发展。

5. 斯坦福大学技术创业计划(STVP)

斯坦福大学是全球"创业型大学"的典范,其创业教育是世界成功的范例。技术创业计划(Stanford Technology Ventures Program)是斯坦福大学创业教育实践的重要载体,STVP 在创业教育呈现大众化趋势和尖端化趋势的背景下,以学术中心为实际存在的组织形式由工学院的管理科学与工程系成立于1996 年。其使命是"致力于促进高科技创业教育的发展",目标是"培养具有广博知识以及专业知识的 T 型人才"。

芬克尔和库拉特科(2006)调查报告中显示,74%的创业教育中心主要关注课程建设和学术建设,20%的创业教育中心关注外延拓展活动,其余的 6%主要关注募集资金。美国大学最主要的三个功能和职责是教学、科研和推广,STVP 在这三方面都展开了相应的工作,并取得一定的成果。在教学方面开设工程教育课程,科研方面支持技术创业研究的开展,外延拓展方面不断推广传播教育成果,促进创业教育发展(表 4-19)。

表 4-19　斯坦福大学"教学—科研—外延拓展"三位一体模式(STVP's Three-fold Apprpach)

模式	目标	实施方法
教学	开发和讲授工程教育课程	科技创业课程、讲座和专门培养计划
科研	支持技术创业研究	学术会议、研讨会和科研项目
推广	传播教育成果,发展创业教育	全球圆桌会议、高校国际合作和网络传播

斯坦福大学工学院借助科技创业项目(STVP)的机会向全校学生开设数门创业相关的课程,包括创业思想领导者研讨会等系列活动。STVP围绕科技创业设置跨学科课程,为本科生、研究生等不同层次的学生设计了不同的课程,这些课程采取多样化的授课方式,有传统式课堂讲学,也有教授、专业人士和创业者共同参与的团队教学、研讨会等多种方式,如全校公开课创业思想领袖研讨会 Entrepreneurial Thought Leaders' Seminar 邀请来自商业、金融、技术、教育、慈善等各行各业的创新创业领袖分享他们的思想与经验。通过创造关于科技创业公司的学术研究成果为学生、学者和商业领袖提供新的洞见。

此外,增设斯坦福大学老师或当地企业成员在夜间授课的星火计划(Sparks),以及分别面向理工科本科生、研究生和博士生提供梅菲尔德学员计划(Mayfield Fellows Program)、德丰杰创业领袖学员计划(The DFJ Entrepreneurial Leaders Fellowship)和加速创新学者 The Accelerate Innovation Scholars (AIS)作为资助,在为期 9 个月的培训课程中,由学界和商界的导师联合培养,丰富其在硅谷的实习机会以及与硅谷企业领袖和创新型企业的深度访谈。

4.4.1.4　小结

斯坦福大学课程设置十分注重工科学生在技术创业方面的能力,其特点在于创业创新性。除设置通识课程、公共基础课程、社会技术课程、工程类专业课程等传统的理论课程之外,还设置了大量的体验式课程和实践类课程。理论课程中不仅仅关注工程科学,还以学分的方式正式融入了工程设计、工程实践等内容,真正将理论课程与体验课程互相融合,比如电子学概论课程,工程科学部分占了 3 个学分,工程设计和工程实践部分各占了 2 个学分。另一方面,斯坦福大学专门成立技术创业计划(STVP),采用"教学、科研、推广"三位一体的模式,主要开设技术创业、财会管理等方面的理论与实践并重的课程,并结合暑期研究项目和课程实习训练。具体课程设置特点如下。

1.灵活实现跨学科理念

斯坦福大学有效地将跨学科理念融入课程设置。结合其他专业共同开设专业学科领域相关支流的课程,同时创建一些跨学科课程模块供学生选择。电气工程专业与计算机科学、医学、物理学、生物科学、建筑学乃至艺术学学科建立起紧密的联系。电气工程专业工程学科领域课程中将电气工程分为硬件和软件系统、信息系统和科学、物理技术和科学三个方向。同时,开设一些跨学科课程组,与生物电子和生物成像共同建设的生物电气工程(Bio-EE)、与能源与环境共同建设的绿色电气工程,以及用信号处理和转换器与媒体艺术共同建设的音乐电气工程等。

学位多样化并结合实际问题增设新型跨学科专业。工学院各专业在招收学生时对所在的学院并不局限于工学院本身,也十分鼓励其他学院的学生修读工学院下设专业,同时授予学位时也不仅限于工程学等科学学位,也有设计学等艺术学位。如机械工程专业有生物机械、产品设计、工程和机械工程四类学士学位。同时,环境工程专业还结合全球变暖、热岛效应、水资源短缺、海洋资源开发等多个环境热点新增设环境系统工程本科专业,并结合建筑学、电气学、物理学、化学等多个学科,对保护纯净水、优化城镇环境和合理开发海洋资源等方面进行研究。

2.满足学生个性化定制课程的需求

学校就某一类课程为学生提供上百种课程,并设置一系列难易程度有所区别的课程套餐,多个学院可能就同一类课开设不同系列的课程,具体内容的讲述中侧重点有所不同。学生根据自己的能力选择阶段性学习内容,也可根据自己的兴趣选择侧重点不同的课程。如数学有偏重数学基础和偏重工程应用两种类型,具体课程难易程度各不相同;抽象编程有为计算机科学类专业提供的CS106和为工程类专业提供的ENGR70B。

为此,学校专门设置一些岗位和办公室为学生选课提出建议和核对,为学生定制适合自己的课程安排,而不是一概而论。

3.结合校园文化开创新型课程

工学院充分利用斯坦福大学的地理位置和社会资源,促进产学协同。工学院下设专业管理科学与工程专业为本科生、研究生和博士生量身定制技术创业计划相关课程,并采用多样化的课程形式实现教学融合。聘请硅谷成功创业者为学生进行讲座、研讨会、团队教学等,加深学生对技术创业的认识和兴趣;开展一系列实践计划,选拔优秀学生进企业实践和培训,在实践中凝练理论。同时也促进各类创新创业方面的优秀企业家和领导者与学生的非正式交流,组织见面会和共进晚餐等活动。

4.4.2　剑桥大学

4.4.2.1　背景

剑桥大学的工科培养的一个显著特点即是大类培养。通过培养学生的分析、设计和计算能力来支持现代工程实践,尤其重视培养对成为一个优秀的工程师至关重要的创新能力和解决实际问题的能力。剑桥大学不仅强调提升学生的专业技能,同时也非常重视学以致用、创造性地解决问题、团队协作、写作和演讲等沟通能力。

"剑桥现象"一直以来都是教育界、企业界所关注的问题,旨在了解大学与工业之间的联系。而剑桥大学在其风口浪尖处,与其周围的工业保持的联系对当地甚至是英国的工业经济发展、工科人才的培养起着至关重要的作用。

剑桥大学历年来对工科教育的改革,往往是基于社会的转型。从 20 世纪60 年代后期,在威尔逊政府号召大学与高科技公司加强联系的背景下,剑桥大学发表了一份著名的《莫特报告》,对剑桥大学与工业应具有什么样的关系做了细致的研究并提出了具体意见。如今工业环境飞速变化,剑桥大学在工科人才教育方面上也不断注重加强与工业企业界的联系,注重培养在行业界具有领先地位的工程师。具体改革节点见表 4-20。

表 4-20　剑桥大学历年来工科相关事件

时间	内容
20 世纪 60 年代	莫特报告:必须加强教学和科学的联系,同时也必须大力将研究成果应用于工业、医药和农业
1984	课程改革,第一年更加注重信息工程和电子产品
1987	设计制造管理高级课程(ACDMM)认证为大学课程
1988	本科课程年制增加至 4 年
1993	成立技术学院,包括工程学部、化学工程学部以及计算机实验室、贾吉管理研究所

4.4.2.2 工科课程体系总体概况

剑桥大学一共有 6 所学院(schools),下设各个学部(department),而工程学部就下设在技术学院。

剑桥大学中的工程课程覆盖主要的工程专业,其专业设置具有综合性,工程中包括了两个学部共 10 个不同的工程相关专业(见表 4-21)。除了化学工程属于化学工程和生物技术学部外,其余的 9 个专业均属于工程学部。

表 4-21　剑桥大学工程课程专业分布概览

领域	隶属学部
航空和气动热工程	工程学部
生物工程	工程学部
土木、结构和环境工程	工程学部
电气与电子工程	工程学部
电气和信息科学	工程学部
能源、可持续性与环境	工程学部
信息与计算机工程	工程学部
仪器与控制	工程学部
机械工程	工程学部
化学工程	化学工程和生物技术学部

剑桥大学的工程培养模式有其独特之处:前两年是大类培养,学生需要学习各个工科课程,所有的课程都是必修课,强调工科基础要有足够的"宽度",第三年时学生可以根据自己的兴趣选择自己的研究方向,深入研究某一领域。大类培养的一个好处便是,它允许学生在自己优势和兴趣的基础上做出适合自己的选择。很多学生在前两年的基础知识学习中有了新的体会和想法,更加了解潜在的机会和挑战,懂得自己要掌握哪些知识与技能才能更有竞争力,这有助于学生在之后两年选择适合自己的专业进行学习。

4.4.2.3 案例——以工程学部整体架构课程体系设置为例[13]

1.本科生大类培养模式下的公共课程设置(前两年)

工程学部的学制为四年制,每个学年有三个学期。前两年的课程基本一样,第三年学生分专业,除了工程学士方向(Engineering Tripos,ET)外,还有制造工程学士(Mechanical Engineering Tripos,MET)可供选择。当第三学年结束时,合格的学生可以获得荣誉文学士学位[B. A.(Hon)]。第四学年合格的学生可以获得工程硕士学位(M Eng)。剑桥大学工程学部的课程体系结构如图 4-1 所示。前两年的课程(Part ⅠA 和 Part ⅠB)涉及工程的各个方面,包括机械工程、电气工程、土木工程、设计制造与管理等,也包括工程数学和计算机这些基础研究工具与方法。在第一学年结束时学生可以选择转到化学工程专业。第二学年年底时学生可以自主选择专业决定未来两年自己的培养计划(Part Ⅱ 或 MET Part Ⅱ),他们既可以在工程中的 9 个专业中选择深造,也可以选择制造工程,一小部分学生还可以通过交换计划到 MIT 和新加坡国立大学等学校学习。

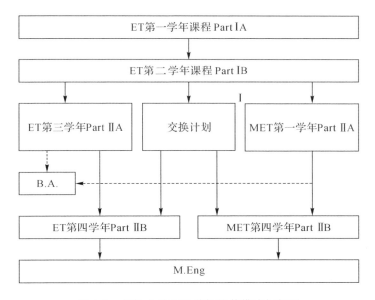

图 4-1 剑桥大学工程学部培养模式框架图

第一学年中学生要完成大大小小 13 个实验并完成 4 篇论文(paper)和一个报告(report),第二学年要完成 20 个相关实验和 8 篇论文,学习企业经济学(Business Economics)并选修 2 个和工程相关的选题(topic)。这其中还有穿插于讲座(lecture)的课程作业,如制图、计算、乐高头脑风暴和综合设计。教学及实践的每个部分相互支撑,不仅提升学生对基础知识的理解水平,更锻炼了他们学以致用、解决实际问题的能力和团队协作能力。

第三学年若学生选择培养计划 Part Ⅱ,可根据自己的兴趣在 9 个专业中任选其一。工程学部的教学灵活性在此体现出来:大三共设置了 10 个组(group),每个组有相对应的 6～7 个模块(module),每个模块有 16 门课程(course)。学生要在前两个学期各选 5 个模块学习,在这 10 个模块中要有至少6 个模块是属于自己专业的,每个模块都有相应的课程作业,最终 8 门最好的课程分数会计入期末成绩。虽然学生要在自己的专业上投入 60％以上的时间,但他们还可以选择语言、管理或是其他工程领域的课程来保持自己知识面的宽度。在第三学年学生还要完成本专业的 16 小时的工程领域活动(engineering area activity),上交 2 篇基于模块实验的完整技术报告(full technical report)并在学期的剩余时间完成 2 个项目任务。

第四学年的课程更加灵活,学生可以在 75 个模块中选择 8 个,既可以安排前两个学期各学习 4 个模块,也可以第一学期学习 5 个模块,第二个学期学习 3个模块,为自己的毕业设计留出更多的精力与时间。后两年的课程大组安排如表 4-22 所示。

表 4-22 剑桥大学工程学部后两年(Part Ⅱ)的大组设置

组别
Group A:能源、流体力学和涡轮机械
Group B:电气工程
Group C:机械、材料与设计
Group D:土木、结构与环境工程
Group E:管理与制造
Group F:信息工程
Group G:生物工程
Group I:导入模块
Group M:跨学科模块(包括实地测绘、工程数学和外语模块)
Group S:和 Part ⅡB 共享的模块
Group R:研究模块(此模块第四学年才有,在 Part ⅡA 中成绩第一的学生可以申请,旨在吸引和培养从事学术研究的学生)

这种课程设置既使学生能深入学习和研究自己本专业的知识,又尊重学生的自主选择权,让他们根据自己兴趣和需要去选择补充知识。虽然学生在第三年才细分专业,但在专业知识和技能方面和那些刚入学就分专业的学生一样优秀。与单一狭隘领域的工匠相比,掌握多学科知识的工程师在未来竞争中更有竞争力。不过剑桥大学的课程数虽然不多,但是需要学生在课下完成的自学量非常大,因而学生的学习压力和国内相比大很多。

2.本科生工程学部本科划分专业后课程体系设置(后两年)

学生在第二学年结束,面临两个方向的选择,一是工程学士方向——ET(Engineering Tripos)培养;二是制造工程学士——MET(Manufacturing Engineering Tripos)方向培养。两个方向的教学方式内容不尽相同(见表4-23)。

表 4-23 剑桥大学本科生工程学部教学方式概览

ET		MET	
第三年	第四年	第一年	第二年
示例文件	短期学生项目	企业参观	工业项目
团队指导			
语言		大项目	个人长期项目
课程训练			
本科项目研究机会	长期性项目	设计展	自动化实验室
自主职业培训		商业技能培养计划	海外研究计划
交换计划			

下面将分别阐述。

(1)工程学士(ET)

教学模式上,主要有七大块特色与实践教学相关的,分别是示例文件(Examples Papers)、团队指导(Supervisions)、语言(Language)、课程训练(Coursework)、本科生研究机会计划(Undergraduate Research Opportunities Programme)、自主职业培训(Voluntary Coursework)、交换计划(Exchange Schemes)。而在工程学部的第四年,主要是短期学生项目,所谓的"4th Year Projects"以及长期项目(见表4-24)。

表 4-24　剑桥大学 ET 两年教学模式内容

项目	介绍	学年
示例文件	主要是为了培养学生的分析能力,每周要处理 3 个示例文件,根据课程的四节课内容的材料进行分析处理问题	第三年
团队指导	教学体系的特色及长处,每一个团队下的几名同学会定期有一个特定的任务,团队成员与导师一起讨论问题	第三年
语言教学	聘请了 2 个全职的语言教师以及部分兼职教师进行教学,涉及德语、法语、西班牙语等,有助于之后去相应国家交换学习	第三年
课程训练	通过实际操作,培养工程技能,包括工具的使用、制图、项目设计等	第三年
UROP	为期 10 周,与国际班团队进行与工业实际直接相关或具有一定商业价值的项目研究	第三年
自主课程	提供相应的自愿参加的课程项目 比如:发动机带重建、计算机架构、车间技能等课程	第三年
交换计划	与麻省理工学院、巴黎中央理工学院、新加坡国立大学都建立了联系,奖学金资助	第三年
短期项目	必须完成的包括理论研究和实际操作,导师会依据企业列出的项目进行选择,可一同在公司进行	第四年
长期项目	可以是"蓝天计划"研究,也可以是与工业直接相关的应用,与工业企业合作	第四年

课程体系设置方面,以机械工程为例,所设置的课程大约有 58 门,涉及力学、能源、建筑、设计、生物、机械等方面的课程。

(2)制造工程学士(MET)

教学模式内容上更加偏向于应用方面,并且相比于 ET、MET 方向更加重视学生的设计能力与商业技能的培养。在 MET 的第一年(就是大学学年的第三年),学生需要完成的内容主要包括企业参观、大项目(major project)、设计展(design show)、商业技能培养计划(Business Skills Development Programme)。而在 MET 的第二年(即大学学年的第四年),也有四个方面,分别是工业项目

(Industrial Projects)、个人长期项目(Individual Long Projects)、自动化实验室(Automation Laboratory)、海外研究计划(见表 4-25)。

表 4-25　剑桥大学 MET 两年教学模式内容

项目	介绍	学年
企业参观	参观 6 家具有代表性的加工制造业公司,与模块 3P10 紧密相连,制造业公司行业类型包括:初级流程(如炼钢)、汽车制造、航空航天、电子机械、专业流程(如电子和生物技术)、快消(如食品与消费品)	第一年
大项目	将涉及加工制造以及管理的元素融合,学生结合市场,做出综合的商业计划书处理实际问题或项目	第一年
设计展	一年一次,由制造研究院(Institute for Manufacturing)举办,邀请当地的工业企业家与设计师参展。学生介绍自己产品背后的设计理念及其所蕴含的商业价值和设计思路	第一年
商业技能培养计划	主要培养学生的交流沟通能力、口头陈述能力、项目管理能力、团队协作能力	第一年
工业项目	分为三个阶段:入职项目、两周项目及四周项目,为期 6 周,学生需要承担为期 6 周的"工业项目"。通过一系列的工业项目,将学生的理论投入到实际的应用中。	第二年
个人长期项目	为期 7 周,学生选择感兴趣的进行,基于工业企业基础之上	第二年
自动化实验室	团队训练,制造系统工程模块的一部分,运用规划自动化、凸轮/数控编程、逻辑控制器、机器设备、传感器、气动和机电一体化等原理知识进行实践	第二年
海外研究计划	设计研究当前国际制造问题相关的主题,自行规划公司访问行程、安排住行、筹集资金,进行海外研究,最终出一个综合报告	第二年

MET 课程方面重点围绕将理论付诸实践,所提供的课程在制造技术、制造工程以及企业管理上有着扎实的理论基础,同时将项目贯穿于整个学年之中,将理论与实践相结合。此外,在制造工程学习的过程中,学生始终被置于商业情境中,潜移默化习得从"如何设计产品""如何制作零件""如何组建工厂"到"如何管理企业"每一个环节的知识。比如,MET 第一年,学生需要学

习 10 个模块的知识,并各自完成任务及考试;而第二年,则需要完成 8 个模块(见表 4-26)。

表 4-26   剑桥大学 MET 两年课程模块列表

第一年	第二年
产品材料	产品技术与材料
机器生产系统的运营与控制	制造系统与工程
设计	工业系统、运营与服务
运营管理	人的管理
工业工程	技术创新管理
组织行为学	战略与市场
管理企业与人	企业、全球化与政策
金融与会计	可持续制造
工业经济、战略与治理	
制造业热点问题	

我们将 ET 的课程与 MET 的课程进行简单比较,可以发现,MET 相比于 ET,其有几个区别:1. MET 以模块的形式将课程学习与实践紧密结合在一起,而 ET 则主要以课程为主,且体量很大;2. 从学习的内容来看,MET 课程内容注重培养学生的管理技能、沟通技能、领导力以及对相关行业的敏感度,着重于"复合",而 ET 则以继续深挖相关工程专业为主,着重于"专深";3. MET 中,学生的实践空间大,而 ET 中,学生选择课程的自由度大。

3. 工程学部研究生培养体系

(1)研究生计划概况

一方面,剑桥大学工程学部的学生若是选择 MET 方向的,第三学年即可拿到学士学位,完成第四年课程之后,即可拿到硕士学位。

另一方面,工程学部的研究生教育包括三类硕士计划,分别是哲学硕士(MPhil)、在职硕士(MSt)以及研究型硕士(MRes)(见表 4-27)。大部分学生做的研究是为了之后三年的博士学位做准备,有 10% 的学生则是做一年 MPhil 的研究项目。

表 4-27[14]　　剑桥大学研究生学位计划概览

类型	具体计划	介绍	备注
MPhil	能源技术硕士	时长 11 个月。1. 为学生将来申请博士计划打好基础；2. 为学生在相关行业的职位做准备：工业研发部门、政策制定机构、公共事业公司、制造部门、能源设备制造公司等	
	可持续发展工程硕士		
	工业系统、制造和管理硕士		
	机械认知、演讲和语言技术硕士		
	核能硕士		
MSt	建筑工程硕士	为在职的人提供的硕士专业，为期 2 年，为的是加强学生的技术知识与管理技能	领导力、金融、建筑设计、高等建筑管理方法、创新和未来建筑等
	建筑环境设计硕士（IDBE）		由剑桥大学工程学部以及建筑系联合培养
MRes	集成光子和电子系统硕士	为博士学位的过渡，第一年硕士结束，之后 4 年为博士	
	超精密硕士		
	未来基础设施与环境建设硕士		
	石墨烯技术研究硕士		
	燃气轮机空气动力学研究硕士		

（2）研究生课程设置——以能源硕士为例

每一个硕士计划的课程设置并不是很多，但是学生的压力很大，几乎每一门课程中需要学习的知识以及完成的课程任务（coursework）都比较繁重。以能源技术硕士课程为例，学生需要在 11 个月时间里完成 5 门必修课，5 门或 7 门选修课以及 2 个论文项目。

4.4.2.4　小结

剑桥大学的理论课程与体验课程紧密交融，学生在前两年的学习中，除了上基础的理论课程（数学、机械学、机械振动、结构力学等），还需要在学年中完成各类大小实验并完成若干篇论文和报告。此外,学生在确定了专业方向后,在第三、第四年需要完成各类体验课程(比如 ET 方向的本科项目研究机会、课程训练短期学生项目等,MET 计划的大项目、设计展等)、实践课程(比如 ET 方向的资助职业培训,MET 方向的工业项目、个人长期项目、海外研究计划等)。这些课程大部分充斥了学生后两年的学习阶段,而理论课程作为学生的自选项目,完成一定的学分作为二类课程的补充。具体特点如下。

1. 工程课程体系整合性强

首先,剑桥大学将所有的工程类的专业聚集在"工程学部"下。即便是"生物技术与化学工程学部"下的"化学工程"专业,其第一年也是在工程学部下与其他专业的学生一起学习工程基础知识。

其次,工程专业的学生选课具有很大的自由度与灵活度。工程学部的课程往往按照模块、组别进行分类,学生在相应的模块、组别内进行课程选择,满足规定的学分即可。这样的好处便是,学生可以依据自己的兴趣进行选课,同时,由于模块、组别规定了课程边界,因此学生的自由度也是在教学计划之内的,保证教学的效果。

2. 本科大类培养,宽专交融

工科学生在前两年的时间所学习的必修课程都是一样的,不分具体专业,有利于帮助学生打下坚实的基础,同时也保证了工科学生在工程领域的宽度。到了第二学年末的时候,学生可以依据自己的兴趣选择自己的专业方向,之后的两年按照"深度"进行培养,宽专交融。

3. 按需培养,明确性强

这一点主要体现在两点:第一,学生分别在本科第一学年末、第二学年末、第四学年末对自己未来学习的方向进行选择。第一学年末选择是否转到"化学工程"专业学习,第二学年末选择 ET 方向中的某个专业学习还是 MET 方向学习,第四学年末选择哪种方向的硕士进行学习还是出去工作。第二,主要是 ET 与 MET 的设置。可以从上述课程分析中看出,ET 方向的学生与 MET 方向的学生所学习及完成的任务存在很大的不同,一个偏向于研究,而另一个偏向于运用。

4.实践能力培养贯穿学年始末

不论是本科还是研究生,ET 还是 MET 方向,剑桥大学工程学部的学生会花很大一部分时间完成课后的课程任务,还包括大大小小的项目、论文等。可以发现,学生的课程类型虽然不多,但是学生的任务量十分大。工程学部强调学生的自主动手学习,极大程度上培养学生的实践能力与创新能力。

4.5　本章小结

4.5.1　课程类别情况总结

综合以上国外研究型大学的案例分析,我们可以从中总结出它们之间的共性与特点。从课程设置的类别上来看,理论课程是基础,每一个专业培养学生都是以关注工程科学基础的理论课程为首,并在此基础之上逐渐拓展出体验课程与实践课程。体验课程是核心,一方面,有的学校直接对理论课程加入体验课程元素,比如英国剑桥大学,每一门理论课程都设置了课程任务,要求学生利用自己独立的时间完成相应的研究、学习任务;另一方面,有的学校直接开设相关体验课程,或在相应的计划、项目中开设基础理论课程以辅助体验课程的顺利开展,比如德国亚琛工业大学的跨学科研究中心、美国伊利诺伊州立大学的首年工程计划、加州大学伯克利分校的实验类课程、麻省理工学院的 UROP 计划、斯坦福大学的 STVP 等。实践课程是桥梁,大学往往在培养计划的后期也就是学生的大三、大四阶段开设此类课程或以计划的形式作为辅助,主要以企业见习、组织实践为主,学生前往企业等组织机构中进行实习、实践,解决实际中的问题,比如剑桥大学的工业项目、伊利诺伊州立大学的工程 315 计划、麻省理工学院的高级课题与特殊课题以及各所大学中的实习项目。

各类大学课程设置情况概览见表 4-28。

表 4-28　各所大学课程设置情况概览

	理论课程	体验课程	实践课程
麻省理工学院	1.公共基础类课程:自然科学类,比如微积分、物理、化学等,REST 类,比如机械材料学、动力学等,HASS 类课程; 2.大一导论性课程:工程设计基础、玩具产品设计等; 3.本科核心类课程:机械与材料、动力学与控制、热流工程、设计与制造、结构元素等;	1.公共基础类课程中的实验课程,如测量与工具; 2.高级课题与课程:如独立研究、毕业设计; 3.项目或计划:Gorden 工程领导力计划、工程领导力实验室、工程实践论文、项目工程等;弹性工程师学位计划等。	1.高级课题与特殊课程,如工作实践等; 2.项目或计划:UPOP。
加州大学伯克利分校	1.基础课程:物理、化学、生物、天文学、数学统计方面课程等; 2.专业选修课:材料性能、工程力学、自动化控制系统等; 3.通识课程:美国文化、艺术文学、入门写作、国际关系等。	1.实验类课程:电气工程方向的电磁场与波、反馈控制、线性集成电路等; 2.读书报告; 3.独立研究。	
伊利诺伊州立大学	1.基础课程:化学、微积分、物理等; 2.科学选修课、人文社科选修课; 3.专业课程:热传递、信号处理、动力学导论等; 4.设计类课程:航空航天设计、越野工业设计项目、项目试验高级设计等。	1.跨学科研究主题:跨学科研究中心,与政府以及工业实验室合作; 2.伊利诺伊工程第一年实践; 3.实验力学:实验应力分析、电气和电子电路实验室等; 4.论文研究、独立研究、研讨会等。	1.工程 315(LINC); 2.毕业设计。

续表

	理论课程	体验课程	实践课程
斯坦福大学	1.通识课程:语言、写作修辞、思维与行为方法等; 2.公共基础课程:线性代数、概率论、微积分等数学类以及物理等工程领域类的自然科学课程; 3.社会技术课:科技创业、数字媒体等; 4.工程类课程:工程基础课、专业核心课、学科领域课以及专业选修课。	1.暑期研究项目; 2.STVP:领导力课程、经营管理类、财务金融类课程、创新创业课程等。	课程实习训练
剑桥大学	1.基础课程:机械工程类、结构与材料类、电子信息工程类、数学方法类; 2.专业课程:分为十大组,比如能源、流体力学和涡轮机械、电气工程、机械、材料与设计、管理与制造、信息工程、生物工程等。	1.课程附属任务:各类实验若干、论文若干、工程相关选题任务等; 2.ET方向的本科项目研究机会、课程训练短期学生项目等,MET计划的大项目、设计展等; 3.UROP	ET方向的资助职业培训,MET方向的工业项目、个人长期项目、海外研究计划等
德国亚琛工业大学	1.必修课程:工程基础、数学科学基础、系统科学基础和信息技术基础等; 2.专业课程:固体与结构力学、流体与燃烧学、材料科学、能源技术、流程工程学、生物技术与医疗技术、材料加工等。	1.研讨班、讲座、论文; 2.跨学科研究中心,比如AICES,应用与模型、数学与数值方法、计算工具与基础建设三个主题方向。	实习

在各类具体的课程设置中,这些大学在工科课程体系改革中将各学院、学科、专业、课程等做了融合,使得学生在选择、学习课程的时候自由度更大。并且,大部分工科课程都强调实践与基础的重要性,甚至面对新的工程师情境,开设了诸多设计类、管理类、创造创新类课程,改革课程架构、授课方式以及知识分享的模式。这些特点,为我国国内工科培养院校提供了一些新的思路。

4.5.2　课程设置特点总结

4.5.2.1　全方位由上而下的高度融合性

国外工科类院校中,学院融合、年级融合、专业融合、课程融合等方面特色明显。

(1)学院融合

学校培养工科学生并不仅仅局限于各个院系之内,不同院系之间会联合开设课程,以供学生选择。学院融合有助于培养工科学生的跨学科能力。比如,亚琛工业大学的计算机科学专业,其本科与硕士阶段的学习课程主要由3个学院联合设置,包括机械工程学院,数学、计算机科学与自然科学学院以及地球资源与材料工程学院。如此,相关专业的学生在各个院系之间选择课程的自由度更大,可以拓展自己的兴趣以及知识面。

(2)年级融合

学生学习的课程具有一定的阶段性。并且,本科生与研究生的课程并没有十分严格的界限,本科的学生可以选择研究生的课程学习,研究生也可选择本科生的课程学习,本科生与研究生有共同的可选课程,低年级学生也可以选修高年级学生的课程。所有的选课基础,建立在满足一定的学分要求基础之上,或者,只要满足所选课程的前修课程即可。比如,MIT中本科生与研究生都可以选择的生物分子反馈系统课程,需要学生提前修好生物,才可以继续学习。也有像UCB这样融合要求较高的形式,学生大学四年每年所修学分平均为15~16分,并且,将低年级课程与高年级课程划分清楚,只有掌握了低年级的知识才可以继续学习高年级知识。

(3)专业融合

一方面是通过联合培养本科、硕士,自然而然地将各个专业的课程联系在一起,比如UCB,它的专业设置跨学科特征明显,重视专业之间、系所之间的联合培养,其工程院下设置本科联合培养学位,院与院之间建立联合培养硕士学位计划。本科工程院下,各个专业互相联培,专业交叉培养明显,大多与"材料科学工程"专业以及"核能工程专业"进行联合培养。另一方面,宽专交融明显。像剑桥大学的工学部,将所有的工科专业置于一个学部下,前两年实行大类培养,到了第三年开始细分专业。再如UIUC的首年工程计划,如果学生并不确定自己到底对哪种类型的工程感兴趣,就可以申请该计划。学生在这一年结束后,再决定选择具体的专业。而期间所学习的课程包括了和其他专业一样的基础课并加了至少一门的入门课程。这样的方式,使得该类院校培养出的工科人才不仅基础知识扎实,而且也具备了所期望的专业深度。像亚琛工业大学,其灵活的课程体系设置,使得学生在毕业之后可以处理在不同的技术、经济和社会条件下工程领域中的各类问题和情况。

(4)课程融合

这一类融合最为明显的特点是"课程池"的建立,相当于是模块化课程。比如亚琛工业大学,其学生不论是在本科还是研究生阶段,其所选择的课程都是基于几大模块领域的,比如仿真技术、工程基础、信息学等,每一模块下设置了相关领域的课程,学生可以在模块内自由选择所感兴趣的课程,达到一定的学分要求后即可。同时,亚琛工大还通过建立跨学科研究中心,将工科课程自然而然地结合在一起。再如剑桥大学,在后两个学年中,将课程进行分组,每一个组别下设置不同的模块,学生在学分的规定下自由选课。课程池设置的好处是学生可以依据自己的兴趣进行选课,同时,由于模块、组别规定了课程边界,因此学生的自由度也是在教学计划之内的,保证教学的效果。

4.5.2.2　基于实践教学课程设置的灵活性

国外院校在工科生培养过程中,特别注重学生实践能力的培养。MIT不仅专门有实践的项目提供学分或是转换学分,而且在其课程中也有所体现。比如实验工程专门就是为了提高学生的动手、实践能力而设置的。另外,剑桥大学的实践课程与传统课程无缝对接,每一类课程结束之后会有课程任务以供学生完成,这些实践类任务几乎是贯穿了学生的学年始末。不论是本科还是研究生,ET还是MET方向,剑桥大学工程学部的学生都会花很大一部分时间完成课后的课程任务,还包括大大小小的项目、论文等。再如,UIUC的一项特殊类实践项目——IEFX。项目中,大一新生参与到不同的工程实践项目中,包括开学为期4周的实践项目、与老师合作的项目、学术及领导力开发研讨会等。在学生刚入门之际,帮助学生对工程有个初步的了解与感知。

4.5.2.3　面向培养未来工程领袖的课程创新性

国外院校除了注重学生专业能力的培养,还强调将工科学生培养成为该行业领域的领袖工程师。MIT 在其课程设置中,添加了工程管理、设计、创造力等课程,并专门发起一项工程领导力计划(Gordon 计划),计划在工科生中选拔优秀的学生对其进行不同路径的领导力培养,所设置的课程不乏工程领导力、工程设计、组织行为学、实习实践访谈以及论文等,为理解和解决现实生活中重大的工程问题奠定基础。而 UIUC 也开设了类似的计划——T&M 计划,这是工程学院与商学院联合设立的创新计划。通过设置特殊的课程,连接传统工程教育与企业教育,将选拔出的优秀工科生培养为该领域的行业领袖与复合型人才。并且,UIUC 还设置了大量设计类课程,比如机械工程专业就有专门的设计选修课。最具有创业创新特点是属斯坦福的技术创业计划(STVP),该计划围绕科技创业设置跨学科课程,为本科生、研究生等不同层次的学生设计了不同的课程,比如技术创业领导力、技术创业、组织理论与管理、经理与创业者会计、创意规则等课程,通过创造关于科技创业公司的学术研究成果为学生、学者和商业领袖提供新的洞见。国外工科课程体系特点概览参见表 4-29。

表 4-29 国外工科课程体系特点概览

特点	具体	举例
融合度高	学院融合:学校培养工科学生并不仅仅局限于各个院系之内,不同院系之间会联合开设课程,以供学生选择	亚琛工业大学的计算机科学专业
	年级融合:学生学习的课程具有一定的阶段性。并且,本科生与研究生的课程并没有十分严格的界限	MIT 中本科生与研究生都可以选择的生物分子反馈系统课程;UCB 这样融合要求较高的形式
	专业融合:联合培养本科、硕士+宽专交融明显	UCB 的专业设置跨学科特征明显,重视专业之间、系所之间的联合培养;剑桥大学的工学部实行大类培养;UIUC 的首年工程计划
	课程融合:模块化课程	亚琛工业大学仿真技术、工程基础、信息学等,每一模块下设置了相关领域的课程;亚琛工大还建立跨学科研究中心;剑桥大学在后两个学年中将课程进行分组,每一个组别下设置不同的模块

续表

特点	具体	举例
实践灵活	实践的项目作为学分或是转换学分	MIT：专门的实践项目换作学分；Stanford：在工程分析基础等部分课程中将工程科学、工程设计、工程实践的学分合理分配
	贯穿学生的学年始末	MIT：UROP 项目；剑桥大学：coursework
	大一新生任务	UIUC 的 IEFX
创新课程	强调将工科学生培养成为该行业领域的领袖工程师	MIT：工程领导力计划（Gordon 计划），并且在课程中设置了工程管理、设计等课程；UIUC：T&M 计划；Stanford：技术创业计划（STVP）

本章参考文献

[1] MIT List of Current CI-HW and CI-H Subjects[EB/OL]. http://web. mit. edu/commreq/cih. html.

[2] MIT Mechanical Engineering Course List[EB/OL]. http://student. mit. edu/catalog/m2a. html.

[3] MIT Guide to Graduate Study in Mechanical Engineering at MIT[EB/OL]. http://meche. mit. edu/documents/MechE_Grad_Guide. pdf.

[4] UIUC Diversity Programs[EB/OL]. http://engineering. illinois. edu/academics/graduate /diversity-programs/diversity-programs. html.

[5] UIUC Graduate Degree Programs[EB/OL]. http://engineering. illinois. edu/academics/graduate/programs. html.

[6] UIUC Graduate Program Overview[EB/OL]. http://mechanical. illinois. edu/graduate/graduate-program-overview.

[7] UIUC TAM Core and Breadth Courses[EB/OL]. http://mechanical. illinois. edu/sites/default/files/files/TAM％20Core％20and％20Breadth％20Courses. pdf.

[8] Rwth Facts & Figures[EB/OL]. http://www. rwth-aachen. de/cms/root/Die-RWTH/Profil/～enw/Daten-Fakten/lidx/1/.

[9] RWTH Aachen Strategy 2020[EB/OL]. http://www. rwth-aachen. de/cms/root/DievRWTH/Profil/～csxx/Strategie-2020/lidx/1/.

［10］Aachen Institute for Advanced Study in Computational Engineering Science. AcademicAims［EB/OL］. http：//www. aices. rwth-aachen. de/academics/academic-aims. 2015-04-19.

［11］Computational Engineering Science MSc［EB/OL］. http：//www. rwth-aachen. de/cms/main/root/Studium/Vor_dem_Studium/ Studiengaenge/Liste_Aktuelle_Studiengaenge/Studiengangbeschreibung/～bksp/Computational _ Engineering_Science_M_Sc_/? lidx＝1k. 2.

［12］UCB About：http：//engineering. berkeley. edu/milestones♯13/2010.

［13］Cambridge MET ⅡA［EB/OL］. http：//www. ifm. eng. cam. ac. uk/education/met/a/assessment/；Cambridge MET ⅡB［EB/OL］. http：//www. ifm. eng. cam. ac. uk/education/met/b/assessment/.

［14］Cambridge Masters Courses［EB/OL］. http：//www. eng. cam. ac. uk/graduates/prospective-graduate-students/masters-courses.

III 生态系统构建篇

第五章　面向真实世界的体验式工程教学改革

伴随着工程教育科学化趋势持续不断的深化,在 1980 年之后,美国工程教育界出台了若干重要报告,在对科学理论的过度关注状态下,重新加入对于工程教育实践性的关注。2012 年美国国家工程院和美国超威半导体公司共同合作,形成《将真实世界体验融入工程教育》的报告。其目的在于通过给美国的工程专业计划中融入真实世界体验提供实际的指导,鼓励增强本科工程教育体验的丰富性和关联性,进而培养出准备更充分、更具全球竞争力的毕业生。该报告介绍了 29 个已经成功地将现实世界的体验融入工程或工程技术本科教育的计划(Council,2004)。

本报告依据工程教育实践性、整合性和创造性的特征,综合考虑工程教育的特点、中国特色情景以及材料详实程度等因素,选取了其中 7 个有代表性的将现实世界体验融入工程的计划,进行了更为深入的整理和研究。此类计划,可以作为面向整体工程教育的体验式课程和实践式课程,强调提供给学生真实世界的工程体验。由于在中国情境下,采取直接将学生输送到企业岗位上进行长时间实习的方式缺少客观条件和相关方主观意愿的支持,因此采用参考项目制的合作教育模式更加具备可实施性。在此基础上,通过案例分析,探讨和分析将现实世界体验融入工程的相关计划的计划目标和实施过程等内容,从中提炼出这些计划的特点和其能够获得成功的关键性因素。在资料搜索、整合、梳理、分析的基础上,尝试提出在中国目前情境下开展将现实世界体验融入工程相关计划的研究建议,希望能够为加强当前中国工程教育现实世界体验、开展相关计划提供参考。

5.1 大项目牵引模式

随着经济的持续发展和科学技术的不断进步,大型复杂工程项目越来越成为工程项目发展的必然趋势和工程专家关注的焦点。这些项目具有投资大、时间长、项目参与方多、质量标准要求高等特点,增加了组织、技术的复杂性和不确定性,同时受到政治、经济和文化等因素的影响,也具有社会的复杂性和不确定性(李建中,2013),因而对主持和参与项目的工程人才也提出了更高的要求。

本章介绍大项目牵引模式,针对自然科学和社会科学领域的重大问题,通过提供面向现实世界工程问题的项目历练,为学生创造体验和解决实际工程问题的环境和机会。杜克大学 NAE"大挑战"学者计划、伍斯特理工学院重大问题研讨会通过问题导向、项目导向的人才培养模式,以大型复杂工程项目为教学载体,校内教学与企业顶岗实习深度融合,致力于人才培养与新技术、新工艺相适应,给学生提供在大型复杂工程项目中工作,并在团队内、团队间合作沟通的体验和学习机会。

大项目牵引模式关注于培养工程人才团队沟通合作和解决现实世界复杂工程问题的能力,以大型工程项目为载体,给予学生面向真实世界的工程体验。

5.1.1 杜克大学 NAE"大挑战"学者计划

杜克大学创建于 1838 年,坐落于美国北卡罗来纳州达勒姆,是一所享誉世界的私立研究型大学。2016 年度 College Factual 美国大学排名机构将杜克大学列为全美最佳大学第 3 名,2013—2014 年《美国新闻与世界报道》将杜克大学列为全美第 7,与麻省理工学院和宾夕法尼亚大学并列,在美国南部居于首位。

杜克大学 NAE"大挑战"学者计划是在杜克大学普拉特工学院(Duke's Pratt School of Engineering)中开展的,所有在杜克大学普拉特工学院的本科生都有资格参加 NAE"大挑战"学者计划。杜克大学的普拉特工学院所有系都已参与到了这个大型挑战学者项目计划中,包括:生物医学、土木和环境、电子和计算机、机械,以及材料科学。该计划培养杜克大学的工科本科生掌握专业技能,拥有广博的知识,具备社会、伦理和环境意识,并希望他们能够成功地在应对 NAE 工程大挑战问题时从事领导职位。

5.1.1.1　计划描述

大挑战(Grand Challenge)，即是美国国家工程院(NAE)确定的"21 世纪重大挑战的工程"，这些问题面向一个可持续发展的、经济强健的、政治稳定的未来。"大挑战学者计划"(GCSP)是美国工科院校针对美国工程院(NAE)提出的 14 项工程大挑战而实施的工程拔尖人才培养新战略，旨在通过改革工程人才培养模式，培养能够应对 21 世纪工程大挑战的卓越工程师。杜克大学是参与NAE"大挑战"学者计划的高校之一。该计划在杜克大学普拉特工学院开展。

杜克大学的普拉特工学院是一个充满活力的教学和研究机构，致力于培养下一代领导人，探索工程的前沿，希望为解决世界工程大挑战作出一份贡献。杜克大学的工程教育是建立在学生和教师之间的合作和共同承诺的基础之上的。

"大挑战"学者计划培养学生掌握和具备专业技能、广博的知识和社会经验、道德和环保意识，以在应对 NAE 工程大挑战时有能力成为领导者。"大挑战"学者计划正在从事一项独一无二的教育实践，这一实践集成了五个关键主题：

● 与工程大挑战相关的动手项目和研究经验

● 跨学科的课程体系

● 创新和创业经验

● 全球视野

● 服务学习

在应对 NAE 工程大挑战时，必须重点关注"大挑战"问题，所有研究和计划应当以"大挑战"问题为中心进行。所有大挑战学者的研究成果必须符合以下几个条件(图 5-1)：

● 以工程大挑战为研究焦点

● 包含五个课程成分，即基于研究或基于项目的实习、跨学科的课程、企业家精神、全球视野和服务学习

● 足够的学术严谨性

● 毕业论文

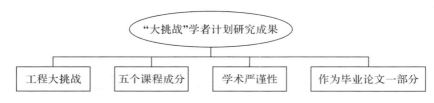

图 5-1 "大挑战"学者计划研究成果相关要求

同时,该计划能够为学生提供以下途径进行与工程大挑战相关的研究:

● 在大一、大二期间加入该计划

● 利用网络与杜克大学的其他大挑战学者以及与美国其他工学院的大挑战学者进行交流和沟通

● 参加年度大挑战峰会(the annual GC Summit),接触与工程大挑战相关的学术、公共政策、健康领域

5.1.1.2 项目管理

研究计划设计

(1)大学一年级、二年级阶段:接触与大挑战计划相关的机会。

最有效的建议是对工程大挑战相关研究及活动的持续参与,因此大一、大二年级阶段是通过完成大挑战相关课程建立一个大挑战计划研究设计、参与大挑战相关的项目以及研讨会的最佳时机。

对于大学一年级和二年级的学生,其培养目标为那些可能对参与杜克大学NAE"大挑战"学者计划有兴趣的工科本科生提供接触和了解该项计划的机会。建议对于该项计划有兴趣的同学在大一、大二阶段参与与"大挑战"学者计划相关的课程活动,包括计划内课程(能获得学分)和计划外课程(不能获得学分)的学习,并且参与与"大挑战"学者计划的教师和学生的正式和非正式讨论。有兴趣的新生能够参与"大挑战"学者计划和参与"大挑战"学者计划的教职工定期组织的普拉特"大挑战"学者计划信息交流会议和研讨会,以了解和掌握大挑战相关的最新动态和近期研究情况。

表 5-1　低年级阶段"大挑战"学者计划目标与实施途径

年级	目标	实施途径
大一、大二阶段	提供接触和了解"大挑战"学者计划的机会	● 计划内相关课程 ● 计划外相关课程 ● 正式与非正式讨论 ● 信息交流会 ● 研讨会

关于"大挑战"学者计划的具体安排在普拉特网站和学院电子屏上进行通告。通过各种渠道的信息通报,使得学生能够较早地接触到"大挑战"学者计划的相关信息和机会,提供了足够的准备时间保证学生能够更有效地在低年级时完成关于工程大挑战的研究设计,并在高年级时完成毕业论文。

(2)大三:明确大挑战重点,并提交大挑战报告和毕业论文的研究设计。

对于有意向接受大挑战的学生,必须在大三第一学期感恩节假期之前,向普拉特大挑战学者委员会提交研究设计。每一份研究设计必须包括以下几个组成成分:

● 研究设计中以"大挑战"为重点的、关于 NAE 工程大挑战的描述
● 解释所修习的"大挑战"相关的计划内和计划外课程如何帮助解决确定的"大挑战"焦点
● 一份关于"大挑战"毕业论文的计划说明书
● 一份预算以及关于预算的解释,明确说明给予的 $5000 资金的用途和意义
● 一份现在杜克大学的成绩单
● 至少两份推荐信,其中一份要求来自申请的"大挑战"计划的指导教师

普拉特"大挑战"学者指导委员会将会评审提交的研究设计。成功的申请者名单将会在大三秋学期结束之前公布。

(3)大四:完成"大挑战"报告和毕业论文,并参加美国"大挑战"峰会。

所有 portfolio 和毕业论文必须在学生毕业学期结束前完成。学生必须保证完成如下要求:

● 高年级"大挑战"学者必须在普拉特"大挑战"计划相关的活动中向其他学者展示自己的研究成果,并向有兴趣的低年级同学提供相关信息

● 参加美国"大挑战"峰会，向来自其他参与计划的工学院的"大挑战"学者
　介绍自己的研究成果
● 参加峰会的交通费用必须包含在研究设计的预算中

"大挑战"计划指导教师

每一位"大挑战"学者都要确定一位"大挑战"指导教师，该教师负责指导学生的"大挑战"报告进展，评定学生的毕业论文等级，并且指导学生完成向普拉特"大挑战"学者评定委员会提交的案例并确保通过最终审议。

那些将研究调查作为他们深入学习体验的学生，可以请他们的研究导师作为他们的"大挑战"指导教师。那些从事已经开展的研究的学生可以请项目指导者或是被批准指派的教师作为他们的"大挑战"指导教师。

毕业要求

(1)"大挑战"报告的组成

每一个"大挑战"报告必须包含 NAE 大挑战学者指导原则中提出的所有五个课程组成部分。

● 基于研究或基于项目的实习：必须与 14 项工程大挑战之一相联系
● 跨学科的课程：包括一项工程类主修课程，以及至少两门与 14 项 NAE
　工程大挑战之一相关的额外的非工程类课程
● 企业家精神：将发明和创新转换为产品的过程与 14 项 NAE 工程大挑
　战之一相联系
● 全球视野：逐渐输入全球市场、经济、跨文化、道德和环境问题的意识
● 服务学习：加深社会意识，提升为社会问题发展实际解决方案的积极性

基于研究或基于项目的实习以及跨学科的课程，都必须追求"更深入的"层次。"更深入的"是指三门或更多正式的学期课程。

对于"更深入的"学习，基于研究或基于项目的实习与跨学科的课程分别有不同的要求。具体要求如表 5-2 所示。

表 5-2 "更深入的"学习的相关要求

课程组成部分	"更深入的"学习相关要求
基于研究或基于项目的实习	至少一个跨越 8 周的夏季学期或者常规学期的实习体验 至少一项与实习体验直接相关的独立研究 至少一项与实习体验直接相关的或在主题上相关的常规学期课程或者独立研究
跨学科的课程	一项附加的工程主修项目 至少三个常规学期的与"大挑战"焦点相关的非工程类课程或者独立研究

（2）毕业论文的组成

"大挑战"计划的毕业论文必须采用研究调查或者项目的书面的、批判性分析的形式（即引言、文献综述、方法、结果、讨论和结论）。另外的特别要求包括：

● 论文必须是与学生的"大挑战"研究焦点有直接关系的论证

● 必须具备足够的内容和长度，以使各部分之间相互联系，并且与学生的"大挑战"报告相互联系

其中，单纯的研究轨迹图或者口头汇报不能满足"大挑战"毕业论文的要求。

5.1.1.3 实施成果

计划预期成果

该计划前两年的目标是促进"那些可能对于追求一个杜克大学 NAE'大挑战学者'称号感兴趣"的工程本科生早日进入状态。建议有兴趣的低年级同学参与与"大挑战"相关的课程（课程学分）或者额外的课程活动（无课程学分），与教师和学生一起参与"大挑战"学者计划相关的有组织的非正式的讨论会。对获得一个杜克大学 NAE"大挑战学者"称号有兴趣的学生必须在第一学年的第一学期的感恩节假期前向普拉特"大挑战"学者指导委员会递交一份提案。"大挑战"学者指导委员会负责审查这些提案，成功入选的候选人名单将在春季学期早期公布。"大挑战"提案和大挑战论文必须在总决赛结束之前完成才能允许毕业。"大挑战"学者将会出席与普拉特"大挑战"相关的活动以便与其他的学者沟通，同时为对此感兴趣的低年级学生提供信息。高级"大挑战"学者也将

参加全国"大挑战"首脑会议来展示他们的工作,并与来自其他参与的工科院校的学者沟通。

人才培养成果

该计划自 2009 年实施以来,在历年培养"大挑战"学者的过程中,均产生了丰硕的成果。2010 年杜克大学工学院培养了 10 位"大挑战"学者,其项目聚焦于开发更理想的药物与疗法、阻止核恐怖行动、清洁水资源等 7 项"大挑战"。2011 年,培养了 9 位"大挑战"学者,在原有的研究成果的基础上进行了更深入的探索。此后几年,杜克大学每年培养的"大挑战"学者人数继续增加,总体呈现逐渐上升的趋势(图 5-2)。

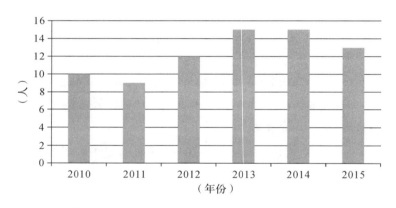

图 5-2 2010—2015 年杜克大学"大挑战"学者人数

这些"大挑战"学者研究的主题涵盖了 12 项工程"大挑战"问题,并在不同程度上使得这些工程"大挑战"得到了推进。

杜克大学正在继续进行重塑工程教育并培养学生准备成为有大局观、并有能力改变世界的领导者和创新者。现如今,工学院培养的学生有许多成长为领导者,并与世界上最优秀的学生竞争奖助学金。

5.1.1.4 案例小结

计划面向对象广泛

该计划所面向的对象较为广泛,所有在杜克大学普拉特工学院的本科生都有资格参加 NAE"大挑战"学者计划。这一举措保证了来自各个工学专业的学生都能有机会参与到该计划当中,使得跨学科的合作和交流成为可能。并且学生能够自由地参加杜克大学一系列相关计划,只要它是由大挑战指导老师支持的或者获得"大挑战"学者计划指导委员会许可的。不同计划和项目之间的联系也有助于学生找到自己的"大挑战"研究焦点,并整合各方资源完成计划所要求的内容。

强调工程类与非工程类课程的整合

"大挑战"学者计划的五个关键主题之一,即是跨学科的课程体系。在"大挑战"报告中也明确要求跨学科课程的学习,如一项附加的工程主修项目,以及至少三个常规学期的与"大挑战"焦点相关的非工程类课程或者独立研究。

这种强调工程类与非工程类课程整合的模式,能够有效促进工科学生人文素养和非工程领域的能力的提升,使得培养的"大挑战"学者能够整合工程类和非工程类的知识和技能,具备为现实世界工程问题提供解决方案的能力。

持续性分析

(1)经费支持

预计该计划第一年的资金是 10 万美元,这包括了学生前两个课程的预算。普拉特工学院和慷慨的捐助者赞助了该计划的启动。慷慨的捐助者保证了基本的资金,额外的基金支持保证了该计划顺利进行。

(2)政策保障

"大挑战"学者计划的执行得到了来自美国国家工程院的支持,并且由来自四个学系的本科生学习指导者和杜克就业计划、普拉特研究员计划、普拉特智能家居研究员计划、普拉特工程世界健康计划、普拉特工程师无国界计划、创业和研究商业化中心的指导者组成的大挑战学术指导委员会每年对该项目进行审查。

5.1.2　伍斯特理工学院重大问题研讨会

伍斯特理工学院是一所历史悠久的科技大学,成立于 1865 年。大学强调以"集体解决疑难",以"专题报告作教育根基",鼓励学生亲力亲为,边做边学。美国伍斯特理工学院获得了美国新英格兰地区大学与学院协会的认证,也是全美最早的理工大学之一。

伍斯特理工学院重大问题研讨会(Great Problems Seminar,GPS)提供的是一个较有特点的焦点问题(能源、食物、医疗保健)的研讨,或者是分析国家工程院的大挑战。该研讨会的课程都是由来自工程、艺术、科学和商学院的教师以团队授课的形式开展。教师们同时进行指导,表现出相互的尊重并建立知识课程和学习的模型。学生的成绩很大程度上是基于书面的工作和项目,而不是测验和测试。该计划项目所关注的问题都是关于最近全球重要事件主题,所有问题都是基于最近发生的重要事件、社会问题和人类需求。

5.1.2.1 计划描述

伍斯特理工学院重大问题研讨会关注于世界最近发生的时事问题、社会问题和人类需求。主要针对大一新生进行训练。其培养目标和对学生的要求主要包括以下几个方面:

- 鼓励第一年的新生密切关注时事、社会问题和人类需求
- 要求学生进行批判性思考
- 培养学生的信息素养和基于实证的写作
- 培养有效的团队协作、时间管理、组织和明确个人责任
- 提供给学生能为他们准备更充足的项目所需的项目经历

课程的前半部分,所有教师和学生都参与探讨问题的深度和广度,借用一系列像新闻媒体、书籍、学术著作或历史文本来对技术、社会、经济、文化、政策和历史问题的复杂性和相互关联性做出评价。教师的角色是领导课堂讨论。学生以个人和团队的形式作出回应,并通过写作、讨论和开放式的讨论来更进一步地探索问题。受邀的发言人为体验式学习提供了更进一步巩固知识和拓宽理解的机会。3～5个学生组成的团队在课程的后半学期一起工作,或是开发一个解决赞助商问题的方案,或是解决课程重大问题。在充分的指导下,学生研究问题,并依据对现实世界限制因素的考虑来选择有效的解决方案,设计实施过程和机制来评估其有效性。在此过程中,预期学生们将与赞助商、顾问、外部专家和其他团队沟通,寻求反馈和建议。

5.1.2.2 项目管理

截至目前,伍斯特理工学院重大问题研讨会关注的项目主要包括世界卫生医疗领域、世界水资源问题、发展中国家的文化、技术和人权状态等九项问题。

"治愈世界"问题

学生将学习研究与传染病相关的生物,并同时研究生物学和疾病控制管理,了解把新药推向市场所需监管的成本。学生还将学习管理问题、成本/效益分析、创新、决策和竞争力分析。

学生在课程中学习:

- 分析印度的结核病治疗
- 在医疗保健低效的情况下进行研究
- 完成莫桑比克的案例研究
- 研究艾滋病毒/艾滋病的 DNA 疫苗
- 研究在非洲的河盲症和血吸虫病

世界水资源

致力于探索迫在眉睫的水资源危机,该课程培养学生分析问题,以及寻求可持续和公平的解决方案的能力,以应对各种各样的水资源方面的挑战。气候变化和经济发展都影响了世界各地的水资源。在许多地方,由于干旱和过度使用,缺水问题不断出现。此外,各种人类活动导致了许多水体被污染。同时,世界水资源自然生态系统日益受到威胁。现在是时候重新思考关于我们排放水体,以及社区水资源利用的做法和政策。本课程主题涵盖水体污染、虚拟水、水安全、蓝色、绿色和灰色基础设施,水资源利用和控制,以及水净化。

通过这些课程的学习,学生能够掌握:

- 除冰剂对航道的影响
- 新型智能草坪灌溉系统
- 评估各种水过滤策略
- 织物染色改进建议

5.1.2.3　计划实施成果

伍斯特理工学院重大问题研讨会(GPS)每年由外部进行评估,探究学生对获得全球视野、教学期望与成果,以及学生在毕业项目中的表现。方法包括对学生的调查,对学生和教师讨论组和项目顾问的调查。一项调查显示GPS 的学生在高效团队工作的参与水平上远高于非 GPS 学生,能形成对当代和全球问题及解决复杂问题的更深入的理解,并通过制定对信息、意见的有效性或基于一套标准的工作质量提出和捍卫自己的想法。GPS 校友表示他们在项目管理、团队工作、时间管理、展示技能、批判性思维、团队领导力、接受批判性反馈等方面有信心与有权力职位的人展开对话。

该计划自实施以来，主要产生了以下几项实际成果：

● 毕业生在融合社会科学和技术问题的国际互动资格项目中（International Intenative Qualifying Project，IQP）中的领导力

● 来自全球视角的毕业生对大挑战计划展现较高的兴趣，并能无缝对接于学生第二年进行的 IQP 和 MQP

● 增加对环境和文化的工程干预和解决的影响的意识

● 对职业发展的宏观思考

● 基于校内获取的人文社科知识，理解现实世界问题的复杂性

● 增强批判性思维、自我探索、质疑准则、界定专业利益

● 团队合作精神

● 改进口头、书面表达和大众传播能力

● 获得实习和暑期工作的成功率提高

5.1.2.4　案例小结

该计划目标定位明确，关注时事问题、社会问题和人类需求，包括水资源问题、世界卫生医疗问题、粮食的可持续性等问题。通过关注世界关注的问题为大一学生提供了解真实世界工程问题的机会。

可持续性分析

（1）经费支持

GPS 的专项成本：夏季支持/课程发展 35000 美元，讲师薪酬 65000 美元，以及课程成本 10000 美元。每位校友在头两年中进行了持续的捐赠，差额由大学的经营预算补足，大学经营预算现在为计划提供全额的资助。该计划持续聘请专门负责 GPS 教学的教师。各院系期望通过允许教师参与作出贡献，该计划有足够资金涵盖教师学时。该计划寻找慈善捐款支持，但并不依赖于获得外部资金。

（2）政策支持

该计划启动之前，伍斯特理工学院作出承诺，通过增加一半新的职位、增设负责第一年的副院长来重振第一年计划。伍斯特理工学院已完全致力于将该

计划作为其学术运行的一部分。其他关键的贡献者是专业技术人员、参考馆员和本科生招生和学术咨询的机构,他们使将入学的学生在第一学期开始注册时就知道这些课程。

5.1.3　大项目牵引模式特点总结

大项目牵引模式主要包含以下特点(表5-3):(1)大型项目为载体。关注实际问题情境的塑造和实际工程问题解决方案的形成。(2)项目导向为方法。通过项目导向的人才培养模式,为学生提供工程实践的机会。(3)重大问题为方向。面向现实世界重大工程挑战和提供问题解决方案。

表 5-3　大项目牵引模式案例特点总结

计划名称	实施高校	特点
NAE"大挑战"学者计划	杜克大学	● 关注"大挑战"问题 ● 计划面向学生对象广泛 ● 强调工程类与非工程类课程的整合 ● 大挑战学术指导委员会每年对该项目进行审查
重大问题研讨会	伍斯特理工学院	● 关注时事问题、社会问题和人类需求 ● 以项目为导向

5.2　市场导向模式

我国高等教育近十年来在规模、设施等方面有了巨大的发展,当前我国具有全球最充足的工科生源和巨大的高素质人才需求市场(李建中,2008)。教育的创新与发展,需要从市场需求出发,把握时代脉搏,把立足点和归宿点放在培养社会需要的人才上来。

本章通过整理和分析里海大学、莱斯大学超越传统边界(BTB)计划和奥本大学创新技术和工程教育实验室案例资料,整合提出面向真实工程世界的体验式教学的市场导向模式。市场导向模式通过高校与市场建立紧密联系,引进产业、企业项目,建立产学研紧密联系和合作,整合政产学研的各方资源,为学生搭建涵盖范围广泛、与现实世界联系紧密的体验平台,给予学生在市场环境中参与项目、解决实际问题的机会。

建设创新型国家的关键在教育、在人才,特别是在以企业为主体、以市场为导向、产学研结合的技术创新体系的建设,高等工程教育承担着十分重要的使命(张来斌,2009)。

5.2.1 里海大学一体化产品开发计划

里海大学,由实业家艾萨·帕克创校于 1865 年,是美国一所历史悠久的顶尖私立研究型院校,属于爱国者联盟盟校之一,除里海大学之外,该联盟还包括美国西点军校、麻省理工学院、美国海军学院在内的其他 12 个精英学府。这些学府的共同特点是规模小和高度精英化。里海大学一直以工科为重点,其工程学在全美享有盛名。学校不但配有先进的硬件设施,而且汇集了许多知名学者,极大地增强了工科的科研实力。

里海大学一体化产品开发计划(IPD 计划)是一个过程,让来自里海大学任何院系的学生与来自于现实世界的行业赞助项目的其他学科的学生一同工作。每个项目团队有一个顾问,并与一个行业导师一起,遵循一个成熟的过程。该过程开始于识别问题,并从那里开始形成一个商业机会。这个过程鼓励创新的思想,产生创造性的解决方案。该计划为社会、经济和个人提供制造、建造和测试领域的最佳解决方案。本科生可以花费两个或三个学期参与这个项目。随着2010 年创业、创造力和创新贝克研究所的成立,IPD 计划被并入一个全校范围内的创业活动中,其中包括创业辅修课程、技术创业的新计划和社会创业的新课程。

5.2.1.1 计划描述

里海大学的一体化产品开发计划(IPD)始于新产品开发的三大支柱:工程、商业和设计。里海大学没有工业设计计划,所以其创立了"设计艺术"部门。其目标在于:(1)培养毕业生具备在他们第一份现实工作中顺利解决问题的能力;(2)培养有创业意向的毕业生通过开发产品和创办公司为自己创造工作。高阶技能和企业家思维的开发变得日益重要。该计划培养的思维包括创新、创造力、多样化、跨学科性、全球化方向、道德行为、领导力和团队合作。

该计划中的 IPD 顾问、资深同行导师、教师和工作人员组成一个超过 30 个人的团队,通过产品开发过程指导新手团队,帮助每一个学生培养在当今的全球市场竞争所需的知识、创造力和企业家的心态。

里海大学每年提供十几门有关创业和社会企业的本科课程,以及十几门研究生阶段的课程。新的本科和研究生课程每年都在增加。课程是需要实际动手操作的,并且涉及与真正的企业家的互动和指导。几乎所有课程均是由经验丰富的企业家授课——在这里没有用不上的知识。

贝克研究所提供的本科生的课程设置涵盖了广泛的主题。如下所列是2013 年的课程列表:

- 创业导论
- 创意产业社区
- 软件风险投资
- 风险投资支持公司
- 社区艺术创业
- 企业精神和企业
- 创业中的性别问题
- 小企业和非营利企业中的决策
- 国际社会企业家
- 非营利管理
- 公益创业:如何改变世界
- 启动创业企业Ⅰ和Ⅱ
- 生命科学业务
- 创建/维持非营利
- 独立研究,专题和荣誉项目

研究生阶段提供的课程是较为综合的,并且有许多课程被包装为灵活的、短期的课程,这些课程模块被设计为可以与大学中任何研究生项目相契合。2013 年在研究生层面提供的创业课程包括如下一些。

- 商业计划一:战略思考
- 商业计划二:经营策略与实现
- 创业剖析:初创企业和成熟的公司
- 市场剖析:定位策略和销售策略
- 知识产权:管理与评估

● 执行企业审核:制定行业标准

● 流程和基础设施:生产和交货

● 新的合资企业组织:管理设计与治理

● 财务预测:制定备考财务报表

● 资助初创企业:寻求外部风险投资

● 建立信贷融资:基于资产和现金流预测

● 制定退出策略:概念和方法

● 综合体验/新创企业实习

● 里海硅谷计划

● 创业与创新

● 实验室到市场

● 特殊主题

5.2.1.2 项目管理

IPD 计划实施的流程包括 5 个阶段,如图 5-3 所示,在流程和数据管理方面并行工作。我们使用 Ulrich 和 Eppinger,以及 IDEO 的"deep dive"贯穿所有 5 个阶段。IPD 的工作人员与行业赞助商一起工作时,确定了以每个项目为契机的观念,并认为这些项目值得投入时间、精力和金钱。学生团队专注于阶段 2 和阶段 3 的学校课程中,同时规划阶段 4 和阶段 5,在公司项目中执行。

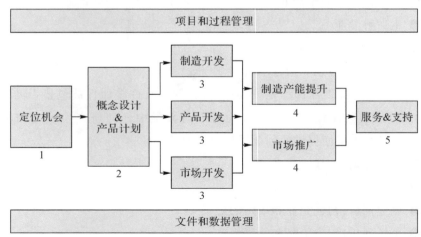

图 5-3 项目过程管理

公司以及个人投资于创新和全球制造业来产生收入,创造个人和社会财富时的投资回报率是大于任何其他选择的。这个过程需要全球供应商、制造商和客户提供全球视角,需要企业家来启动和引领这些企业,如图 5-4 所示。

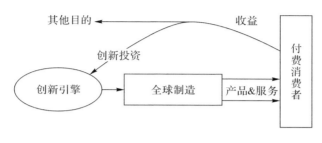

图 5-4　全球视角

5.2.1.3　计划实施成果

计划主要成果

IPD 计划已经被美国国家工程院接受成为真实世界经验的顶尖课程中的最佳计划之一。根据美国工程院的报告内容,完成两门 IPD 毕业设计课程的学生,应该能够识别和定义技术问题中关键的技术和商业成分;在一个广阔的全球商业和社会环境下,针对这些问题设计有效的解决方案;展示出对企业家思维的理解;参与并领导一个跨学科的产品开发团队;有效地通过书面、口头和图形演示方法进行沟通;解决产品开发中的美学和人体工程学的问题;阐明待开发的产品/流程的价值;设计、开发并评估技术和财务的可行性研究;管理人力和财务资源并在整个过程中适时合理运用分析、数字、虚拟或实体模型。我们期望完成该课程的学生在他们第一次被雇用时可以减少上岗培训时长,而据报道在没有 IPD 计划时这一培训需要花费两年的时间。

计划的互补与延伸

贝克研究所的 VENTURE Series 计划、里海硅谷计划(Lehigh Silicon Valley)、EUREKA! 系列学生竞赛等,与 IPD 计划互为补充,作为 IPD 计划的延伸,从培养创新能力向培养学生的创新、创业能力全方位发展。这些计划与课程相辅相成,组成一个有机的整体,提升学生的创业、创造和创新能力(见表 5-3)。

表 5-3　计划特点

计划名称	特点
VENTURE Series	制订商业计划 知识产权 创业营销 评估市场潜力和价值 种子阶段公司的融资 风险投资 IPO 和推出战略 新的风险组织和管理 创造产品和交付基础设施
里海硅谷计划 (Lehigh Silicon Valley)	进入硅谷学习,拓展视野 学习真实案例 学生与创业者、风投、设计者交流
EUREKA! 系列学生竞赛	每年举行 追求创新思维和可持续的商业模式 校友、教师和工作人员参与 帮助获奖者开展或扩大企业 学生发起和领导项目团队

5.2.1.4　案例小结

计划导向明确,重点突出

IPD 计划的目标设定明确,重点突出,对现实世界中所需要解决的问题有明确的认识,并在计划实施过程中重点培养学生解决现实世界问题所需要的各项能力(图 5-5)。IPD 计划包括以下几个原则:

● 创新是推动经济发展的引擎

● 创新的最佳机会出现在学科的交叉点

● 创新是一个最好在做中学的过程

● 体验式学习来自于让我们的学生参与由产业合作伙伴提供的真实世界的项目

● 所有的项目都需要具备 IPD 流程的全球视角

● 我们的行业代表包括赞助商建立的企业,当地的初创企业和学生的初创
  企业

● 应用创造性的过程和方法多样的跨学科团队有成功的最好机会

● 需要企业家来领导这些团队

● 里海大学提供了一个环境,让学生的创业精神得以蓬勃发展

其秉持的创新、做中学、体验式学习等理念与解决现实世界问题联系紧密,
能够有针对性地培养学生推进真实世界项目的能力。

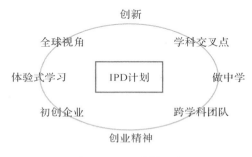

图 5-5 IPD 计划理念

项目导向,发挥各方优势

该计划整合各方资源,发挥所涉及的各个利益相关群体的优势和长处,并
为其提供一定的回馈。教师和贝克研究所的工作人员带来了丰富的经验、专业
领域知识的学习以及创业、创造和创新实践。他们是一个专门小组,拥有建立
创业、风险投资、技术商业化、交易经纪和技术管理、发明、知识产权保护、企业
家精神相关的背景。对参与计划的教师职员,给予一定的教学安排、资金支付
等方面的辅助和支持。其营利性的合作伙伴的一个主要目标是培养学生成为
有成就的新雇员,而政府机构支持里海大学的创业计划是为了促进经济发展。

可持续性分析

(1)经费支持

在计划开始之初,3 位教师用他们自己的时间和资源发起了 IPD 计划,在 4
年时间里,该计划吸引了 9 个资助者,为 20 个学生团队平均每个提供了 2500
美元。1998 年,里海大学校长将一个被废弃的校园建筑改为学生项目场所,再
加上校友提供了超过 450 万美元。1999 年该计划从学校预算中获得资助。资

金来源包括教师志愿者、大学预算、行业赞助商、校友、国会拨款、州立机构和基金会。

(2)激励政策支持

该计划主管获得了为期三年的可延期的任命且每年减免两门课的时间,并获得教学、助教和兼职支持性人员的酬金。为了确保计划是可延展、可持续的,IPD计划将计划和课程作为必修或选修课程构建到整个课程体系中。在学校对课程和计划的审批过程中,资助部门、学院和教务长必须把对教师和行政人员的支付纳入大学预算中。

5.2.2　莱斯大学超越传统边界(BTB)计划

莱斯大学创建于1800年,位于美国南方德克萨斯州休斯敦市郊,莱斯大学常年在权威的《美国新闻与世界报道》中排名全美综合大学前20位,在2021年全美排行榜中列第16位。学校的数十种专业广泛涉及各科学领域,以理科和工科最具特色,如太空学、天文学、计算机科学、物理学、化学、机械工程、电子工程、环境工程、材料学、统计学等。

莱斯360°研究所的超越传统边界计划(Beyond Traditional Borders,BTB)是一个跨学科的教育计划(表5-4)。该计划鼓励学生寻找当今世界最紧迫的医疗问题的解决方案,其目标在于培养新一代的全球卫生医疗领域的思想领袖。超越传统边界设计课程教导所有专业的本科生使用工程设计过程作为解决复杂医疗问题的框架,这些复杂问题是威慑人类健康的巨大挑战。通过课程、真实世界技术设计挑战、实习机会和外展计划,超越传统边界计划鼓励学生超越地理的和学科间的界限,通过设计和实施新的、合适的卫生医疗技术以理解、处理和解决发展中国家的健康问题。

5.2.2.1　计划描述

莱斯大学的莱斯360°研究所坐落于德克萨斯州休斯顿,致力于全球卫生医疗技术工作,与来自全球的团体一起设计和实施低成本的、高绩效的卫生医疗技术,以解决重大的全球卫生医疗挑战。莱斯360°研究所通过莱斯大学工学院、自然科学学院、社会科学学院和商学院共同支持莱斯大学各个院系的研究。

莱斯360°研究所已经因其超越传统边界计划受到广泛的认可,该计划的创新全球卫生医疗技术课程整合了高中生、本科生和研究生,这些课程关注在资源不足环境中解决医疗服务问题的技术能力和设计能力。莱斯 360°研究所的超越传统边界计划(表 5-4)鼓励学生参与由在资源不足的发展中国家工作的临床医生提出的设计挑战,解决全球存在的卫生医疗问题。学生将他们的想法付诸行动,开发和应用创新的、救生的全球卫生医疗技术。

表 5-4　莱斯大学超越传统边界计划

计划名称	目标	具体特点
超越传统边界计划	鼓励学生寻找当今世界最紧迫的医疗问题的解决方案 培养新一代的全球卫生医疗领域的思想领袖	跨学科 跨地域 全球性 卫生医疗技术领域 针对发展中国家健康问题 创新的全球卫生医疗技术

学生在跨学科的团队中工作并发展和实施应对挑战的技术,确定设计标准、设计解决方案、构建、测试和完善模型,展示多学科导师团队的工作。学生通过参与课程从而应对日益复杂的设计难题,发现有用的干预手段以改善全球的卫生医疗水平,提高人类的健康状况。

在发展中国家,出色的学生会在医院或门诊进行长期的暑期实习以施展他们的技术。在训练有素的医疗保健提供者的指导下,要求实习生完成以下内容:

● 医疗技术操作和收集反馈信息

● 开发和实现一个卫生保健问题的解决方案

● 确定一个可以被开发和实现解决方案的新挑战

美国的学术机构合作开发最初的课程并继续提供设计挑战和指导。在发展中国家的资源贫乏地区,医疗组织帮助识别设计挑战,指导学生,提供反馈和指导实习生。国外学术机构提供正式的研究机会。一项技术被授权给产业,其中包含学生们提出的 8 个专利,其中 3 个转换为实用新型专利或专利申请,学生们已经开发出用于 21 个国家的 58 项设计以照顾 45000 例患者。

5.2.2.2　项目管理

课程设置

莱斯 360°研究所与一系列院系合作,通过超越传统边界计划为莱斯大学的本科生提供了一个副修全球卫生技术（GLHT）领域内容的机会。这是一个独特的、多学科的计划，教育和训练学生达到学科边界和地理边界以理解和解决全球卫生医疗问题。

全球卫生技术（GLHT）副修要求完成五项核心课程。除了核心课程之外，学生必须完成一个科学/工程选修课，以及一个人文/社会科学的可选课程。

核心课程系列包括：

● GLHT201 全球健康环境生物工程

● GLHT360 全球卫生医疗的合理设计

● ANTH381 医学人类学

或者

PSYC370 人体工程系导论

或者

SOCI345 医疗社会学

或者

SOCI381 研究方法

或者

PSYC480 卫生医疗人文因素

或者

HEAL313 健康养生和教育基础

● GLHT451/452 全球健康设计挑战

GLHT201，PSYC370，SOCI381，ANTH381 and GLHT451 在每年秋季开设，GLHT360，PSYC480，SOCI345，HEAL313 and GLHT452 在每年春季开设。在学习顶层设计课程 GLHT451/452 之前，学生必须成功完成所有其他GLHT 课程副修核心课程要求，与此同时，选修课也能够同时进行。GLHT 副修可以在大三的时候开始。这些课程也可以作为他们主修专业的学分。

在选修课程方面，共有 6 个学分的选修课程，其中科学/工程课程 3 个学分，人文/社科课程 3 个学分。这些课程包括：

科学/工程选修课程

● BIOC324：微生物学和生物技术

● BIOC331：传染病生物学

- BIOC318：微生物学实验室模块
- BIOC372：免疫学
- BIOC450：病毒学
- BIOC460：癌症生物学
- BIOE498：微机电及医疗器械
- BIOC424：微生物学与生物技术
- BIOC447：实验生物学与医学的未来
- CEVE302：可持续设计
- CHBE281 工程可持续社团
- CHEM442：药物化学
- CHEM443：药物化学Ⅱ
- ELEC446：移动设备应用项目
- STAT280：应用统计初级
- STAT305：统计生物科学导论
- GLHT400：全球卫生科技独立研究
- GLHT401：GLHT 研究报告
- GLHT510：热带医学研讨会

人文/社会科学选修课程

- ANTH381：医学人类学
- ANTH443：种族与健康人类学
- ECON460：国际发展
- ECON450：世界经济和社会发展
- ECON481：卫生经济学
- ENGL273：医药及媒体
- ENGL386：医疗媒体艺术实验室
- ENST281：工程解决方案的可持续发展社区
- FSEM155：非洲的发明
- HEAL222：公共和社区卫生的原则
- HEAL313：健康促进基金会
- HEAL407：流行病学

- HEAL460：计划与健康促进与教育评价
- HEAL498：专题健康科学
- HIST231：非洲历史介绍
- HIST232：非洲历史介绍(1～3学分)
- HIST455：人权历史
- PHIL314：医学哲学
- PHIL336：医学伦理
- POST430：卫生政策的制定过程
- PSYC345：健康心理学
- PSYC409：人机交互方法
- PSYC480：医疗人为因素 ＊ CRN 21020(仅春学期开设)
- PSYC370：人为因素和人体工程学介绍
- RELI424：非洲宗教和政治
- SOCI280：贫穷、正义与人类的能力
- SOCI345：医疗社会学
- SOCI372：全球及地区社区人类发展
- SOCI381：研究方法
- SOCI406：基础人口统计资料技术
- SWGS322：贫困、性别与发展

国际实习

通过超越传统边界实习计划,让学生体会不同的生活、工作经验,并在资源相对贫乏的发展中国家实施自己设计的技术。同时,该计划主要包含以下几个目标:

- 在资源相对不足的环境中增进学生对于卫生医疗挑战的理解
- 激发学生对于合适的医疗卫生创新的理解,通过这些技术提升在资源不足环境下的医疗保健传递能力
- 允许学生获得未来技术设计的关键性反馈

通过八周在非洲和拉丁美洲的医疗卫生条件不足环境下的暑期实习,优秀的学生在导师的指导下实施他们的全球卫生医疗技术设计。实习生主要有三个目标:

● 实施他们的技术设计

● 完成一个由导师指定的项目

● 针对在实习地区遇到的挑战,识别、设计和实施一项解决方案

5.2.2.3　实施成果

该方案根据以下问题进行评估:(1)怎样的计划对学生而言在长期或短期中是有价值的? 学生、教师和国际合作伙伴对学生经历的看法是什么? 指标包括追求更高的教育或与科学/全球卫生技术相关的职业的学生数量和发展传播改善全球卫生技术的数量。调查中,学生的职业生涯路径、导师反馈、学生的焦点团体、学生的学习成果,以及当前和未来的设计影响都被用来进行评价。(2)在学生的成就和本科生未来的职业方向中,以项目为基础的课程、当地的研究经验、国际研究经验、国际实习、包含所有方法的计划中,相对有价值的是什么? 指标包括学生的经验值,在相关的研究和开发活动的持久性,在多个计划中的参与率和参与产生的出版物。课程讲师的评价、学生团队评估、退出时的问卷、校友调查、学生和教师、出版物检索、引文影响和通过外部评估委员的同行审查都被用来进行评价。

参加 BTB 项目的学生与其他项目的学生获得技能提升的比例:创造力(BTB60%,其他 28%);领导力(BTB78%,其他 44%);影响社会变革的能力(BTB60%,其他 40%);解决现实世界问题的能力(BTB94%,其他 76%)。一项调查表明,95% 的国际实习生计划想要在其职业生涯中包含全球卫生问题。该计划所培养的校友刚刚进入他们自己的职业生涯,但 4 个学生撰写的论文已发表在同行评审期刊并且学生团队已经赢得了 18 个竞赛奖。

5.2.2.4　案例小结

跨越传统边界

该计划的实施包含跨越传统边界,含学科边界和地理边界。在学科边界方面,允许对致力于为世界医疗卫生问题提供解决方案的各个专业的学生参与该项计划,并鼓励学生采用跨学科的知识、技能和方法解决实际问题。在地理边界方面,通过国际实习的方式,将学生送往发展中国家实际体验生活和工作经验,培养学生在资源不足环境中设计、实施医疗卫生解决方案的能力。

通过跨学科、跨越地理边界的方式,培养学生针对世界医疗卫生问题的设

计和实施解决方案的能力,整合各个学科、各个地域的优势资源,推进世界医疗卫生技术的发展和进步。

计划目标领域明确

莱斯大学跨越传统边界技术目标明确,即为致力于解决世界上最迫切的医疗问题。服务于该项目标,通过跨学科、跨地域的方法,整合各方资源,为学生提供医疗卫生领域相关的课程学习、国际实习机会,培养学生设计和解决问题的能力。该计划的目标清晰,定位明确,使得在课程设置、计划设置和实施方面更加具有针对性。

可持续性分析

(1)经费支持

该计划实施需要 220 万美元,时间超过 4 年。其本科科学教育计划的经费是由霍华德休斯医学研究所资助的。莱斯大学为实习员工提供员工薪酬及慈善基金支持,同时设计团队也获得了支持。目前,国际上的实习主要是补助资金支持;随着计划的不断推进,通过对实习和设计团队的慈善捐助,该计划正在稳步扩大。

(2)政策支持

该计划对实验场地、设备等均有一定的要求。学生在 Oshman 工程设计室进行研究,占地 12000 平方英尺,本科生可以在这里设计操作工具、原型装备、计算设施,使用会议室并且利用充足的空间进行样品的设计和研发。除了全球卫生技术,OEDK 支持设计项目涵盖各种各样的主题。超越传统边界计划在全球性卫生医疗技术中已经制度化。自 2006 年以来,超过 10% 的本科生已经加入其中。在少数核心课程的学生中,女性占 65%;未能涉足该领域的少数族裔占 18%。项目课程和支持设计团队工作的设施主要源于机构的支持。

5.2.3 奥本大学创新技术和工程教育实验室

奥本大学于 1856 年建校,位于阿拉巴马州的奥本大学城。奥本大学是南部的老牌名校,传统美国百强大学之一,尤其是它在文学、科学、数学、商业、教育和工程等学院都有很强的研究项目。奥本大学工程学院提供包括航空工程、生物工程、服装与纺织品工程、建筑工程、机械、电子与通信工程技术、机械工程、化学工程、土木工程等在内的各项专业。

创新技术和工程教育实验室（LITEE）是塞缪尔吉恩工学院（P. K. Raju 担任主任）和商学院（Chetan Sankar 担任联合主任）联合发起的，旨在本科生课堂上传播最先进的教学素材和战略的一种合作办学方式。在案例研究和动手项目中，LITEE 开发学生的决策能力、领导能力、交流能力和全面的问题解决能力，提供将技术技能应用于解决实际问题的机会，来强化工科学生的各项技能。

5.2.3.1　计划描述

创新技术和工程教育实验室（LITEE）通过美国国家科学基金会赞助建立。该实验室的目标主要包括以下几个方面：

- 为美国学生提供与学术合作伙伴一起的深入的研究经验
- 通过作为一个包括美国和印度的工科专业学生在内的国际研究小组成员，积累相关工程经验
- 为美国学生提供行业研究经验
- 为美国学术界提供机会，与印度的学术界和工业界的研究人员进行合作
- 向本科生介绍实验中令人兴奋的发现

该实验室包括四个小组工作站，每一组配备有显示器、电脑、无线键盘和无线鼠标，以及五个小组成员的位置。该计划提供给每个小组成员充分使用计算机的机会。实验室的存在是为了向学生展示所有小组成员为了同一个目标在一起工作的重要性。实验室也为课堂内展示提供了投影设备，同时也提供视频会议所需要的相关设备，使得在不同地区的小组成员能够同时进行在线会议并相互讨论。

除了校内资源的有效利用，该实验室也充分调动了国内和国际高校、企业的相关资源，以期为学生提供最有效、最真实的工程体验（见表 5-5）。

表 5-5　创新技术和工程教育实验室（LITEE）合作伙伴

合作伙伴来源	合作伙伴
国际学术合作伙伴	印度理工学院（IIT），印度马德拉斯 国家技术研究院（NIT），印度特利奇

续表

合作伙伴来源	合作伙伴
国际产业合作伙伴	拉森特博洛有限公司,印度 通用电气公司

创新技术和工程教育实验室与行业合作伙伴一起识别问题,并通过创建多媒体案例研究的方式把它带入课堂。来自机械工程系、管理学系、心理学系的教师与研究生和教育基金会、领导者、技术人员合作,共同创建案例研究,把它们运用在各系的课程中,并评估它们的有效性。每个案例研究都会在不同的机构通过不同的教师和学生进行教学和内容的测试。

5.2.3.2 项目管理

课程设置

创新技术和工程教育实验室的本科课程是相互独立的单元,其设计目的在于向大一新生和其他本科生介绍和展示,以增进其对于工程和商业领域的理论和实践的理解。这些课程通过案例研究增加学生作为真实世界中的工程师和商人的意识。课程主要包括:

● ENGR1110:工程导论
● MNGT3140:管理信息系统简介
● ENGR/ BUSI3520:集成业务和工程理论与实践

创新技术和工程教育实验室的研究生的课程是作为一个案例研究开发项目的序列。第一学期将介绍案例研究和开发工作。第二学期是实地考察过程,同学们通过积极与产业合作伙伴合作,共同开发问题,并将其变成一个多媒体的案例研究。

● MECH6970/ MNGT6960:指导研究/管理读物
● MECH7990/ MNGT7980:研究论文/ MMIS 项目

项目介绍

通过各种项目的推进,创新技术和工程教育实验室使得学生对于工程原则能够产生更深入的理解。

本科课程在工程教育的第一年开始进行设计项目。通过这些项目培养学生工程专业基本技能,并鼓励他们尝试在导师设定的参数范围内开展设计和施工。

研究生课程项目建立在学生从他们的本科教育带来的专业知识的基础上。在这个层面上,学生介绍创建一个案例研究,可以实际应用到工程理论的原理。他们的项目案例研究本身,建立在设计/建设原则和工程理论相结合的基础上,并实际应用这些理论。

教师支持系统

参与创新技术和工程教育实验室的教师能够在教师支持系统(Instructor Support System,ISS)中获得支持。

教师支持系统提供链接到特定的案例分析、相关的帮助主题,并链接到其他教师的论文和项目,无论教师在哪里教授课程,系统均提供给所有教师实施参考框架。该系统还允许教师在全国和世界范围内分享自己的论文、学生的工作成果,以及案例研究的评估。搜索功能允许教师的个案研究被用于各种不同的领域。这使教师更好地规划自己的实施案例研究。

5.2.3.3　实施成果

截至 2012 年的调查结果显示,已有 18 个案例完成开发,并在全美 60 所学院和大学使用,通过这个项目,教师们被选中在他们的教室中进行案例研究的测试并公布结果,超过 1 万名工程教育的学生受到影响。此外,LITEE 还举办研讨会,为超过 1000 名教师和讲师提供亲身的案例经历以帮助他们更好地使用这些案例。

该实验室的教学战略期望能够提高学生的工程自我效能感,或者提高他们对于工程能力的信心,这能帮助他们在课堂上有更好的表现,同时增加工科学生的保留率。同时,还预期能够提升学生对于他们自己的高层次认知和团队工作技能的意识。最后,还希望能够提升学生的成绩。最后的结果充分显示那些通过学习创新技术和工程教育实验室案例研究的学生,尤其是女学生和少数族裔学生的高层次的认知能力和团队工作技能,以及继续留在工程计划里的意愿都得到了显著提升。

纵向评估也表明,这些群体中的学生倾向于拥有更高的大学成绩绩点。这些结果都表明工科学生采用的 LITEE 课程能够帮助学生在工程领域中学习和进步。此外,报告表明,此前参与了 LITEE 课程开发并且现在正在该行业中工作的研究生和本科生的人际交往能力、书面沟通能力、演讲能力、领导能力、团队合作能力、项目管理能力都得到了提高(见表 5-6)。

表 5-6　创新技术和工程教育实验室主要成果

实施机构	主要成果
创新技术和工程教育实验室	案例开发完成 提升学生的工程自我效能感 提升学生的高层次认知 提升学生团队工作意识 提升学生成绩

5.2.3.4　案例小结

与国际学术界、产业界合作

该计划积极与国际学术界和产业界的合作伙伴合作,其中包括通用电气公司,为学生提供国际化的、第一手的工程实践经验。合作伙伴包括印度理工学院、通用电气公司等研究院和企业,通过产学研的方式为学生提供与真实世界工程平台相关的学习和工作经验。

教师支持系统

通过教师支持系统,提供快速搜索案例和项目的服务,并加强教师们在创新技术和工程教育方面的成果的共享。该系统提供链接到特定的案例分析、相关的帮助主题,并链接到其他教师的论文和项目,为教学和研究工作提供支持。

可持续性分析

该计划已经得到美国国家科学基金会和行业的资助。大约 350 万美元被用于设计、开发和实施该计划。LITEE 团队同样也培养博士生、硕士生和本科生进行工程教育研究工作。到目前为止,该团队已经培养了超过 80 个本科生、40 个硕士生和 8 个博士生。该计划还获得了美国国家科学基金会为期 5 年总额 300 万美元的 IGERT 奖金,用于拓展课程,教授研究生现实世界中的问题。

除了校内场地、设备和人员方面的支持外,实验室也获得了来自国际学术界和产业界的支持。LITEE 也与一个名为 Toolwire 的私人公司合作,开发基于多媒体案例研究的植入式情景。为了提升 STEM 的教育的学术研究并传播其研究成果,LITEE 出版了 STEM 教育刊物《创新和研究》(*Journal of STEM Education*,www.jstem.org)。这本期刊以提供高质量的案例研究和展示最新的 STEM 教育研究的研究文章为特色。

5.2.4　市场导向模式特点总结

市场导向模式案例特点总结见表 5-7。

表 5-7　市场导向模式案例特点总结

计划名称	实施高校	特点
一体化产品开发计划	里海大学	● 计划导向明确,重点突出,作为学生的毕业设计方案 ● 项目导向,整合来自产业界、学术界的各项资源 ● 项目经费来源广泛,资金来源包括教师志愿者、大学预算、行业赞助商、校友、国会拨款、州立机构和基金会 ● 为参与计划的教职工提供政策激励
超越传统边界(BTB)计划	莱斯大学	● 跨越传统边界(包括学科边界和地理边界)的项目团队 ● 致力于解决世界上最迫切的医疗问题
创新技术和工程教育实验室	奥本大学	● 与国际学术界、产业界合作 ● 教师支持系统

市场导向模式特点总结:(1)密切联系产业。通过与产业、企业的紧密联系,搭建体验式工程教育平台。(2)关注最新问题。致力于解决产业、企业面临的最新的、迫切的各项问题。(3)强调经费保障。该类项目的经费多源于产业和企业的支持。

5.3 模拟实践模式

经过半个多世纪的发展,仿真模拟技术已经成为对人类社会发展进步具有重要影响的一门综合性技术学科。伴随着仿真模拟技术的不断成熟,仿真模拟应用领域更加丰富,向复杂系统科学领域发展(杨明,2004),并快速渗透进入工程领域,成为工程教育和工程实践中不可缺少的重要部分。

本章通过介绍宾夕法尼亚州立大学学习工厂模式和威斯康星大学麦迪逊分校 Nephrotex 虚拟实习模式的案例,总结提炼出面向真实工程世界的体验式教学的模拟实践模式,通过采用模拟实际工程环境和计算机仿真工具,为学生提供智能化趋势下的工程情景体验和工程工具学习。

模拟实践模式关注于通过模拟和仿真的方式,基于虚拟实验室的实验体系结构和教学活动多元化培养模式的实施方法(陈萍 et al.,2011),为学生营造接近真实世界的工程项目环境。

5.3.1 宾夕法尼亚州立大学学习工厂模式

宾夕法尼亚州立大学(The Pennsylvania State University,缩写 PSU)是位于美国宾夕法尼亚州的一所世界著名的公立大学,它在宾州全境有 24 个校区,其中最大的是主校区帕克(University Park)。它是美国的优秀公立大学之一,也是美国大型的高等学府之一。

宾夕法尼亚州立大学主校区一共有 14 个学院,拥有超过 170 个专业。其工程学院由老校长乔治·亚瑟顿创建于 1896 年,拥有 13 个系,9700 名学生,每年有 10 亿美元的经费,是世界顶尖的工程学院之一,也是最热门的学院之一,被誉为工程师的摇篮。工学院提供的专业包括:空气动力学、航天工程、土木工程、生物工程、生命工程、化学工程、建筑工程、计算机工程、计算机科学、电子工程、电子机械科技、工程科学、大众工程学、工业工程、机械工程、核物理工程等。

宾夕法尼亚州立大学学习工厂模式,通过全球和跨学院团队为毕业设计项目融入真实世界体验。学习工厂有两种毕业设计方案:(1)与全球的工程师合作,以模拟分散式的跨国公司项目团队的运作;(2)与工程领域外的学生合作,以模拟工业中存在的广泛的、跨学科的合作。自 1995 年成立以来,学习工厂已经为 500 多位赞助商完成了超过 1800 个项目,大学主校区已经有将近 9000 名工科专业学生参与了该计划。该计划设计的方案旨在将真实世界引入课堂,通过企业赞助和基于客户端的顶层设计项目为工程专业的学生提供实际动手经验。

5.3.1.1　计划描述

毕业设计方案

宾夕法尼亚州立大学学习工厂有全球项目和跨学院项目两种毕业设计方案。其特点如表 5-7 所示。全球项目的目标是:(1)理解工程在全球、经济、环境和社会背景下的影响;(2)理解文化/道德的差异并形成与不同文化背景成员一起和谐工作的能力;(3)在跨国团队中有效运作;(4)在全球化背景下的语言交流;(5)在全球范围内组织和传递沟通。跨学院项目的目标是:(1)在多学科成员组成的团队中有效运作;(2)与工程师以外的人进行沟通;(3)通过融合多个学科的创造力开发出创新性的解决方案;(4)在技术上的工程问题以外融入设计要素;(5)增加对其他学科的设计视角和方法的了解。

表 5-7　宾夕法尼亚州立大学学习工厂两种毕业设计方案

毕业设计方案	特点
全球项目	工程的全球化视野 文化/道德的差异 跨国团队 全球化背景下的语言交流 全球范围的组织和信息传递
跨学院项目	多学科成员团队 与非工程师人员的沟通 创新性解决方案 跨学科的视角和方法

毕业设计项目

宾夕法尼亚州立大学的工程师都是严格的工程基础和实践教育的产物,在美国和世界各地的公司中备受追捧。基于行业的设计项目为工程专业的学生提供机会以运用他们的技术知识去解决实际问题。在实践中帮助学生接触技术要求、潜在隐患,并了解职业工程师的职业期望,通过实践经历进而弥补他们的学术和职业生涯之间的差距。

学习工厂每年在工学院中帮助配合来自产业赞助者和专业客户的 150 个顶层设计项目。这些项目在以下方面满足顶层设计的需要:

- 农业/生物工程
- 生物工程
- 化学工程
- 计算机科学与工程
- 电气工程
- 工程科学与力学
- 能源工程
- 工业工程
- 材料科学与工程
- 机械与核工程

学习工厂也一直在与航空航天、建筑和土木工程业界探讨,以寻找合适的方式来支持他们的顶层设计方案和工程设计项目的行业协作。

每年,宾夕法尼亚州立大学工程学院有将近 1500 位专业工程师毕业于十几个学科。而现在,由于学校的行业赞助商和客户的参与,其中一半以上通过学习工厂体验动手操作的顶层设计项目。

5.3.1.2 项目管理

计划实施过程

学习工厂的各项教学工作计划是由教师部门制订,项目的分配是通过学习工厂和部门项目协调员进行协调。在毕业设计部分,教师有代表性地指导 5~7 个项目。顶层设计部分根据院系不同略有差异,但一个典型的学期至少包括以下内容。

第 1 周:与学生相见并审阅自己的部分项目;出席项目启动;与其他教练会面,根据学生的喜好分配学生的团队。

第 2 周:将项目分配给项目团队;团队与赞助商沟通,安排初次现场访问。

第2～4周：小组进行初步实地考察；细化项目需求和交付要求；开始讨论形成可能的解决方案。

第5～6周：团队准备工作声明（Statement of Work）；审查、修改，并提交给赞助商。

第7～9周：团队继续项目工作：收集数据、CAD建模、原型设计、分析等。

第10～11周：团队准备详细说明报告（Detailed Specification Report）；进行审查、修改，并提交给赞助商。

第11～12周：团队提供原型进行审查。

第12～14周：团队继续项目工作：设计、制造、装配、测试、验证等。

第14～15周：小组项目接近尾声，准备最终报告、海报，进行总结并参加设计成果展示。

团队管理

项目团队通常是4～5个学生，但他们可以根据项目进行调节，该项目的任务要求尽可能基于学生绩效，并通过与其他教练的合作来完成。

在团队组织方面，建议每一个团队成员承担以下角色之一。

联系点：此人协调与赞助商的所有通信；

会议记录：此人记录会议纪要；

笔记本主办单位：此人保存团队的笔记本电脑（电子或纸质）；

预算：此人跟踪团队的项目费用；

计划：此人更新甘特图和维护团队的日程安排。

团队鼓励经常开会，并与他们的导师每周举行会议。与导师进行会议时，以每周进度报告和更新的甘特图来跟踪团队的进展是有帮助的。这些信息也应定期与赞助商共享。

一旦团队形成，就需要保持与团队赞助商的定期沟通。建议在团队中指派一人担任公司和团队之间的联络人——以使得团队得到更及时的来自赞助商的回应。此外，一定要保持简单而直接的沟通——因为赞助商在这个项目之外还有自己的固定工作。

成果交付

每个小组都有具体的可交付的成果（例如：分析、仿真模型、工作原型、硬件、测试结果),通过电话会议或现场访问与项目赞助商进行确认。一般建议团队和赞助商在学期初签署一份交付项目协议书,使每个人都清楚这个项目的期望。

每个团队都向他们的教练报告需求,这通常包括工作的声明(即一个项目的建议书)、详细规范报告和最终报告的要求。

团队通常也需要在学期期间进行两个口头报告。第一次专题介绍会在学期过去 1/3 的时候进行,涵盖了项目建议书(也就是你的团队计划做什么)。第二次汇报是在学期结束时,最终团队报告。团队还应该锻炼项目综述能力与"电梯演讲"能力,他们将在设计过程中向行业的赞助商、教师和其他学生展示。

在学期结束时,学习工厂需要获得的副本包括:

● 最终项目报告(WORD 和 PDF),作为备份的文件,以便将来参考
● 单页的项目概括总结(WORD 和 PDF),介绍过去的项目
● 最终项目海报(以便未来展示),纵向,32×40 的大小(PPT 和 PDF)

这些都必须下载到 CD(而不是 DVD),并直接递交给毕业项目模块的总负责人。学生有责任向导师和赞助商提交所有文件,以便反馈、分级和评价。

5.3.1.3 计划实施成果

计划实施成果

学习工厂运作以来,累计已完成了超过 1800 个项目,每年宾夕法尼亚州立大学工程学院毕业的将近 1500 位专业工程师中,一半以上通过了学习工厂体验动手操作的顶层设计项目。同时,由于其在工程人才培养方面的优异表现,获得了来自美国国家工程院、皇家工程院等机构的肯定。

2006 年,学习工厂因其在工程教育领域的创新,被授予美国国家工程院金奖。学习工厂帮助来自各个学科的学生团队通过与产业合作,合作与交流发展工程领导能力,以解决现实世界的问题。2009 年春,来自韩国顶尖的 9 所大学的 11 位院长和系主任来到宾夕法尼亚州立大学进行了为期 2 天的访问,了解学习工厂和其顶层设计方案。同一年,接待了来自法国、克罗地亚和西班牙的访问者。2012 年,获选皇家工程院和 MIT 认可的在工程教育领域表现卓越的 6 个世界范围内的计划之一,并被 NAE 评选为将真实世界体验融入课程的最佳实践之一。

计划评估

学习工厂各项技术项目和专业成果由指导教师评价,行业反馈用于评价项目成果。跨文化和沟通方面是通过团队观察、面谈和一个专门准备的评估工具进行评价。跨学院项目中的跨学科互动是通过调查和小组访谈进行评价的。

该计划预期的效果是学生满足一次工程毕业设计经历的所有技术要求,全球团队和跨学科团队要与本地合作,并且与单一的工程团队相比处于同等水平或表现更好。目前已经从全球团队和跨学科团队中观察到生产率的大幅提高,其中全球团队利用时差营造了一个 24 小时的工作日。而跨学科团队采用了更大规模的团队,还观察到了文化和学科差异意识的增强以及沟通技能的提高。随后进入工作的学生们注意到这些经历帮助他们为在一个分布在全球的、跨文化的企业环境下工作做好了准备,很多工科专业学生对于为创业者或当地新创办的企业工作,表现出越来越浓厚的兴趣。跨学院的合作关系促使创业者和新创办企业的聘用人数增加了 5 倍,因为业内合作者可以从一个单独的毕业项目中获得多种成果。

5.3.1.4 个案小结

产学研合作整合优势资源

学习工厂提供了产学研合作的关系,如图5-6所示,其中在学生设计的项目中受益的工业客户和行业的赞助商与师生互动,帮助学校打造世界一流的工程师,并使得宾夕法尼亚州立大学的工程教育效果有了显著的提升。

工科学生的团队通过解决实际工业客户遇到的问题,要求学生运用本科教育中获得的知识和工具,帮助解决实际工程问题。项目涉及工程的一个或多个学科,同时现在也尝试在适当的时候在商务、信息科学与技术(IST)等领域与工程专业的学生合作。商学院的学生已经成功地帮助一些小型企业合作伙伴制订了真正的商业计划,同时作为计划的一部分,IST 学生帮助企业解决了一些 IT 相关问题(如数据管理、访问、安全性)。自学习工厂 1995 年成立以来,1800多个这样的项目已经完成,涉及近 9000 名学生。学习工厂提供了一个独特的赞助商与宾夕法尼亚州立大学的合作机会,以帮助教育部门采用先进设备、最先进的设施、设计、原型和培养下一代世界级工程师。

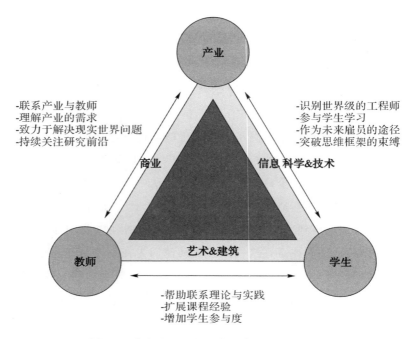

图 5-6　宾夕法尼亚州立大学产学研合作形式

IAB 指导和监督项目进程

产业参与是学习工厂成功必不可少的一环。该计划的设施和课程的发展一直接受工业咨询委员会（Industry Advisory Board，IAB）的指导和监督，如图 5-7 所示。委员会的成员来自不同的行业，并且都慷慨地贡献了他们的时

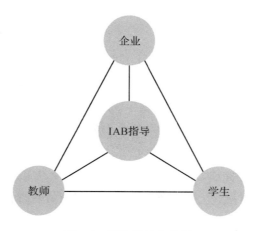

图 5-7　IAB 指导和监督

间、金钱、设备，对学生进行指导，并给导师和学生提供了就业机会，使这个项目获得成功。

跨学科、全球化团队

学习工厂两种毕业设计方案中，一种涉及多学科成员组成的团队，另一种涉及全球化团队的沟通、组织与管理。具备多元学科背景的团队组成，要求团队成员能够充分认识自身学科背景的优势与不足，在组建团队时有意识地与其他成员形成互补，发挥各自学科领域的优势。在全球化团队中，要求团队成员能够理解文化差异，与来自不同文化背景的成员共同工作，对学生的团队沟通与交流能力提出了更高的要求。

可持续性分析

(1)经费支持

该项目的经费主要源自产业支持，如果没有来自产业的合作伙伴和赞助商的支持，学习工厂和毕业设计项目不会取得今天这样的成功。Bernard M. Gordon、Andy 和 Katherine Kartalis 等人的赞助使得学习工厂得以扩建。该计划取得赞助的主要方式有：

● 支持设计展示和项目启动(1500 美元或更多)

● 赞助一项高级的毕业设计项目(3000 美元)

● 成为产业合作伙伴的冠名赞助者(3000 美元)

● 为用于学习工厂的材料、设备等提供捐赠(5000＋美元)

● 直接捐赠用于学习工厂建设的材料和设备

● 通过成为产业咨询委员会(IAB)的一员来贡献你的时间和精力

赞助者向工学院捐赠 3000 美元作为项目管理费，一些项目可能由于赞助者对于知识产权和保密性的需要产生额外的费用。行业赞助涵盖了项目费用、助教支持、学生奖励、活动、维护协议和设备保养。每个团队从赞助中获得 1000 美元作为启动资金。捐赠经费中的 500 美元涵盖了邮寄等各项事件的开支，余下的 1500 美元返回管理项目的院系以用于指导和教学开支。

(2)政策保障

对于跨学院项目，学习工厂会协调教职人员的学术时间以帮助建立合作关系。莱昂哈德中心和工学院提供了最初的支持，国家科学基金会在全球团队评估中资助了跨学科设计工作室和正在进行的研究。院系提供指导教师,工学院提供两个全职行政职位和一个主管。

计划要求在系和学院层面进行评估。每年学习工厂的主管与行业咨询委员会一起对计划评审三次;向行业赞助商征求两次反馈意见;每年与毕业设计的指导者和教师碰 2～3 次面,对计划和个别的课程做出评审;定期与主管学术事务的副院长会面以审核计划的成果、空间需求、行政支持财务;每半年与院系领导一起审查财务。教师、行政人员和行业合作者在教育和组织上的共同发展对于确保这些项目的可持续性是至关重要的。

学校还调整了课程设置和课程表,并形成了为人事、监督和学生团队运作服务的后勤部门。产业合作者也被吸收进来提供项目,参加每周的可视/电话会议、主持实地考察、评估报告和展示并给团队提供反馈。跨国公司欣然接受全球项目,其中很多公司密切注视着这些活动以调整他们在全球各地团队的分布。

5.3.2　威斯康星大学麦迪逊分校:Nephrotex 虚拟实习

威斯康星大学麦迪逊分校创建于 1848 年,位于美国威斯康星州首府麦迪逊,是美国顶级的公立研究型大学,也是世界上最负盛名的公立大学之一。该校是威斯康星大学系统的旗帜性学校,是美国大学协会的创始会员之一,也是美国知名的十大联盟的创始成员之一,被誉为"公立常春藤"。威斯康星大学麦迪逊分校下属 21 个学院,除了传统的文理学院、工程学院、商学院、法学院、医学院外,它还设有音乐学院、护理学院和药学院。文理学院由 39 个系和 5 个职业部门组成,涵盖了文学、人类科学、自然科学生物和社会科学等领域。

威斯康星大学麦迪逊分校 Nephrotex 虚拟实习可以归类为求知的游戏——专业实践的计算机模拟。Nephrotex 的主要目标是:(1)提供一个可选择的大一学年计划,模拟真实工程实践;(2)让学生有机会参加工程设计和复杂问题的解决;(3)激发学生,尤其是女性和未被充分代表的少数群体继续在工程领域深造。

5.3.2.1　计划描述

该计划第一年,学生在虚拟的医疗设备公司发挥实习人员的作用并参与复杂问题的解决。教师和教学助理作为公司雇员来发挥作用。要求学生通过短期的分配来学习更多有关公司、雇员、使命、愿景和历史的知识,这种短期的分配需要学生去搜索 Nephrotex 网站包括创建工作人员的页面。学生经历了两个完整的工程设计－建立－测试的周期,必须在他们实习结束时选择最后的最优原型并通过在他们的数字工程笔记本中撰写报告来证明他们的设计决策。学生必须设法满足公司内部利益相关者,这些人有价值观冲突,这就给问题设计增加了额外的复杂性。事实上,模拟设计不允许学生创建能满足所有利益相关者需求的设备。因此,每个学生单独证明他们的设计选择并解释为什么他(她)选择满足某些利益相关者的需求而不是其他。除了设计练习的结构和模拟的专业环境外,在线模拟意味着可以在广泛的机构类型内访问大小型、非传统或扩展类课程。来自工学院和教育学院的教师、研究生和本科生都参与到发展、构建和测试这个项目。这个项目共同的学术带头人是一位来自生物医学工程系的教授和一位来自教育心理学部(学习科学领域)的教授。工程物理的两名本科生和生物医学的两名本科生以及学习科学的两名本科生都参与到了此计划的制定和实施。机械工程的教授也协助了最初的实施工作。该计划的主要特点如表 5-8 所示。

表 5-8　威斯康星大学麦迪逊分校 Nephrotex 虚拟实习计划特点

计划名称	计划特点
Nephrotex 虚拟实习	模拟真实工程实践 提供给学生参加工程设计和解决复杂问题的机会 虚拟实习 设法满足利益相关者

5.3.2.2　项目管理

在 Nephrotex 虚拟实习中,学生在一个虚构的生物医学工程设计公司中发挥作用。分配给实习生的首要任务是发展一种新型的基于纳米技术的膜用于肾透析系统。学生需检视复习内部技术资料,进行背景调查,并检查实验数据研究报告。通过这些任务,学生能够根据他们的研究假设,测试这些假设在所提供的设计空间的结果,然后对结果进行分析,同时进行独立和团队工作。

所有活动都在网上进行,学生可以登录并使用任何计算机或平板电脑上网。通过内置聊天和电子邮件进行沟通,并记录他们的活动。

学生被要求与熟知公司内部情况,并了解设计项目的内部顾问们建立联系。这些顾问的价值具有不同的性能指标,例如,临床工程师感兴趣的是生物相容性,制造工程师关注可靠性和成本。实习期间的最后日子里,实习生应明确自己的最终设计。

5.3.2.3 预期及实际成果

在第一年的课程中,学生需选两个为期半年的模块对某一工程主题进行深入学习,Nephrotex 是其中之一,另一模型则包含团队合作,协同解决工程项目等议题,但不包括工程设计方面的训练。我们期望 Nephrotex 的学生在学习工程内容的同时,将更主动地从事于、更积极地看待工程,并且相比于其他模块中的学生对工程师在做什么有更好的了解。我们期望这种增加对女性赋予更多意义。2010 年秋的数据为 Nephrotex 提供正面反馈。Nephrotex 的所有学生都表现出在工程知识方面的巨大收获,这些知识与构成 Nephrotex 的设计任务相关。

Nephrotex 中的女性与对照组中的女性相比,更加积极看待工程职业性进步。数据显示,学生越多地参与到 Nephrotex 复杂的工程设计讨论中,他们就越可能表现对于工程的积极心态。

5.3.3.4 案例小结

通过虚拟平台提供实习经验

该计划通过虚拟平台向学生提供相关的实习经验,模拟真实工程实践。通过模拟实践的方式,使大一学生对于工程项目实践能够有初步的理解,培养其今后解决现实世界工程问题的能力。

可持续性分析

初始资金是由国家科学基金会资助的 50 万美元。计划的成本包括支付给本科生和研究生的薪金、差旅、材料、生活用品和出版费用。我们正在探索与其他的学术机构以及潜在的行业合作伙伴匹配的想法。

5.3.3 实践模拟模式特点总结

实践模拟模式特点总结见表 5-9。

表 5-9　实践模拟模式案例特点总结

计划名称	实施高校	特点
学习工厂模式	宾夕法尼亚州立大学	● 产学研合作为计划的实施提供保障 ● 以项目导向形式,组建跨学科、全球化团队 ● 行业赞助渠道畅通 ● 形成为人事、监督和学生团队运作服务的后勤部门
Nephrotex 虚拟实习	威斯康星大学麦迪逊分校	通过虚拟平台提供实习经验

实践模拟模式特点总结:(1)模拟仿真平台搭建。通过搭建模拟仿真平台,为学生提供贴近真实工程项目的情境体验,包括社会情境、技术情境等各个层面。(2)跨区域团队合作。通过互联网等方式连接不同区域的项目团队成员,协作解决工程项目问题。

5.4　本章小结

5.4.1　模式与特征

综合工程教育是继"技术范式"时期和"科学范式"时期之后,回归工程浪潮中的重要开拓创新。自大 E 工程观与整体工程观提出以来,许多院校都进行了"回归工程"的改革探索,开始重新关注实践性在工程教育中的重要性,力图达到"理论与实践的综合"。美国工程院 2012 年的报告《将真实世界体验融入工程教育》(*Infusing Real World Experiences into Engineering Education*)从被提名的、分布在全国各地的 73 所公立和私立大学以及学院的 89 个计划中,评选出了 29 个已经成功地将现实世界的体验融入工程或工程技术学本科教育的计划。

本报告从大 E 工程观与整体工程观的视角出发,综合考虑工程教育实践性、整合性和创造型的特点,中国特色情景等因素,选取了其中 7 个计划进行了更为细致和深入的案例研究。这些计划均关注于为学生提供现实世界体验,在学习阶段积累解决现实世界问题的能力,但同时各个计划也具有各自不同的侧重点和关注点,也采用了不同的实现形式。如:宾夕法尼亚州立大学学习工厂模式以产学研合作为推动计划持续进行的重要方法,以组织项目的形式鼓励学生组建跨学科团队,在完成项目的同时体验现实世界。而里海大学一体化产品开发计划则将项目成果作为学生毕业设计的一部分来进行评估。也有一些计划关注于某些特定的领域,如:莱斯大学超越传统边界(BTB)计划致力于解决世界上最迫切的医疗问题,杜克大学 NAE"大挑战"学者计划则关注于美国工程院提出的工程大挑战的探索。一些计划针对大一的新生,为他们提供体验和了解现实世界体验的途径和平台,如伍斯特理工学院重大问题研讨会;也有计划贯穿于整个本科的学习过程,如杜克大学 NAE"大挑战"学者计划。

所有这些计划都具有各自特色的关注领域、实现形式、项目过程管理以及对成果的要求。但同时这些计划也具有一些明显的整体特点,在本报告的政策建议部分将基于这些特点提出一些将现实世界体验融入工程教育的建议。

通过对各个案例的特点和特色进行梳理,整理出了表 5-10,用以描述所整理的各个案例在搭建现实世界工程教育平台方面的主要特点。

表 5-10　现实世界工程教育平台模式与特征

计划名称	实施高校	特点
学习工厂模式	宾夕法尼亚州立大学	● 产学研合作为计划的实施提供保障 ● 以项目导向形式,组建跨学科、全球化团队 ● 行业赞助渠道畅通 ● 形成为人事、监督和学生团队运作服务的后勤部门
一体化产品开发计划	里海大学	● 计划导向明确,重点突出,作为学生的毕业设计方案 ● 项目导向,整合来自产业界、学术界的各项资源 ● 项目经费来源广泛,资金来源包括:教师志愿者、大学预算、行业赞助商、校友、国会拨款、州立机构和基金会 ● 为参与计划的教职工提供政策激励

续表

计划名称	实施高校	特点
NAE"大挑战"学者计划	杜克大学	● 计划面向学生对象广泛 ● 强调工程类与非工程类课程的整合 ● 大挑战学术指导委员会每年对该项目进行审查
超越传统边界(BTB)计划	莱斯大学	● 跨越传统边界,包括学科边界和地理边界的项目团队 ● 致力于解决世界上最迫切的医疗问题
创新技术和工程教育实验室	奥本大学	● 与国际学术界、产业界合作 ● 教师支持系统
重大问题研讨会	伍斯特理工学院	● 关注时事问题、社会问题和人类需求
Nephrotex 虚拟实习	威斯康星大学麦迪逊分校	● 通过虚拟平台提供实习经验

5.4.2　经验与启示

在综合梳理、分析各个高校案例的基础上,归纳、总结各个高校成功开展将现实世界体验融入工程教育的经验和特征,分析这些计划在运作流程、保障体系等方面的特点。在总结的基础之上,尝试提出结合中国工程教育情景、更有针对性的政策建议。根据案例研究,提炼出如下成功开展现实世界体验融入工程教育计划的经验和特点。

(1)明确项目导向形式

在案例研究中发现,几乎所有将现实世界体验融入工程教育的计划均采用了项目导向的形式进行。采用项目导向的形式,其优势在于:使得培养形式更加灵活,能够加强跨学科、跨地域的交流与沟通,并培养学生发现现实问题、提供解决方案的能力。

在项目导向的形式下,学生能够在原属学科中继续学习,同时依据自己的兴趣和能力,参与到现实世界体验的相关计划中来。一些计划将其进行的项目作为学生毕业设计的一部分,如宾夕法尼亚州立大学学习工厂模式;也有一些学校将提供现实世界体验的计划作为副修的跨学科教育计划,如莱斯大学超越传统边界(BTB)计划;还有一些计划提供跨学科团队合作完成项目的机会,如里海大学一体化产品开发计划。这些计划均采用灵活的项目导向形式,以项目为核心整合各方资源。

符合计划要求的学生,能够根据自己的目标和精力分配,选择是否参与到计划中。且由于其项目导向的形式,允许各个学科背景的学生参与到计划中,因此产生了跨学科、跨地域的项目团队。学生通过在这样的项目团队中学习和工作,有效地提升自己的交流沟通能力,提升与来自不同学科背景、不同文化背景的团队成员共同工作的能力。同时,通过项目经历,提供给学生现实世界的工程体验,培养学生解决现实问题的能力。

(2)产学研共同参与、协同治理

从已有的案例分析来看,整合政产学研的各方资源,为学生搭建涵盖范围广泛、与现实世界联系紧密的体验平台。比如,宾夕法尼亚州立大学学习工厂提供了产学研合作的关系,其中在学生设计的项目中受益的工业客户和行业的赞助商与师生互动,帮助学校打造世界一流的工程师,并使得宾夕法尼亚州立大学的工程教育效果有了显著的提升。该计划充分调动产业界的资源,联系产业与教师、学生,通过交流与合作,帮助学生理解产业需求,致力于解决现实世界问题。工科学生的团队通过解决实际工业客户遇到的问题,要求学生运用本科教育中获得的知识和工具,帮助解决实际工程问题。学生则能够在参与学习的同时,有机会突破思维框架的束缚,参与现实世界工程项目,将理论与实践有效地结合起来。

将现实世界体验融入工程教育单单依靠学校的资源是不够的,必须要与实践结合起来,而产学研的共同参与、有效融合、协同治理,正是达成这一目标的有效方式。宾夕法尼亚州立大学学习工厂计划在产学研共同参与的基础上,接受工业咨询委员会(Industry Advisory Board,IAB)的指导和监督。委员会的成员来自不同的行业,并且都慷慨地贡献了他们的时间、金钱、设备,对学生进行指导,并提供给导师和学生就业机会,使这个项目获得成功。通过工业咨询委员会引导学生更高效地完成项目。

通过产学研共同参与、协同治理的方式,使得学生不仅仅局限于高校范围内的资源,而能够参与到产业中体验第一手的工程经验,帮助学生培养识别现实世界问题并提供相应的解决方案的能力。

（3）基于整合科学的项目设计

莱斯大学超越传统边界（BTB）计划、杜克大学 NAE"大挑战"学者计划等计划均贯彻了明确的问题导向模式，超越传统边界（BTB）计划聚焦于解决世界上最迫切的医疗问题，"大挑战"学者计划则关注于美国工程院提出的 14 项工程大挑战。

以问题导向的模式组织项目实施，既对于现实世界既存问题的解决能够起到一定的正面作用，也有利于在解决问题的过程中组织资源，形成多学科、跨学科的项目背景。现实世界问题往往是复合的、多元的，并不局限于单一学科背景，也不应当被限定在某一特定学科之中。现实世界问题往往是注重于实践，需要通过多学科、跨学科背景来加以解决的。例如莱斯大学超越传统边界计划，在学科边界方面，允许对致力于为世界医疗卫生问题提供解决方案的各个专业的学生参与该项计划，并鼓励学生采用跨学科的知识、技能和方法解决实际问题。

基于整合科学的项目设计形式，能够更有效地体现工程教育整合性的特点，并且在跨学科背景下更容易产生创新性的成果。

（4）经费、政策支持保障计划可持续发展

考量计划成功与否的重要指标之一即是计划的可持续性。案例分析部分对 7 所高校将现实世界体验融入工程教育的相关计划进行了计划可持续性分析，保障计划可持续发展的因素主要来源于两个方面，即经费支持和激励政策支持。一些计划的经费来源渠道较为广泛，如里海大学一体化产品开发计划，其资金来源包括：教师志愿者、大学预算、行业赞助商、校友、国会拨款、州立机构和基金会。对于任何一项计划而言，多元化的经费来源能够保证计划实施所需要的资金和资源，持续、稳定的经费来源是计划能够持续推进、达成实效的重要因素之一。

政策的支持同样是计划持续进行的重要保障。里海大学一体化产品开发计划为保障该计划持续有效推进，推出了一系列激励性政策，在对参与计划的教职工方面，包括该计划主管获得了为期三年的可延期的任命且每年减免两门课的时间，并获得教学、助教和兼职支持性人员的酬金；对于有意向参与计划的学生，将计划和课程作为必修或选修课程构建到整个课程体系中，保证学生有足够的精力和动力参与计划。奥本大学创新技术和工程教育实验室还设立了教师支持系统，参与创新技术和工程教育实验室的教师能够在教师支持系统中获得研究资源、信息检索、沟通渠道等方面的支持。

（5）网络平台、虚拟平台的运用

在信息技术高度发达的今天,网络化平台的运用已经能够极大地提升信息交互的效率。在现实世界体验的相关计划中,运用网络化平台能够突破地理界限的限制,提升交流沟通的效率,使得跨地域的团队组成成为可能。在威斯康星大学麦迪逊分校 Nephrotex 虚拟实习计划中,所有活动都在网上进行,让学生可以登录使用任何计算机或平板电脑上网。通过内置聊天和电子邮件平台记录团队成员的活动。同时,学生通过学校提供的虚拟平台,在虚拟的医疗设备公司发挥实习人员的作用并参与复杂问题的解决。该计划面向本科一年级的学生,通过网络虚拟实习的方式为学生提供了初步的现实世界体验。虚拟平台的使用虽然无法给学生提供实地经验,但通过仿真与模拟的方式为学生提供了了解和认识现实工程体验的机会。

本章参考文献

[1] Council. N. Infusing Real World Experiences into Engineering Education [R]. National Academy of Engineering, Washington, D. C. : The National Academies Press, 2004.

[2] 李建文. 大型复杂工程项目管理及决策技术[J]. 中国铁路, 2013 (9):1-3.

[3] 查建中. 面向经济全球化的工程教育改革战略——产学合作与国际化[J]. 高等工程教育研究, 2008 (1).

[4] 张来斌. 大工程观视野下高等工程教育改革的探索与思考[J]. 中国高教研究, 2009, 8(8).

[5] 杨明, 张冰, 王子才. 建模与仿真技术发展趋势分析[J]. 系统仿真学报, 2004, 16(9):1901-1904.

[6] 陈萍, 周会超, 周虚. 构建虚拟仿真实验平台,探索创新人才培养模式[J]. 实验技术与管理, 2011, 28(3):277-280.

第六章　面向开放式生态系统的工程教育联盟构建

高校是集知识创新、传播、应用功能于一体的知识型组织,与其他高校及社会组织围绕某一共同目标,组建互为补充、相互合作的开放式生态系统,对提升高校的竞争优势、推动高校的可持续发展具有重要而深远的意义。在高校竞争不断加剧的今天,高校的发展目的不是要击败对手,而是要建立一种充满生机的教育生态系统,培育以整合多方资源为导向的教学育人与科研协作共同体。同时,开放式工程教育生态系统能以自己的优势专长来满足特定的社会教育需求,体现不同类型高校所具有的不同特质,寻找自己的发展空间,在各自的领域追求卓越,实现高校的和谐共生与可持续发展。

一、开放式工程教育生态系统是高校增强核心竞争力、实现资源优化配置的有效途径

教育资源是高校进行各种教育活动和谋求发展的基础,其综合作用保证了高等工程教育的存在及正常运转,促进了高校的发展。随着我国高等工程教育大众化进程的加快,教育资源的配置方式逐步从以政府配置为主向以市场配置为主转变。高校间构建开放式的生态系统,有利于各高校集中其有限的教育资源,加强重点环节的建设;有利于具有不同优势的组织间优势互补、强强合作,将各自的比较优势充分发挥出来。在研究领域,可以把有限的资金集中用在最需要的地方,同时齐聚众人的智慧,发挥各自的特长和优势,联合攻关;在教学领域,可以实行学分互换、学历互认等制度,扩大学生跨学科、跨校学习的范围,推动学生在联盟高校间的相互流动,同时还可以让更多学生感受教学大师、教学名师和优秀教师的教学风采;在校企合作方面,可以构建产学研生态系统,建

立合作平台,创新人才培养模式,走产学研紧密结合的高校特色发展之路。

二、开放式工程教育生态系统是大学联盟理论延伸的有效探索

有研究者认为,从某种意义上来说,大学进入了联盟的时代(焦磊、谢安邦,2012)。大学联盟即大学之间通过资源共享和项目合作,为实现大学学术水平的提高、降低大学的管理成本,共同解决大学发展中的重大问题等战略目标,并通过各种契约而建立起来的松散型网络组织(Beerkens,2004;Kezar,2005;董志惠、沈红,2006;汪怿,2003;阳荣威,2005;周光礼、吴越,2011)。然而在现有的大学联盟的研究中却忽视了产业界对于高校人才培养的反哺作用,本文强调,开放式工程教育生态系统是指高校与高校以及高校与企业、科研院所、政府及其他组织之间为了实现大学教育职能的深化、学术水平的提高、降低大学的管理成本、共同解决大学发展中的重大问题等战略目标,通过契约、章程等方式组成的优势互补、资源共享、风险共担、要素双向流动或多向流动的松散型网络组织,具有目标性、松散性、超地域性等特征。

综上所述,面向整体工程教育的开放式工程教育生态系统的理论、架构、模式、机制等方面的研究还比较少,而国内也尚未出现真正意义上的开放式工程教育生态系统。因此,为了更好地应对现阶段我国经济社会发展所面临的宏观形势,缓解现阶段我国工程科技人才在培养理念、教学内容以及资源配套等方面存在的若干问题,开放式工程教育生态系统的构建显得尤为重要。本研究将针对国际知名的开放式工程教育生态系统展开多案例的研究,进而为我国开放式工程教育生态系统的构建提供理论基础和对策建议。

6.1 优势互补型

6.1.1 德国九校联盟(TU9)

6.1.1.1 基本信息

德国九校联盟(TU9)是在工程技术和自然科学专业领域里最富传统的九所德国高校的联合体,在德国国内和海外均享有崇高的威望,其基本信息如

表 6-1 所示。这九所大学都有悠久的传统,均建立于德国工业革命前后,它们对德国工程技术和工程教育的发展产生了极大的影响,并在国内外大学中享有极好的声誉。

表 6-1　德国九校联盟基本信息

联盟全称	德国九校联合体(Der Verband der führendenTechnischenUniversitäten in Deutschland,以下简称 TU9)
联盟注册	2006 年
联盟属地	德国柏林
现任主席	Hans Jürgen Prömel(达姆施塔特工业大学校长)
联盟成员	德国 9 所工科院校

资料来源:http://www.tu9.de/tu9/

　　创建于 2003 年的 TU9,最初是一个非正式的德国校长讨论会。2006 年 1 月 26 日,九所成员学校联合起来成立了一个协会,并于 2006 年 6 月在柏林设立了办事处。成员包括:亚琛工业大学、柏林工业大学、布伦瑞克工业大学、达姆施塔特工业大学、德累斯顿工业大学、莱布尼茨-汉诺威大学、卡尔斯鲁厄理工学院、慕尼黑工业大学、斯图加特大学,详见表 6-2。

表 6-2　德国九校联盟成员单位基本信息

联盟成员	所在地	成立时间	在校学生人数(人)(2014 年)
亚琛工业大学 RWTH Aachen	北莱茵威斯特法伦州	1870 年	42300
慕尼黑工业大学 TUM	巴伐利亚州	1868 年	38000
德累斯顿工业大学 TU Dresden	萨克森州	1828 年	36737
柏林工业大学 TU Berlin	柏林州	1770 年	32752

续表

联盟成员	所在地	成立时间	在校学生人数(人) (2014 年)
卡尔斯鲁厄理工学院 KIT	巴登符腾堡州	1825 年	24778
达姆施塔特工业大学 TU Darmstadt	黑森州	1877 年	25900
斯图加特大学 Universität Stuttgart	巴登符腾堡州	1829 年	27211
莱布尼茨-汉诺威大学 Leibniz Universität Hannover	萨克森州	1831 年	25700
布伦瑞克工业大学 TU Braunschweig	萨克森州	1745 年	18500

资料来源:http://www.tu9.de/tu9/

TU9 以九所最富工科实力的院校为基础,旨在加强工程和自然科学方面的知识和研究,促进德国工科院校的战略合作,并定位在促进各校科学和工程的发展;同时还特别致力于推动社会大众对于科技的积极态度。该联盟在相互沟通的基础上,制定大学教育政策。鼓励学校不仅要与联邦政府、科研机构和德国国内大学进行战略合作,还要加强与工商业组织和国外大学的合作,以不断提升德国的科技在国际上的卓越地位。

6.1.1.2 运行机制

联盟架构

该联盟并没有很正式的内部合作机制,它通过举办科学活动和召开校长会议来加强沟通与交流;在国内和国际研发、新的学习项目的开发上相互合作,并致力于欧洲高等教育质量保障体系在世界范围内的推广。

TU9 于 2006 年 6 月在柏林开设了一个办公室,当时的执行秘书是 Venio Piero。TU9 办公室的主要职能:

1.促进各成员学校之间的合作;

2.统筹新闻媒体和公众的关系;

3.保持与政府、工商业和社会的联系；

4.进一步拓展 TU9 的国际市场。

由此可见,该联盟发挥的是宏观上的协调作用,各个成员学校相对比较独立。

联盟主席

TU9 联盟规定主席由成员学校校长担任,主席任期为 4 年(见表 6-3)。

表 6-3 TU9 历任主席

姓名	大学	在职时间
Horst Hipper	卡尔斯鲁厄理工学院	2006—2009 年
Ernst Schmachtenberg	亚琛工业大学	2010—2013 年
Hans Jürgen Prömel	达姆施塔特工业大学	2014 年至今

资料来源:http://www.tu9.de/tu9/

联盟功能

1.战略协调和定位科学技术大学在德国的发展；

2.举办科学活动；

3.支持年轻科学家和学生；

4.与联邦各州各自的大学、科研机构和组织促进科学合作；

5.与国家大学校长会议和德国大学校长会议(HRK)合作；

6.与行业和企业的合作,以促进和保持德国在国际上的卓越技术；

7.大学和教育政策的制定和沟通；

8.与国外大学合作,并照顾来访的德国的科学技术大学的科学家。

6.1.1.3 联盟特色

学分互换优势互补

德国高等教育属于联邦体制,高校具有较大自主权,以上因素共同决定了学科和专业目录并非由联邦或州主管部门制定,而是由各高校自行决定开设哪些专业。TU9 中的九所高校都是享誉海内外的德国老牌工科院校,它们最大的共同点是拥有高质量的课程设置。

这九所工科高校主要基于工程科学和自然科学进行课程设置。以亚琛工业大学为例,该校现共有九个学院,分别是:建筑学院,机械工程学院,电气工程与信息技术学院,土木工程学院,土地资源与材料工程学院,数学、计算机科学与自然科学学院,经济学院,人文学院和医学院。从其学院分布上来看,理工科专业占据 2/3,几乎覆盖了老牌大学可以提供的所有专业。亚琛工业大学中50％的学生就读于技术过程专业,大约18％的学生选择了理科专业。其他八所学校的情况类似。这九所学校相似的课程设置以及强大的工程科学和自然科学实力,成为了该联盟最坚实的基础。根据 2007 年《焦点》周刊的调查显示:这九所学校的许多专业均在各大排行榜上名列前茅(表6-4)。TU9 在工程领域的过硬实力,是它们构建联盟最坚实的基础。

表 6-4　TU9 成员学校部分专业在德国排名

电子技术专业	机械制造专业	土木工程专业
1.慕尼黑工业大学	1.亚琛工业大学	1.斯图加特大学
2.德累斯顿工业大学	2.斯图加特大学	2.卡尔斯鲁厄理工学院
3.亚琛工业大学	3.慕尼黑工业大学	3.慕尼黑工业大学
4.斯图加特大学	4.达姆施塔特工业大学	4.亚琛工业大学
5.达姆施塔特工业大学	5.卡尔斯鲁厄理工学院	5.布伦瑞克工业大学
6.卡尔斯鲁厄理工学院	6.柏林工业大学	
7.布伦瑞克工业大学	7.德累斯顿工业大学	
8.柏林工业大学	10.汉诺威大学	

资料来源:http://www.tu9.de/tu9/

高校结成联盟最主要是为了增强自身核心能力,同时努力弥补高校的战略缺口。如果联盟和本校的核心能力相似,常会导致形成联盟后,虽高校规模扩大了,但其整体实力却减弱了的情况;即倘若缺少互补的核心能力和内部整合,则最终会导致联盟的失败。TU9 的各成员学校虽均在工程科学和自然科学方向上也拥有强大优势,但各个学校的强项专业也不尽相同。每个学校都有自己的专业强项,例如:亚琛工业大学的机械制造、经济工程学和化学专业在德国位列第一,而慕尼黑工业大学的电子技术专业排名第一;强项专业的差异在一定程度上保证了联盟学校间核心能力的互补性,令各个学校可以在联盟内部进行知识共享和相互学习,如此一来,便可基于已有专业强项不断提升学校的综合实力;同时,这样做也确保联盟能够成功发展。

随着"博洛尼亚进程"中欧洲学分转换系统的引入,进一步促进了高校间学生的流动性。TU9 成员学校的学生可在合作高校修课程后,在本校实现认定,即各成员学校均认可其他成员学校的学分,相互之间能够认定和换算。通俗来讲,这说明 TU9 成员学校的学生可以通过学习本校课程和联盟中其他高校课程这两种方式来获得相应学分;只要成绩合格,该学分就可被各合作院校认可。这意味着学生可以基于自身爱好或学校强项专业,在不同学校选择修读不同科目,这样一来,提高学生专业素养的同时,也提升了联盟学校的学科实力。实行学分互换有助于扩大学生跨学科、跨校学习的范围,也提高了学生办理转专业和转校等学籍手续的效率,从而能有效促进高校间教学联盟与合作。TU9 成员学校之间,相互承认其他成员学校授予学生的学士学位,即学生可以在其中任意一所学校获得学士学位后,转入另一所学校攻读硕士或博士学位。

虽然联盟院校的学科设置均以工程科学和自然科学为主,各学校仍注重提高经济学、人文和社会科学类相关课程的质量。这些课程有利于扩大工科学生的知识面,加强其人文素养,将它们作为培养工程师的辅助课程是非常必要的。此外,学生也可以把这些课程作为独立的专业课程来学习,换言之,这些工科院校已不仅局限于理工科,而是向综合性大学迈进了一大步。

学科自选推动交叉

科学的学习需要跨越学科界限,而不同学科间的合作往往引发创新。联盟中的九所学校均有相关规定,要求学生在学习主修专业的同时,选修其他学科。随着新的学士(多为 6 学期制)和硕士(多为 4 学期制)两阶段的学制和学位制度的普及,传统的初级学位逐渐被取代。并且各高校也不断引进了很多建立在跨学科基础上的新课程,如:计算机科学、多媒体学习、工业工程和生物技术等。TU9 对于学科的交叉与融合非常重视,为了能够使学生拥有综合的知识背景,它尊重学生的个性化选择,选课权由学生自行掌握;这样可以使学生在充分考虑自身个性和兴趣的基础上,构建知识结构,发挥自身创造性和能动性,从而提高创新能力。

多元慕课开放共享

2014年10月20日，TU9推出了一个在线讲座系列，九个TU9成员大学参与课程的制作和编排，为了满足来自不同国家和地区的学生的需要，课程全部采用英文教学的方式。这些课程展示了TU9大学工程专业的多样性和独特视角，也为工程专业领域多样化的课程和科目在关键问题、内容、结构和学习方法上提供了一个具有深远意义的视角。通过MOOC@TU9，你可以在9周时间内探索到德国版的"卓越工程"和"自然科学"。

MOOC@TU9是一个巨大的开放网络课程。在每一个课程周的开始阶段，TU9大学的著名教授用视频展示他们研究的主要领域和他们的大学情况，课程后，学生可以着手相关补充任务，这些任务承载着学位课程的相关要求和内容。此外，MOOC@TU9还提供了学生可以自由讨论的网络论坛，参与者之间通过互动和研讨，进一步加强TU9高校间的互动。通过这样的方式，MOOC参与者可以更加有针对性地了解自己感兴趣的工程学位相关课程和知识，并且通过论坛可以结识具有相同兴趣和研究目标的同学。

9周的课程安排如下：

● 启动

● 土木工程

● 数字工程

● 机械工程

● 电气工程

● 材料工程

● 未来的建筑

● 流动性

● 机器人

● 航空航天

科研训练卓越实践

TU9大学的一个显著特点是卓越研究。在由德国政府主持的卓越创新计划中，TU9连获两次成功，成立了7个研究院和11个卓越学科群。TU9不仅拥有卓越的研究水平，也享有很高的声誉。在工科方面的领先地位和强大的自然科学实力,为这些学校的学生能够接受卓越的科学训练和职业规划提供了保障。在德国,56%有本科学历的工程师毕业于 TU9,并有 10%的学生在 TU9 求学深造。

TU9 不仅注重教学和研究,也非常重视学生的实践训练。主要有如下具体的措施。

第一,在专业学习阶段,学生必须要完成两个带有研究性质的且规模较大的课程设计。课程设计的题目会提前公布,以便学生自行选择。

第二,生产实习。德国大学生需要在与其专业对口的企业实习半年至一年后,才能做毕业论文。实习结束后,学生根据实习内容完成实习报告的撰写并交由实习单位鉴定,鉴定后再交给学校审查。实习完成的情况和通过与否,是学生能否参加毕业考试的前提条件。

第三,习题课、讨论课和实验课的课时较多,它们共占课程总学时的 30%。

校企间的紧密合作,在很大程度上可以反映出学校的教学和研究均是以实践为导向的。这一做法,有助于学生在校期间获得在工业界的实践经验,从而与其职业建立连接,为学生的职业规划创造了绝佳条件。例如,亚琛工业大学有 13 个合作研究中心,中心内的研究项目向学生开放,以便他们在早期就能获得有价值的实践经验。

不仅仅是教学方面的实践导向,这些学校也从事面向职业实践的研究和开发。一是实践导向的,其目的在于解决来自企业(特别是中小企业)的急迫的生产技术问题;二是应用导向的,主要任务是完成与知识和工艺紧密相关的创新型产品与方法的开发,以及实现与技术和工艺紧密相关的研究成果转化,其重点是工艺领域。这些研发领域的实践和应用导向,极大增加了学生实践能力的相关训练,同时也为他们以后的工作提供了扎实的基础知识和丰富的实践经验。

国际拓展联合培养

联盟中的九所成员学校均为研究型大学,因此其国际化程度也很高,即与世界各国的大学都保持着战略合作关系。国际化的作风,令畅通的专家和研究者之间的交流成为可能。在过去 20 年中,教育领域的国际化愈发深入,TU9 成员高校均已建立了系统性的国外访学机会和留学生课程。

双学位是指学生在获得本校学位的同时,也可以获得国外其他学校的学位。例如柏林工业大学与其合作高校共同制订了15个双学位的学习计划。这些大学均认可的一点：在经济全球化时代，对于很多学生而言，异国的学习和工作经验是很有必要的。如今，成员学校中有将近1/3学生的部分学业在国外完成，即学士和硕士学位双轨制的引入为学生们进行跨国交流与学习创造了极佳条件；欧洲的学分转换系统认可学生在国外大学所获学分，这一做法进一步促进了国际高校间的战略合作。在不同环境下学习，有利于巩固学生自身专业知识并提高其工作能力，从而为以后的职业生涯打下坚实的基础。

此外，这九所学校也非常注重引入世界各国的优秀学生来校学习交流，增进合作，联盟学校的留学生比例均高于德国其他学校的平均水平。这些学校均设有专门的留学生办公室，为留学生提供各种咨询服务和帮助。除学生外，高校也会邀请各国科学家和教师团队来校交流访问，以上做法均表现出联盟学校的国际化特色。

6.1.1.4 个案小结

德国九校联盟（TU9）作为德国工程技术和自然科学专业领域里最富传统、最富盛誉的九所高校的联合体，虽然没有功能齐全的组织架构，但在这10年的发展过程中，为强化德国工科院校的战略合作、促进德国工程技术的研究发展、加强工程和自然科学方面的教育实践等方面均发挥着巨大的推动作用。

在执行决策方面：联盟通过常设办公室和每年的例行校长工作会议，在国家教育政策的制定、大学间的战略合作等方面发挥着宏观协调的功能。

在学生培养方面：联盟通过学分互换、网络慕课，实现高校间的优势互补和知识共享；通过联合培养和教育认证，极大程度上促进了高校间学生的流动性；联盟通过科研实训、校企协作、校际协同，大大加强了学生的实践能力和国际化水平，同时也帮助他们为今后的工作积累了扎实的基础知识和宝贵的实践经验。

6.1.2 中俄工科大学联盟(ASRTU)

6.1.2.1 基本情况

中俄工科大学联盟（英文简称"ASRTU"，中文简称"阿斯图"）是由哈尔滨工业大学发起，于2011年3月6日中俄两国工科精英大学在自愿基础上结成的非营利性组织,是我国"中俄人文合作委员会"框架下高等教育领域的有效交流平台。该联盟的俄文全称为 Ассоциация технических университетов России и Китая,简称 АТУРК;其英文全称为 Association of Sino-Russian Technical Universities,简称 ASRTU。中俄工科大学联盟(阿斯图)总部位于青岛蓝色硅谷哈工大青岛科技园,汉语和俄语是其工作语言,其基本信息见表 6-5。

表 6-5　中俄工科大学联盟基本信息

联盟全称	中俄工科大学联盟(Association of Sino-Russian Technical Universities,ASRTU)
联盟注册	2011 年
常设主席	周玉(哈工大校长)、亚历山大罗夫(莫斯科鲍曼国立技术大学校长)
联盟成员	中俄 43 所高校

资料来源:http://www.asrtu.org/

中国和俄国均是世界高等工程教育大国,因此加强两国重点工科大学的合作,有利于其应对世界工业体系新一轮结构变革与资源配置、推动两国高等工程教育发展,并对于提升中俄两国的创新能力具有很大意义。阿斯图成立的目的在于:汇集中俄工科领域的优秀大学、培养高素质人才、推进中俄两国在人才和科技领域的深度交流合作。联盟由我国的哈尔滨工业大学和俄罗斯的莫斯科鲍曼国立科技大学共同发起,首批成员单位共 30 个,中俄大学各占一半。目前联盟成员单位共 43 个,国内方面有浙江大学、北京航空航天大学、哈尔滨工业大学、吉林大学、天津大学和香港理工大学等 21 所大学;俄罗斯方面有莫斯科鲍曼国立技术大学、莫斯科钢铁合金学院、远东联邦大学和莫斯科航空学院等 22 所大学(见表 6-6)。

表 6-6　中俄工科大学联盟高校信息

所属国家	成员高校
中国 (21 所)	哈尔滨工业大学、哈尔滨工程大学、北京航空航天大学、浙江大学、天津大学、北京理工大学、重庆大学、同济大学、吉林大学、东南大学、华南理工大学、华中科技大学、南京航空航天大学、南京理工大学、西安交通大学、澳门大学、西北工业大学、香港科技大学、香港理工大学、香港城市大学、大连理工大学

续表

所属国家	成员高校
俄罗斯 （22所）	莫斯科鲍曼国立技术大学、阿穆尔国立大学、远东联邦大学、乌拉尔联邦大学、伊热夫斯克国立技术大学、莫斯科汽车公路国立技术大学、南乌拉尔国立大学、莫斯科国立航空航天大学、莫斯科国立信息技术、无线电工程及电子大学、莫斯科动力学院、新西伯利亚国立技术大学、太平洋国立大学、东北联邦大学、莫斯科钢铁学院（国立科学与技术大学）、彼尔姆国立科研理工大学、俄罗斯国立石油天然气大学、萨马拉航空航天大学、圣彼得堡国立技术大学、圣彼得堡国立电工大学、圣彼得堡国立信息技术、机械学与光学研究型大学、西伯利亚联邦大学、托木斯克理工大学

资料来源：http://www.asrtu.cn/unit.asp

6.1.2.2 运行机制

组织架构

联盟成员大会是联盟的最高领导机构。联盟成员大会每两年至少召开一次，由联盟发起单位——联盟常设主席单位召开；联盟常设主席单位的中方为哈尔滨工业大学，俄方为莫斯科鲍曼国立技术大学。

联盟发起单位中设立了常设秘书处，负责联盟日常工作运行。联盟每届轮值主席由联盟成员院校选举产生，每届任期2年（中俄双方各出一名校长任职）。联盟组织架构如表6-7所示。

表6-7　中俄工科大学联盟组织架构

联盟常设主席单位	中方	哈尔滨工业大学
	俄方	莫斯科鲍曼国立技术大学
联盟常设主席	中方	周玉（哈尔滨工业大学校长）
	俄方	亚历山大罗夫（莫斯科鲍曼国立技术大学校长）
联盟首届轮值主席单位 2011—2013年	中方	哈尔滨工业大学
	俄方	莫斯科鲍曼国立技术大学
联盟第二届轮值主席单位 2013—2015年	中方	同济大学
	俄方	圣彼得堡国立信息技术、机械学与光学研究型大学

联盟第三届轮值主席单位	中方	西北工业大学
2015—2017 年	俄方	莫斯科航空学院

资料来源：http://www.asrtu.cn/content.asp? id＝953

阿斯图联盟旨在中俄高校间建立起 6 个平台，包括：中俄两国青年学生创新平台、阿斯图高端科研合作平台、阿斯图高层管理人员互访平台、阿斯图的国际学术交流平台、阿斯图高水平精英人才培养平台以及阿斯图中俄高等教育研究平台。

根本宗旨：汇集中俄工科精英大学，培养高素质人才，推进中俄人才交流与科技合作，促进两国创新型经济的共同发展。

6.1.2.3　联盟特色

联合培养

2011 年 12 月 26 日，由哈尔滨工业大学与莫斯科鲍曼国立技术大学共同建立的"阿斯图（ASRTU）联合研究生院"获教育部批准成立，并被纳入国家"中俄人文合作委员会"工作机制，成为国家留学基金管理委员会重点支持的科技俄语复合型人才培养项目。拟定于 2013 年选取俄优势专业，与中俄工科大学联盟俄方精英工科院校签订高层次人才培养执行协议，争取建立多个研究生互换、研究生联合培养项目（硕博层面），并将此类合作项目与中俄两国教育部的政府奖学金项目进行对接；实现阿斯图（ASRTU）中俄精英工科院校教育共同体，为中俄两国培养出更多、更好、具有时代鲜明特色的复合型国际化高端人才。

学生交流

该联盟借助中俄两国青年学生创新平台、中俄高水平精英人才培养平台等，举办各类活动，如 2011 年 10 月 14 日举办的大型科技与文化交流活动——首届中俄大学生机器人创新大赛。另外，联盟通过举办中俄青年国际志愿营活动和设立中俄阿斯图友谊火车计划的方式，扩大两国人文领域的交流与合作，丰富中俄青年交流形式，深化交流内涵，推动中俄青年交流实现新发展。

ASRTU 中俄人才交流与科技合作基地

阿斯图中俄人才交流与科技合作基地是以哈工大青岛科技园为依托而创建的,基地包括阿斯图中俄大学生创新基地、阿斯图中俄蓝色科技协同创新中心、阿斯图联合研究生院、阿斯图中俄高端联合实验室、阿斯图校企产业孵化基地和阿斯图中俄青少年活动中心等。基于此,构建阿斯图教育—科研—产业联合体,从而全面优化中俄两国高端人才培养模式,为中俄两国人才培养提供了强有力的支撑;汇集中俄精英工科院校优势资源,以全球化视野谋划和推动中俄高校协同创新模式。以高校协同创新为基础,以校企合作为支点,以产业技术创新为突破,构建阿斯图中俄科技合作网。加强与联盟外相关教育机构和大学合作,加强与俄罗斯综合开放式工程教育生态系统、俄罗斯工科开放式工程教育生态系统、中国 C9 名校联盟、中国 E9 卓越联盟以及上海合作组织大学(USCO)的合作,从而协力加快阿斯图联盟的建设与发展。同时,不断完善联盟正式成员、新成员加盟及观察员学校的管理机制,确保联盟的健康、有序、快速发展。

6.1.2.4　个案小结

中俄工科大学联盟是由我国哈尔滨工业大学发起的中俄两国工科精英开放式工程教育生态系统,是我国"中俄人文合作委员会"框架下高等教育领域有效交流平台。

在执行决策方面,联盟设立双主席,由中俄双方高校共同担任,开展中俄工科教育的比较研究,为联盟院校之间的合作和中俄两国工科教育的发展奠定基础;协助和支持联盟成员院校的各种教学项目通过国际机构的专业认证。

在学生培养方面,组织联盟成员在教学和科研领域上的国际合作;促进联盟成员院校间建立统一的教育空间,以实现资源共享、文凭互认、学分互认等,促进教育多样性的发展;开展中俄两国语言交流,以促进中俄两国学生、教师和学者之间最大程度的理解及合作;协调和促进联盟成员与其他国家的开放式工程教育生态系统之间在工科教育、科研、文化方面的国际合作;举办多种类型的国际学术活动,组织多种形式的科研合作,加强高素质的工程人才培养,促进产学研相结合。

在科研训练方面,吸引国家机关、社会团体、国企、私企的资金及物质资助,以完善工科人才培养体系；提高工程教育及科技的作用，将高校变为重要的文化、教学和科研中心。

6.2 国际拓展型

6.2.1 欧洲工程大学教育联盟（CLUSTER）

6.2.1.1 基本信息

欧洲工程大学教育联盟成立于 1990 年，由欧洲 12 所顶尖工程教育大学组成，旨在探索工程教育的发展方向、促进欧洲工程院校教师和学生的流动、共同解决工程教育面对的新挑战，其基本信息见表 6-8。

表 6-8 欧洲工程大学教育联盟基本信息

联盟全称	欧洲工程大学教育联盟（Consortium Linking Universities of Science and Technology for Education and Research，以下简称 CLUSTER）
联盟注册	1990 年
联盟属地	欧洲
现任秘书长	Prof. José Santos-Victor（葡萄牙里斯本理工大学副校长）
联盟成员	欧洲 12 所著名工程技术大学

资料来源：http://clustersymposium.org/

CLUSTER 联盟共拥有教授 3000 余名、科研工作人员 11000 名和学生约 140000 名（其中博士研究生占到了 1/10）。成员学校分别是瑞典皇家工学院、芬兰阿尔托大学、瑞士洛桑高工、德国卡尔斯鲁尔大学、德国达姆施塔特理工大学、荷兰爱英特霍芬理工学院、比利时鲁汶大学、爱尔兰都柏林圣三一大学、西班牙加泰罗尼亚理工大学、葡萄牙里斯本理工大学、法国格勒诺布尔理工学院、意大利都灵理工大学等（见表 6-9）。CLUSTER 联盟的焦点如今已经从探索如何开展工程教育转到如何进行工程教育、研究和创新组成的三角模型上来。

表 6-9　欧洲工程大学教育联盟成员单位信息

联盟成员	所在地	成员性质
Aalto University	Finland	Members
Swiss Federal Institute of Technology in Lausanne	Switzerland	Members
Grenoble Institute of Technology	France	Members
Instituto Superior Técnico	Portugal	Members
Karlsruhe Institute of Technology	Germany	Members
Royal Institute of Technology	Sweden	Members
Katholieke Universiteit Leuven	Belgium	Members
Polytechnic University of Turin	Italy	Members
Trinity College Dublin	Ireland	Members
Darmstadt University of Technology	Germany	Members
Eindhoven University of Technology	Netherlands	Members
Barcelona Tech	Spain	Members
Polytechnique Montréal	Canada	Associate Members
Georgia Institute of Technology	USA	Associate Members
Tomsk Polytechnic University	Russia	Associate Members
Tsinghua University	China	Associate Members
University of São Paulo	Brazil	Associate Members
Technion-Israel Institute of Technology	Israel	Associate Members

资料来源：http://clustersymposium.org/

6.2.1.2　运作机制

组织架构

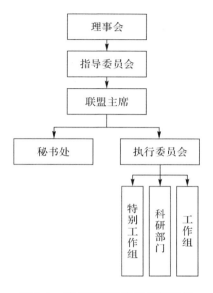

图 6-1　CLUSTER 联盟组织架构

联盟的组织管理机构如图 6-1 所示,由两部分组成:

1.理事会(General Assembly):成员由校长担任,主要负责计划和相关活动的审批;

2.指导委员会成员(Steering Committee):校长或机构代表,主要负责联盟的各项计划的制定和日常管理工作。

联盟主席实行个人负责制,是由成员高校的校长担任,并任命一名秘书长,联盟主席每两年换届一次,主席团成员中有一名成员来自资助机构(单位)。

具体的执行机构包括:特别工作组(负责日常活动),部门(负责某一具体科学领域问题)以及工作组(指导具体的事务)。

1.特别工作组(Task Forces):主要负责一些横向项目,如:联盟高校的国际合作(ID);帮助成员高校提交项目申请以及发放资助(GAST);创立中欧工程教育生态系统(SE3P)。

2.部门(Departments):主要负责具体某一科学领域的相关问题,如:机械工程(ME);可持续能源系统(SES);工业工程(IND);土木工程(CIV)。

3.工作组(Working Groups):主要负责具体活动的执行,如:双硕士学位办公室;顾问委员会(具体负责与公司的合作);科技创业办公室。

联盟愿景:

1.构建欧洲工程技术领域科研、教育、创新领先的大学网络;

2.欧洲知识与创新群体的核心成员;

3.欧洲工业的主要合作伙伴。

联盟使命:

1.加强成员高校之间的合作,促进学生、教师与管理人员的交流、合作与互动;

2.为成员高校教育、科研、创新提供战略平台;

3.促进与准成员高校的互动合作;

4.为高校提供管理方面的最佳实践;

5.成为欧盟的战略合作伙伴;

6.提高联盟高校硕士、博士生培养质量;

7.为欧洲外部学生工程硕士专业的首选。

6.2.1.3 联盟特色

科研实践

1.研究项目

(1)信息和通信技术:TECNOPARLA 项目旨在改善语音和语言技术,语言翻译系统中加泰罗尼亚语、英语和西班牙语之间翻译及其应用。

(2)能源与环境:结合自然科学和社会科学的基础知识提高能源利用率,为教育和科研服务。

(3)电气工程:研究移动工作机的混合动力、电动动力传动解决方案,使耗能降低一半。

(4)航空航天与运输:解决铁路基础设施建设产生的震动带来的问题。

(5)化工:目的是开发一种新的金属锌的衍生物,如基于导电聚合物无毒材料磷酸盐或铬酸盐取代它。

(6)生物技术与生命科学:将结构生物学、生物信息学和计算机模拟结合研究人体细胞蛋白定位理论。

(7)建筑与工业设计:开发一个如何在建筑实践中实现包容性的设计,大大改善环境质量。

（8）医疗技术：研制非侵入性的方法来检测心血管功能，帮助医疗行业运用常见的家具嵌入式传感器监测。

培 养 计 划

1.双硕士项目计划

2.硕士生项目计划

3.博士生项目计划

"Erasmus Mundus"项目（是在高等教育领域的一个合作性的学生交流项目）支持高质量的欧洲研究生课程（"Erasmus Mundus"研究生课程），每一课程都是由欧洲几所大学联合经营，并包含来自欧洲和世界各地的学生。

国 际 拓 展

1.中欧工程教育生态系统（SEEEP）

中欧工程教育生态系统（Sino-EU Engineering Education Platform，简称SEEEP）成立于2010年9月4日，是由欧洲开放式工程教育生态系统与我国教育部联合发起成立的，旨在推动中欧工程类院校在各学历层次工程人才联合培养、教师培训、教材开发、科学研究等方面开展广泛深入合作，共同致力于高素质高级工程人才的培养，促进中欧工程教育专业互认，同时创建联合科研团队涉足具有挑战性的科研领域，培养未来专业人才。

主要的合作研发领域：

（1）气候变化、环境保护和城市的可持续发展（Climate change，environmental protection and sustainable urban development）。

（2）新能源（New energy sources）。

（3）土木工程和绿色建筑（Civil engineering and green architecture）。

（4）交通和清洁能源汽车（Transportation and clean energy vehicles）。

（5）电子信息工程（Electrical and information engineering）。

（6）机械工程（Mechanical engineering）。

（7）材料科学与工程（Material science and engineering）。

（8）生命科学和生物工程（Life science and bioengineering）。

（9）管理科学与工程（Management science and engineering）。

（10）创意设计（Creative design）。

中国成员高校：同济大学、哈尔滨工业大学、天津大学、清华大学、西安交通大学、大连理工大学、华中科技大学、东南大学、浙江大学、上海交通大学、华南理工大学、北京科技大学、北京交通大学、中国石油大学、中国矿业大学、北京邮电大学、华东理工大学、四川大学。

2.中欧工程教育研讨会

中欧工程教育研讨会是"中欧工程教育生态系统政策对话"的机制之一，每年召开一次，在中、欧两地轮换举行。

2010年9月4日至9月5日在上海同济大学举办首届"中欧工程教育研讨会——工程教育创新"，参加会议的有欧洲工程教育开放式工程教育生态系统的12所成员高校加上中国18所著名高校。研讨会的四个议题：全球化视角下的工程教育创新作用、创业工程教育、创业型大学、集成知识－工程教育面临的挑战。

第二届中欧工程教育研讨会于2011年5月在葡萄牙里斯本理工大学（IST）举办。研讨会主题为：创新和知识产权的管理、工程教育的可持续发展以及学生联合培养。会上签署了《里斯本行动计划》，为下一阶段的工作提出指导方针。《计划》包括三个方面：联盟的目标及任务、重要合作项目、合作机制。其中目标及任务共分为9个部分：交流与共识、学分和学分互认、课程开放、人员交流、校企合作、双学位项目、联合博士生院、信息共享和资金支持等；重要合作项目包括三大类：硕士双学位合作、博士生联合培养和中欧研究生院。

2012年9月，第三届会议在哈工大举行，中欧高校签署《哈尔滨路线图》，内容涉及中欧联合博士生院、中欧高校学分互认和中欧双学位标准、吸纳联盟新成员、第四届和第五届中欧工程教育研讨会的申办、"中欧工程教育奖学金"专项资助等。

2013年9月12日至9月14日，第四届中欧工程教育研讨会在德国卡尔斯鲁厄理工学院（KIT）召开，会议进一步讨论并推进落实中欧可持续工程博士生学院的工作，投票表决并通过了"中欧工程教育新能源和洁净能源领域研究生联合培养"等4个工程博士生学院项目的申请。

2014年9月18日至21日，第五届中欧工程教育研讨会在西安交通大学召开，会议就中欧开放式工程教育生态系统如何继续完善中欧可持续工程博士院的建设，并建立定期举办中欧博士生暑期学校机制、联合开展中欧双硕士合作项目、积极寻求支撑SEEEP可持续发展的各类资源等品牌建设和未来可持续发展问题展开专题讨论。

3.中欧可持续工程博士生学院（SESE）

2012 年 9 月在我国哈尔滨举行的第三届中欧工程教育研讨会上，大会签署通过了《哈尔滨路线图》，启动中欧可持续工程博士生学院（Sino－EU doctoral school for Sustainability Engineering，以下简称 SESE，虚拟性质），旨在通过促进博士生的合作培养，提升中欧双方教育和科研的合作能力；根据《里斯本行动计划》和《哈尔滨路线图》，加强中欧可持续工程合作研究；为相关教授和博士生提供更多中欧合作交流机会，探索博士生培养的多元合作模式；为未来青年教师的培养和中欧高端工程人才交流提供基础。

2013 年 9 月在德国卡尔斯鲁厄理工学院举行的第四届中欧工程教育研讨会上，首批四个中欧可持续工程博士生院项目获得通过，项目信息详见表 6-10。第一批设计已经收到并在卡尔斯鲁厄理工学院 SEEEP 会议期间进行评估。

可持续发展工程博士项目涵盖以下主题：

（1）气候变化、环境保护和城市的可持续发展（climate change，environmental protection and sustainable urban development）。

（2）新能源（new energy sources）。

（3）土木工程和绿色建筑（civil engineering and green architecture）。

（4）交通和清洁能源汽车（transportation and clean energy vehicles）。

（5）电子信息工程（electrical and information engineering）。

（6）机械工程（mechanical engineering）。

（7）材料科学与工程（material science and engineering）。

（8）生命科学和生物工程（life science and bioengineering）。

（9）管理科学与工程（management science and engineering）。

（10）创新与设计（innovation and design）。

表 6-10　2013 年被批准推进的博士项目

项目	申请单位
新能源和清洁能源（New Energy and Clean Energy）	中国石油大学
通过设计、规划和建设大型公共建筑推动可持续城市发展（Sustainable Urban Development Through the Design, Planning and Construction of Large Public Buildings）	华南理工大学、都灵理工大学

续表

项目	申请单位
能源和交通运输（Energy and Transportation）	同济大学、卡尔斯鲁厄理工学院、哈尔滨工业大学
能源与环境工程（Energy and Environmental Engineering）	浙江大学、瑞典皇家工学院、埃因霍温理工大学

资料来源：http://clustersymposium.org/

可持续发展工程博士项目的概念是要将中国和欧盟的机构放在一起，共同解决一个研究议程和设计活动，在这里，学生、研究人员和教授可以见面、合作并且共同工作。这些活动的集成程度取决于可用的资金水平，这也是限制合作推进的一个重要原因。然而，为了促进学生交流，学校共同寻求额外资金的机会，各参与机构也正在努力调动着自己的资源。

6.2.1.4 个案小结

欧洲工程大学教育联盟作为欧洲顶尖工程教育大学的生态系统组织，经过25年的发展，已然拥有相对完善的组织架构和功能模块。

在学生培养方面，通过联合研发、联合培养、"Erasmus Mundus"等项目，探索工程教育的发展方向，促进欧洲工程院校教师和学生的流动，共同解决工程教育面对的新挑战。

在国际合作方面，CLUSTER 联盟还致力于加强同中国高校的交流与合作，通过每年一次的中欧工程教育研讨会，推进中欧双方工程教育互认，同时创建联合科研团队应对具有挑战的科研领域，培养未来专业人才；通过中欧可持续工程博士生学院项目，构建完整的专业教育和研究体系，加强学术界同工业界的紧密合作，为相关教授和博士生提供更多中欧合作交流机会，为探索博士生培养的多元合作模式提供坚实的基础。

6.2.2 21 世纪大学协会（U21）

6.2.2.1 基本信息

21 世纪大学协会（Universitas 21，简称 U21）1997 年在墨尔本成立，是一个由欧洲、北美、东亚和大洋洲 27 所综合性研究型重点大学组成，旨在协助成员学校实现全球化教育与科研的全球性网络。目前拥有 130 万学生和 22 万多教职工,集体预算金额超过 250 亿美元,每年的科研收入超过 65 亿美元。U21 基本信息见表 6-11。

表 6-11　21 世纪大学协会基本信息

联盟全称	21 世纪大学协会(Universitas 21,简称 U21)
联盟注册	1997 年
联盟属地	新加坡
现任主席	David Eastwood(University of Birmingham 副校长)
联盟成员	欧洲、北美、东亚和大洋洲 27 所综合性研究型重点大学

资料来源:http://www.universitas21.com/

Universitas 21 建立于 1997 年,最初由分布在 10 个不同国家地区的 17 所成员高校组成,这 17 所成员高校总共有约 500000 名在校学生,40000 名研究人员,并有约 200 万名毕业生。2004 年德国的弗赖堡大学终止了他们在 Universitas 21 的成员资格,而韩国的高丽大学于 2005 年加入了这个高校组织。上海交通大学也加入了 Universitas 21。从而使 Universitas 21 的成员高校变更为 18 所。2001 年,Universitas 21 与 Thomson Learning 公司合作,建立了一个名叫 Universitas 21 Global 的在线大学,这所在线大学的总部设在新加坡。经过 15 年的发展,目前 Universitas 21 的成员已发展为 26 所大学,详细列表见表 6-12。

表 6-12　21 世纪大学协会成员高校信息

所属国家	成员高校			
美国	康涅狄格大学	马里兰大学	俄亥俄州立大学	
英国	伯明翰大学	诺丁汉大学	爱丁堡大学	格拉斯哥大学
澳大利亚	墨尔本大学	新南威尔士大学	昆士兰大学	
加拿大	不列颠哥伦比亚大学	麦吉尔大学		
中国	香港大学	复旦大学	上海交通大学	
新加坡	新加坡国立大学			
日本	早稻田大学			
荷兰	阿姆斯特丹大学			

续表

所属国家	成员高校			
爱尔兰	都柏林大学			
印度	德里大学			
瑞典	隆德大学			
新西兰	奥克兰大学			
墨西哥	蒙特雷理工大学			
韩国	高丽大学			
智利	智利大学			
南非	约翰内斯堡大学			

资料来源:http://www.universitas21.com/

6.2.2.2 运行机制

联盟架构

U21 主席:U21 联盟规定联盟主席每两年一次换届。历任主席信息详见表 6-13。

表 6-13　U21 历任主席

姓名	大学	在职时间
David Eastwood	University of Birmingham	2014 年至今
Fred Hilmer	UNSW Australia	2013—2014 年
Hugh Brady	University College Dublin	2012—2013 年
Glyn Davis	University of Melbourne	2010—2012 年
John Casteen	University of Virginia	2008—2010 年
Heather Munroe-Blum	McGill University	2007—2008 年
John Hay	University of Queensland	2004—2007 年
John Hood	University of Auckland	2003—2004 年
Graeme Davis	University of Glasgow	2001—2003 年
Alan Gilbert	University of Melbourne	1997—2001 年

资料来源:http://www.universitas21.com/

U21 执行董事:通过与联盟主席、执行委员会以及秘书处的紧密联系,具体负责推动和促进联盟网络学术发展、交流合作、学生事务等各项事务的顺利开展。现任 U21 的执行董事是 Wiberg 教授。

U21 秘书处:共 4 个人,分布在三个地方。4 个人是 U21 用年费雇用的全职工作者。两个在伯明翰大学,一个是总负责人,另一个是科研合作者;一个在昆士兰大学,负责学生活动;还有一个在弗吉尼亚大学,主要是负责教学。秘书处主要为联盟提供日常服务工作。U21 的日常活动主要是靠各个高校来驱动。

U21 管理团队:它是 U21 的实际运作者,管理团队每年通过开 4~5 次管理团队会议来实现对 U21 的实质性管理。各个学校有一个主要的负责人,负责人来主管这件事情。按照惯例负责人需要一个副校长级别的来坐镇。

U21 执行委员会:每年会开一次年会,主要由校长参与,会对过去一年的活动和成就进行审议,为即将到来的一年制订战略规划,并对各个大学和高等教育的重大事宜展开讨论。每年年会为期两天,大会议程会根据各成员单位和学术专家的意见进行设置。

图 6-2 显示了 U21 联盟的整体架构。

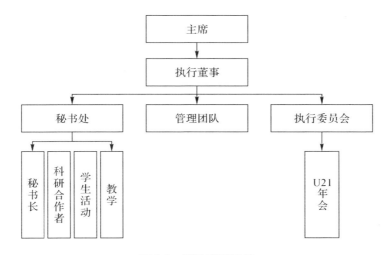

图 6-2 U21 联盟架构

战略目标

1.学生和教职工

(1)通过增加海外访学、会议和暑期学校等流动机会,拓展学生的全球视野;

(2)通过对研究人员和潜在的机构领导者的早期关注,培育一种全球视野,并促进教职工之家的联通;

(3)在研究型环境中的设计创新课程和进行教与学的最佳实践,培育学生的全球公民意识;

(4)为学生提供独一无二的体验和资源,让他们在日益全球化的21世纪更好地进行跨边界、跨文化的工作和生活。

2.成员学校

(1)利用U21的全球性特点,识别大学管理的最佳实践,分享经验,比较不同国家和地区的高等教育,促进成员学校的发展;

(2)为成员学校提供联合学位或双学位平台,以及提供其他学术合作;

(3)通过识别并应对21世纪教育面临的挑战,促进研究型教学的创新;

(4)通过使用新技术,支持全球学习者共同体的发展。

3.高等教育全球化

(1)共同合作,形成国际高等教育思维,并勇于提出质疑;

(2)提供一个论坛,让大学领导人识别、采纳和塑造国际化的创新方法;

(3)通过比较不同国家和地区的教育政策、支持及实践,优化各个成员学校的宽泛意义上的运行机制;

(4)通过实践、研究,以及将我们的经验传播至更大的国际高等教育社区,努力成为全球公认的国际化方面的领导者;

(5)审视高等教育和研究,共同有效地提出其中的挑战与机遇。

6.2.2.3 联盟特色

U21开展的活动主要分为定期和不定期两类。定期的活动包括:大学校长年会、学生研讨会、暑期项目、工作组会议等。不定期的活动包括:交换生项目以及协作小组会议及其发起的各类活动(学生交流类、教务科研类、行政管理类等)。

总体来说,学生交流活动是 U21 的主导活动,由学生体验指导小组和研究人员参与指导小组负责监管,学生流动办公室人员在 U21 框架下促进学生流动。

学生交流计划

1. 一年一度的本科生暑期交流始于 2004 年,致力于促进 U21 内学生的文化、体验、知识的交换,吸引了各学科的学生参与其中分享经验和想法。本科生暑期学校每年设置一个主题,2014 年的主题是"塑造未来的城市"。

2. 一年一度的本科生科研会议,包括一系列研讨会和学生展示会,并伴随着各种社会活动。从 2005 年开始举办,目的在于吸引各学科领域的学生,让他们有机会向国际听众展示自己的研究,提升展示的技能。2014 年的主题为"食品安全"。

3. 一年一度的社会企业家团队计划(Social Entrepreneur Corps,简称 SEC),是 U21 新开展的一项行动,为学生提供在危地马拉郊区开展工作的机会,以此帮助发展当地的企业,教育当地的人民。第一届 U21 项目开始于 2012 年,吸引了来自 U21 成员学校的 12 位参与者,被认为是由 SEC 组织者运营得最为成功的项目。

4. 学生峰会(Student Summit),目前已举办 2 届并取得巨大成功,旨在让 U21 成员学校的学生通力合作,在 U21 每年一次的校长会议上作报告,展示他们的提案,并引发后续的讨论和行动计划。

联合培养计划

U21 成员学校伯明翰大学、不列颠哥伦比亚大学、隆德大学、墨尔本大学、诺丁汉大学、昆士兰大学、蒙特利尔技术大学等 7 校相互开放多学科的全球问题培养计划(Global Issues Programme,简称 GIP)。学生通过网络或实地形式进行一个学期的交换,置身于全球化情境中,与其他不同国家和文化的学生交流相关主题,形成更为全面的理解。GIP 为学生提供环境治理、全球安全、国际金融、国际法、社会政策、全球文化等方面的 70 门课程,其中 15 门课程通过网络形式提供。不同学校、不同主题的选课要求不一致,但是 7 校普遍采取"1 门核心课程＋N 门在线课程＋N 门选修课程"的选课方式,要求学生必须选择除本校之外的其他选课课程。

2009年5月,U21还建立了联合授予博士学位的框架,目前有澳大利亚、加拿大、印度、爱尔兰、新西兰、韩国、瑞典、英国等国家的14所学校参与。该框架不同于其他联合培养计划,参与该框架的两所合作高校将为学生量身定制学习计划,全面考虑学生个人的研究需求,并促进与联盟内其他高校的合作。

教育创新(EI)计划

教育创新计划是从2013年11月1日开始实施,为期5年(2018年10月31日终止)。该项目旨在针对教育教学方法开展研讨、创新和实践,主要涵盖以下几个方面:

1. 在快速变化的数字环境中,探索有效而持续的学习和教学方法(包括MOOC、在线和混合式学习等);

2. 通过聚焦全球公民意识,扩展教学体验、强化学生的融入;

3. 通过奖学金支持,强化教—研关系;

4. 通过营造有效的虚拟、实体学习环境,适应不断变化的学习者需求。

为了能够顺利开展此项计划,在2012年末,指导小组在各联盟大学进行了一项有关员工参与教育创新的调查(主要聚焦于原有的教学和学习网络)。调查结果明确证实了上面四项工作的优先级,从而确定了联盟在制度层面和网络层面开展该活动的规划战略。教育创新计划所包含的活动见表6-14。

表6-14 U21联盟教育创新项目计划

活动	参与主体	实施时间
EI年会	监督:指导小组 会务:秘书处	每年一次(旨在将会议变成U21成员单位教育创新领导人必须要参加的重要会议)
EI年会的附属活动	监督:指导小组	每年一次
硕士讲习、研讨会项目	监督:指导小组 会务:秘书处 每年研讨会的众多题目中有一个是由指导小组确定的;其他的将在我们的EI社区中开放征集,并由指导小组最终敲定	每年一次

续表

活动	参与主体	实施时间
硕士讲习、研讨会项目的附属活动	监督：指导小组 会务：秘书处	择时而定
协助 SE 集群对 SE 活动的学习成果进行评估	监督：指导小组 会务：秘书处	2013/2014 年初
探索潜在的线上协作项目	监督：指导小组 会务：秘书处	2013/2014 年初，继而每年评估
通过扩展提供课程和参与机构的数量，包括一个对于学习绩效的评估，来支持 SE 集群在促进全球问题项目过程中的影响（GIP）	SE 集群主导，EI 集群辅助	每年评估
"研—教"关联性讨论与评估	监督：指导小组 会务：秘书处（EI 集群为主导，EI 和 RE 集群联合开展）	每年评估

资料来源：http://www.universitas21.com/217Programmatic Plans Page Abridged/

科研实践（RE）计划

科研实践（RE）计划是从 2013 年 11 月 1 日开始实施，为期 5 年（2018 年 10 月 31 日终止）。研究型大学依托强大的合作研发，生产出具有重大国际影响力的成果。联盟越来越重视对于新一代的研究者的投资、教育和培养，促进他们之间的交流与合作，帮助他们建立国际化的视角。在未来的几年里，我们将为学生们提供各种机会参与 U21 活动，从而实现这一目标，活动信息详见表 6-15。一方面，在线上，越来越多的学生和教授将通过新的虚拟研究社群，改善和扩展他们的技能和合作网络；另一方面，在线下，通过举行年度研讨会，构建国际交流和研发网络，融合新生代研究者和多种层次的教职人员。此外，在新的合作研究中，加强科研诚信和科研影响力的教育，进一步完善了合作研发过程中的经验分享机制，基于此，参与者也将有更多的机会去了解研究的前沿和现状，为未来更为复杂的挑战做好充足的准备。

科研实践集群的 6 个目标可以归结为以下 4 个优先级：

1.早期研究人员的网络化和技能开发；

2.科研诚信、学术道德教育；

3.研究成果与交流；

4.标杆管理和分享式学习。

表 6-15　U21 联盟科研实践项目计划

活　动	参与主体	实施时间
研究生科研会议	监督：主任委员会 会务：秘书处	每年一次
早期研究者研讨会	监督：指导小组 会务：秘书处	每年一次
研究合作组研讨会	监督：Des Fitzgerald 教授（RE 主任）和指导小组 会务：秘书处	每年一次
U21 3MT	监督：Dick Strugnell 教授（RE 主任）和主任委员会 会务：秘书处和昆士兰大学	每年一次
虚拟研究者社群	监督：指导小组和主任委员会 会务：秘书处	每年一次
研究影响力研讨会	监督：指导小组 会务：秘书处	每两年一次 （第一年）
研究诚信研讨会	监督：指导小组 会务：秘书处	每两年一次 （第二年）
贡献于"全球公民"模型	监督：学术委员会 会务：秘书处	一次性

资料来源：http://www. universitas21. com/217Programmatic Plans Page Abridged/

学生体验(SE)计划

学生体验(SE)计划是从 2013 年 11 月 1 日开始实施,为期 5 年(2018 年 10 月 31 日终止)。这个计划旨在借助于学生发展的成功经验、拓展学生流动的形式和范围以及增加学生活动的参与积极性来提高联盟活动的有效性和影响力。

这项计划的关键就在于通过与 EI 集群和 RE 集群的合作,聚焦于 U21 日益成型的活动所带来的附加值以及日益强化学生在研发网络中开发的经验,进一步形成"全球公民"的共识,特别是要继续维护 U21 暑期学校和本科研究会议的核心地位。为此,联盟将添加一个新的学生论坛,除了提供一个识别和应对学生发展需求的机制外,将为学生在网络活动中创造机会,这个在线获取同学观点的机制和鼓励学生积极性的竞赛将进一步促成新的学生论坛。对于已经参与到 U21 活动中的同学的激励措施,也正在被积极地研究和探索着。学生体验计划的活动见表 6-16。

基于学生在网络中流动的核心作用,集群将致力于现有的学生流动网络,开发新的、灵活的、非传统的短期和虚拟机会提高整体学生的流动性。自始至终,应将提供最高质量的经验作为工作的重点,通过制定学生开展国际学习体验的 U21 质量标准,将 U21 构建成这个领域全球领导人的集合体。

表 6-16 U21 联盟学生体验计划

活动	参与主体	实施时间
U21 夏季大学	监督:学生体验管理者 会务:主办成员	每年一次
U21 本科生科研会议	监督:学生体验管理者 会务:主办成员	每年一次
学生论坛和本科生研讨会	监督:指导小组、学生体验管理者 会务:学生、主办成员	每年一次
学生流动网络年会	监督:学生体验管理者 会务:学生体验管理者、学生流动网络	每年一次
"全球公民"跨集群的调查	监督:指导小组、学生体验管理者 会务:学生体验管理者	每年一次
学生参与——在线获得学生意见	监督:指导小组、学生体验管理者 会务:顾问、学生体验管理者、学生	2013/2014
学生参与——全球公民意识学生竞赛	监督:指导小组、学生体验管理者 会务:学生体验管理者、学生流动网络、学生	2013/2014

资料来源:http://www.universitas21.com/217Programmatic Plans Page Abridged/

6.2.2.4　个案小结

21世纪大学协会是一个由欧洲、北美、东亚和大洋洲27所综合型、研究型重点大学组成的全球性教育、科研网络,经过18年的发展,已然形成了相对完善的组织架构和功能模块。

在执行决策方面,联盟设有主席、执行委员会、秘书处、工作组等分工部门,通过每年的例行校长级论坛会议,对过去一年的活动和成就进行审议,为即将到来的一年制定战略规划,并对各个大学和高等教育的重大事宜展开讨论。

在校际交流方面,通过一年一度的暑期交流、本科生科研会议、SE计划、学生峰会等活动,推动U21内学生的文化、体验、知识的交流与分享,强化学生的科研能力和实践水平,并在国际范围内形成影响力。

在学生培养方面,通过EI计划,加强对教育教学方法的研讨、创新和实践;通过RE计划,加强对早期研究者科研诚信的教育和合作研发机制的设计。此外,GIP项目和联合博士学位项目的实施,为学生在U21联盟大学间的流动、大学间的优势资源互补提供了政策上的支持。

6.3　应对全球挑战型

6.3.1　欧洲 IDEA 联盟

6.3.1.1　基本信息

欧洲IDEA联盟是由四所欧洲著名的理工科大学组成的开放式工程教育生态系统,成立于1999年,其基本信息详见表6-17。创始成员分别是英国帝国理工学院(Imperial College London,于2012年12月退出)、荷兰代尔夫特工业大学(TU Delft)、瑞士苏黎世联邦理工学院(ETH Zurich)、德国亚琛工业大学(RWTH Aachen)。2006年,法国巴黎理工学院加入。

表 6-17　IDEA 联盟基本信息

联盟全称	欧洲 IDEA 联盟
联盟注册	1999 年
联盟属地	欧洲
现任主席	Ralph Eicher(苏黎世联邦理工学院院长)
联盟成员	4 所欧洲著名的理工科大学组成的开放式工程教育生态系统

IDEA 均由理工科类大学组成,是欧洲最为重要的大学间相互合作的代表之一。IDEA 联盟的建立是基于将各自学校出众的研究和教育项目,通过这种独特的伙伴关系进行合作与共享,实现增值。此外,在合作过程中实施评估,并对成果进行宣传,确保了 IDEA 联盟的进一步发展。IDEA 联盟有志于基于社会需求研究和开发突破性技术,从而为欧洲和全球性问题提供创新的、可持续的解决方案。另外,IDEA 还关注跨学科研究、优秀科研人员以及一流的设备的相关问题。

6.3.1.2　运作机制

组织架构

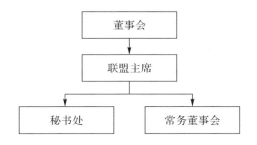

图 6-3　IDEA 联盟组织架构

IDEA 联盟的组织架构如图 6-3 所示,联盟的董事会由 4 所成员大学的校长和议员组成,是一个决策机构。所有董事会成员每两年举办一次会议,其余时间由常务董事会进行决策。2012 年以来,由 Ralph Eicher(苏黎世联邦理工学院院长)出任 IDEA 联盟主席。由秘书长负责管理和协调联盟内各项事务。常务董事会其他成员为董事会成员提供建议并协调政策实施。

合作目标

IDEA 联盟成立的目标在于大学联合培养项目、联合研究计划、联合战略文件以及联合质量管理的推动。IDEA 联盟努力促成成员之间的合作,特别是在能源、环境、健康、信息和通信技术等方面。IDEA 联盟坚信,在 21 世纪,为了解决各个领域的重大挑战,需要培养更多的工程师和科学家。没有一个单独的大学或机构可以独自应对来自于新世纪气候变化、环境污染、人口膨胀、信息爆炸、疾病增多等多种挑战,因而 IDEA 就致力于通过联盟的形式将各个大学的专长结合起来,共同应对未来的挑战。

6.3.1.3　联盟特色

应用地球物理学的三方硕士课程

IDEA 联盟的三个合作伙伴——代尔夫特工大、苏黎世工大和亚琛工大一起合作成立了应用地球物理学的三方硕士课程。在该硕士生培养计划中,学生将分别在三个学校中轮流进行学习。完成该学习计划总共需要完成 120 学分。

博士生联合培养计划

由于欧洲人口老龄化问题突出,IDEA 联盟的各个合作伙伴共同设计了一项有关人口老龄化问题的协同合作、跨学科研究项目。该项目由 IDEA 联盟资助,为 25 名优秀博士生提供为期两年的四个核心模块的培养计划。

该博士生培养项目的亮点在于学生需要到日本进行阶段性的学习。日本是一个人口老龄化问题十分突出的国家,然而日本对于人口老龄化的问题应对得较为自如。该项目将会挖掘日本是如何针对自己人口老龄化的问题制定可持续的人口政策、进行技术创新。学生们将会针对日本的案例进行反思,考虑这种方式在欧洲的适用性。科研协同合作与联合出版是该项目的一个长期目标。

IDEA 联盟暑期课程计划

IDEA 联盟成员学校中的学生可以加入 IDEA 联盟暑期课程计划。暑期课程计划主要针对硕士与博士生。成员学校分别承办不同主题的暑期课程,主题多为能源、环境、健康、信息和通信技术等方面的内容。旨在培养学生的科研与创业能力,该计划为免费项目,并会为学生提供食宿。

IDEA 联盟运动会

每年,IDEA 联盟运动会将汇聚超过 200 名来自成员学校的学生,运动会持续时间为 3 天,并且非常有趣。如果想参与下一届运动会,可从当地运动中心获取更多信息。

短期研究交流资助计划

每年 IDEA 联盟都会为学生提供多达 120 个月的短期研究交流计划。如果联盟内学生想要到联盟中其他学校进行短期科研,就可以申请该项资助。该资助对于本科生、硕士生、博士生都同样适用,学生需要通过竞争来获得。IDEA 联盟会为学生每月提供 1000 欧元。资助推荐的交换时间为 2 个星期至 6 个月,一般更倾向于资助短期交换生。

除此之外,IDEA 联盟中的学生可以申请到联盟学校中去完成自己的学位论文。

国际合作

在国际合作上,IDEA 联盟为学生跨国交流提供了一系列便利的手段。为了鼓励 IDEA 联盟中的学生更多地到联盟成员中进行交流学习及科研,学生在参加这五所学校中的研究项目时可以申请 IDEA 联盟补助金。IDEA 联盟成员学校的研究协会有机会获得合作项目的资助。另外,IDEA 联盟成员学校中的学生组成了 IDEAlistic,这是一个交换项目与合作项目的网络。在前文提及的 IDEA 联盟运动会也是国际合作的一种形式,通过这种非学术的交流机会,学生们可以用更加轻松的方式相互交流,更有益于人才的培养。

6.3.1.4　个案小结

欧洲 IDEA 联盟是由四所欧洲著名的理工科大学组成的开放式工程教育生态系统,致力于大学联合培养项目、联合研究计划、联合战略文件以及联合质量管理的推动。

在教学理念上,IDEA 希望让学生尽早参与到科研实践中去,无论是本科生、硕士生还是博士生,都被鼓励参与到跨校、跨国、跨学科的科研活动中去。

在实施手段上,IDEA 联盟对人才的培养主要体现在一系列联合培养短期项目与联合培养上,使得 IDEA 联盟中的学生能够和来自欧洲领先的理工科大学中那些最有才华和上进心的学生一起学习。

在学生交流交换形式上,不仅有传统的学术交流活动,还有体育交流活动;除了面对面的交流形式,学生还可以从网络上进行交流。

6.3.2 亚洲科技前沿大学协会(ASPIRE)

6.3.2.1 基本情况

亚洲科技前沿大学协会(Asian Science and Technology Pioneering Institutes of Research and Education League,简称为 ASPIRE League)是为促进理工科优势的亚洲顶尖大学间教育、科研和学术合作与交流而成立的大学协会,于 2009 年 7 月在东京工业大学成立,2010 年 7 月正式启用现名,协会基本信息见表 6-18。协会成员包括清华大学、东京工业大学、韩国科学技术院(KAIST)、南洋理工大学和香港科技大学 5 所大学。协会秘书处常设在东京工业大学。协会主要活动是协会会议,相当于年会,由副校长及高级职员会议、学术报告会、学生研讨会和报告会等组成,每年 7 月举办。轮值主席所在大学负责主办协会会议(ASPIRE Forum)。

表 6-18 亚洲科技前沿大学协会基本信息

联盟全称	亚洲科技前沿大学协会(Asian Science and Technology Pioneering Institutes of Research and Education(ASPIRE)League)
联盟注册	2009 年
联盟属地	日本东京
现任主席	Dr. Tetsuya Mizumoto(东京工业大学)
联盟成员	亚洲五校

资料来源:http://www.ipo.titech.ac.jp/aspire/english/

协会至今已经举办 6 届会议。2009 年 7 月在东京工业大学举办的第一届协会会议上,五校副校长签署了备忘录(Consortium of World Leading Technical Universities in Asia),正式宣告协会成立,同年 10 月与 IDEA League 签署联合声明 Joint Declaration Between Consortium of the World Leading Technical Universities in Asia and IDEA League。

2010 年 7 月在东京工业大学举办的第二届协会会议上,五校副校长深入探讨了协会的行动规划,并签署了备忘录,正式落实协会活动。协会定名为亚洲科技前沿大学协会［Asian Science and Technology Pioneering Institutes of Research and Education（ASPIRE）League］。备忘录重申协会目标是致力于成为创新中枢，通过促进科学技术的研究及人力资源开发，实现可持续发展的世界。2010 年 7 月的协会会议还举办了学术研讨会、学生研讨及报告会等活动。会议期间，清华大学、东京工业大学、韩国科学技术院三校探讨了中日韩政府间的亚洲校园项目合作的可能性。

2011 年 7 月在韩国科学技术院举办的第三届协会会议，以"全球可持续性中的能源与环境问题"为主题，举办了副校长与高级职员会议、学术研讨、学生研讨及报告会。还邀请了欧洲科技大学协会 IDEA League 的代表参加交流并介绍经验。会议期间，清华大学、东京工业大学、韩国科学技术院三单位还详细讨论了参加中日韩三国政府间的亚洲校园试点项目事宜，并就联合申请的文本进行起草准备。

2012 年 7 月在韩国科学技术院举办的第四届协会会议，以"下一代绿色技术"为主题，举办了副校长及高级职员会议、学术研讨、学生研讨及报告会等。清华大学副校长袁驷当选为协会主席，负责主持 2013—2014 年两年任期内的协会工作并召集协会会议。

2013 年第五届协会会议在清华大学召开，主题是"新能源的开发与利用"。除常规性协会会议外，将学生活动延长一周。三天就新能源相关的课题到校外调研、参访，后两天参加学术报告、研讨，并作报告等。

2014 年 7 月 10－11 日在中国清华大学召开第六届协会会议。本届会议以"新材料技术在新能源研发中的作用"为主题，内容包括学术报告会、副校长与高级职员会议、学生周等。在学术报告会中，五所成员大学材料与能源领域的教授和学者们汇报了本校和自己在相关领域的研究情况，分享了相关经验和科研成果。此外，大会还讨论了延长协会备忘录、下一届主席人选、学生竞赛（E-Olympics）等协会相关活动安排，并就相关事项达成共识。最后，五位委员会成员代表各自大学签署了关于延长亚洲科技前沿大学协会备忘录和附件的协议。

6.3.2.2　运行机制

联盟架构

ASPIRE 联盟架构如图 6-4 所示。

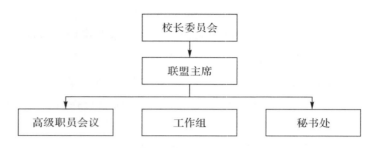

图 6-4　ASPIRE 联盟架构

　　校长委员会:每年举行一次的副校长会议是协会最高的决策机构。校长委员会由 5 所大学各一位副校长(KAIST 一直是助理副校长)组成。主席由其中一位副校长担任,实行轮值制度,由副校长委员会选举产生,任期 2 年,历任主席见表 6-19。

表 6-19　ASPIRE 历任主席

姓名	大学	在职时间
Joseph H W Lee	中国香港科技大学	2014—2016 年
袁驷	中国清华大学	2013—2014 年
Chang D. Yoo	韩国科学技术院	2012 年
Yong TaekIm	韩国科学技术院	2011 年
Ichiro Okura	日本东京工业大学	2009—2010 年
Prof. Tetsuya Mizumoto	东京工业大学	2019 年至今
Prof. Alan Chan	南洋理工大学	2018 年(7 月—12 月)
Prof. ER Meng Hua	南洋理工大学	2017—2018 年(7 月)

　　资料来源:http://www.ipo.titech.ac.jp/aspire/english/about_aspire_league/detail_124.html

　　高级职员会议:由各校副校长指定教师和职员组成,每年举办一次。

　　工作组:各会员大学设立以实施协会活动的机构。

　　秘书处:设在东京工业大学,负责日常服务性工作。

6.3.2.3　联盟特色

协会会议

最主要的自上而下的协会活动,由副校长及高级职员会议、学术研讨会、学生研讨会等活动组成,每年的 7 月上旬举办,每次两天。轮值主席所在大学负责召集主办协会会议(ASPIRE Forum)。每次会议的主题根据协会成立目标进行延伸,然后提交各方建议,秘书处将结果与副校长沟通,随后再确定三个分主题。2013 年清华大学举办的会议主题是"新能源的开发与利用",除常规的两天活动之外,还将学生活动延长一周。就学生研讨会的人员参与情况来看,非主办方学校有 5 个研究生参加的名额,主办方有 10 个参加的名额,另外向 IDEA League 每个学校开放 1 个名额。从参与研讨的学生背景来看,开放的、多学科交叉是普遍存在的,即使是能源也涉及政策。但是目前为止,大部分还是能源专业的学生参与到其中。在学生的选拔上,清华大学开展与研工部合作的形式,研究生会的学生会参与到从选拔到组织的整个工作中去。

研究协作

实现各种形式的科研合作,包括学术座谈会、研讨会、联合研究项目、人员和科学信息的交流。

学生交流

学生交流重点在成员高校之间开展,旨在培养年轻人才解决全球社会问题的能力。例如 ASPIRE 本科研究学术会议(UGRA)是一个针对参与能源和可持续发展领域研究项目的 ASPIRE 联盟大学本科生的强化项目,该项目包含多种主题,包括技术、物理、环境以及商业化方面。

ASPIRE 联盟教育证书

ASPIRE 联盟教育项目的实施需由两个或两个以上的成员大学参与,联盟将为参与的学生颁发证书。

卫星实验室和卫星办公室

成员大学可以在学校里建立一个卫星实验室和卫星办公室。卫星实验室成为高校研发协作的核心。卫星办公室主要从事一些商业化的活动。

6.3.2.4 个案小结

亚洲科技前沿大学协会(ASPIRE)是为促进理工科优势的亚洲顶尖大学间教育、科研和学术合作与交流而成立的大学协会。

协会活动分为自上而下及自下而上两种方式实施,活动内容如研究合作、教育项目合作等。协会还鼓励各会员在本校设立卫星办公室和实验室,向会员大学开放。协会成员大学尊重各自对知识产权的权利,相关问题单独处理。备忘录还确定与欧洲的科技大学协会 IDEA League 探讨研究、教育及创新合作。

自下而上开展的活动也有很多,学生本身有许多讲习班,比如 ASPIRE Grant(东京工业大学,由 3 个学校以上的老师联合申请),卫星实验室的教授与学生有一些交流,IDEA 也会提供一些学术活动。另外,清华大学、东京工业大学、韩国科学技术院三单位的"TKT 亚洲校园项目"入选首批"亚洲校园"计划试点项目。联盟还为参与通过联盟认证活动的同学授予 ASPIRE 联盟证书。

6.4 本章小结

本章在深入分析和总结了 6 个国际工程教育平台典型案例的基础上,提出了构建基于"全球重大挑战整体工程教育项目"的我国开放式工程教育平台的组织构建与实施方案。一方面,应进一步促进我国工程院校教学资源和学生主体的互补和流动,推动国际工程院校间的交流与合作,形成工程教育的院校平台,形成教育的合力;另一方面,应进一步拓宽产业参与人才培养的涉及面,即全链条式的参与,寻找产业需求与培养供给的契合,与此同时,为真实工程世界体验探寻更宽阔的实践平台,让工程人才在实训中掌握工程技能,同时致力于大学与产业协同创新效应的推动。

当前,我国的高等工程教育已走出了数量扩大和规模发展的阶段,迈入了转变发展模式、突出科学发展、实现高等工程教育质量飞跃的新阶段。注重内涵发展,提升教育质量和管理水平成为新一轮发展的主旋律。在这种新形势下,依靠以往的资源投入提升办学水平的方式已经不再合适,如何挖掘与充分利用现有资源,真正提高教育质量,增强办学效益,成为我国工程教育教学改革过程中必须加以认真研究的重要命题,构建开放式工程教育生态系统应是破解这一命题的重要路径之一。

6.4.1 国外开放式教育生态系统的经验总结

通过对德国 TU9、欧洲工程大学教育联盟、21 世纪大学协会等多个国际大学联盟系统的分析,我们发现如下问题。

1.校际协作,有效强化联盟系统构建

世界一流大学的联盟系统具有相对明确的战略目标,双方或多方的合作更多是基于战略层面的资源互补,从高校人才培养和学科建设的整体发展出发,而不仅仅为了谋求单一的短期或局部利益。作为一个动态的校际联合体,不同于完全内部化、一体化的大学联盟或教育集团,成员各方在密切合作的同时,仍保持各自的独立性和平等地位,不存在控制和被控制的隶属关系,其组织灵活、关联松散、运作高效,但又制定一定的约束机制,各成员高校通过正式契约达成协作和利益关系。

2.资源互补,切实提升人才培养质量

各成员高校通过构建校际联盟系统,实现优势资源的互补,弥补了各学校的弱势与缺陷,为工程专业学生提供了一流的教育体系和科研环境。我国在国际合作进行高层次人才的培养时就要注意分析各方优势,既要了解对方优势,能够为我所用,又要推动自身发展,明确自身优势,只有强强合作才能真正地碰撞出火花,不能单纯地依赖国外高校,要优势互补,实现共同发展。在分析各方优势的同时,我们一定要注重合理地利用各方的资源,形成优势互补,整合优势资源,弥补自身不足,最大程度地实现资源利用,提高资源利用效率,以联盟合作的形式进一步加强我国高层次工程人才培养质量。

3.产学协同,尚未构成长期有效机制

在产学合作上,各个联盟系统仅仅利用来自产业界一线的师资,为学生提供多样的实习、参观机会,而尚未与产业界建立起更为紧密、有效的长效机制。整体工程教育认为应进一步拓宽产业参与人才培养的涉及面,即全链条式的参与。一个是要尽可能地参与到人才目标的规划中来,寻找产业需求与培养供给的契合;再一个是为真实工程世界体验探寻更宽阔的实践平台,让工程人才在实训中掌握工程技能,同时致力于大学与产业协同创新效应的推动。

6.4.2　我国开放式工程教育生态系统的目标定位

目标定位是构成组织的一个基本要素,即参与者力图通过其行为活动而达成的目的,目标的多元化有助于联盟成员根据自身情况进行自主选择,从而最大程度调动其参与的积极性,实现互利共赢。

我国开放式工程教育生态系统旨在联合我国工程教育领域卓有建树顶尖大学(根据 USNews 大学排行榜,初步拟定联盟成员高校包括:清华大学、浙江大学、中国科技大学、上海交通大学、同济大学、东南大学、哈尔滨工业大学、大连理工大学、华东理工大学、汕头大学,后续将动态调整)以及国内外优秀企业,以"全球重大挑战"整合工程教育项目为依托,探索工程科技人才培养的发展方向和路径机制,促进我国工程院校教学资源和学生主体的互补和流动,推动国际工程院校间的交流与合作,共同应对未来所面临的全球性的新机遇和新挑战。

6.4.3　我国开放式工程教育生态系统的运行机制

联盟的运行机制是引导和制约联盟及其成员高校生存和发展的组织架构及其运行方式的总称。基于案例部分的分析可知,开放式工程教育生态系统一般都拥有相对正式和完善的组织结构和运行方式,如联盟主席、执行委员会、秘书处以及政策研究室等,有些联盟甚至在每个不同的领域都设有专门的委员会来负责各项事务,保证联盟良好运转。

6.4.3.1　组织架构与运行机制

基于我国开放式工程教育生态系统的目标和定位,联盟组织架构如图 6-5 所示,可分为两部分:决策机构和执行机构,其中决策机构为联盟理事会,由企业、高校以及政府等产学研相关部门和组织代表构成;执行机构包括联盟主席和执行委员会,执行委员会下设秘书处、产学研办公室、政策研究室以及"全球重大挑战"整合工程教育项目工作组等具体执行部门。

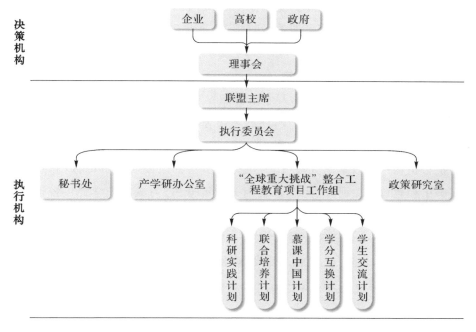

图 6-5　我国开放式工程教育生态系统组织架构

决策机构——联盟理事会：作为我国开放式工程教育生态系统的最高权力机构，由成员高校的校长或者副校长、成员企业的董事长或副董事长组成，主要负责联盟执行委员会、联盟主席等的选举工作，以及重要决议、计划和预算的审批工作。

执行机构——联盟主席：作为我国开放式工程教育生态系统的代表，也是联盟的执行机构之一，由联盟理事会选举产生，由成员高校的校长或副校长轮值担任，每两年换届一次。主要任务是根据理事会的决议，对联盟成员进行战略引导，在联盟外部进行宣传代言，提升我国开放式工程教育生态系统的社会影响力及其成员大学的生存和发展机会等。

执行机构——执行委员会：作为我国开放式工程教育生态系统日常运转的最高管理机构，由联盟成员大会选举出的轮值主席领导，负责联盟事务的实际管理和运行，包括联盟成员高校间的协调、对外宣传和联系、产学研合作、工程教育相关政策的研究以及"全球重大挑战"整合工程教育项目的运作和推进等工作。

执行机构——秘书处:作为执行委员会的内部协调部门,主要负责协调各成员学校之间的工作,负责联盟的行政管理、日常运转、会议组织和对外交流等具体事务。

执行机构——产学研办公室:作为执行委员会的校企连接部门,主要负责推动校企合作研发与工程科技人才培养相结合,大力促进学科群与产业的对接,做到"企业研究中心建在学校,学校实习基地建在企业",通过产学研合作,培养高素质、创新型工程科技人才。

执行机构——政策研究室:作为执行委员会的政策研究咨询部门,负责开展高等工程教育相关研究、生态系统相关政策分析、为成员大学提供咨询服务和决策参考等工作。

执行机构——"全球重大挑战"整合工程教育项目工作组:作为执行委员会的项目运作部门,负责"全球重大挑战"整合工程教育项目的具体项目和工作。

6.4.3.2 项目运行机制——"全球重大挑战"整合工程教育项目

当前全球面临资源短缺、环境污染、气候异常、灾害疫情频发等诸多严峻挑战,解决起来遇到的问题之多、难度之大远远超过以往,需要多领域、多学科协同配合,也需要国际社会共同努力。基于"全球重大挑战"整合工程教育项目的概念正是要将各工科高校与产业界一线企业联合在一起,共同解决一个研究议程和设计活动,在这里,学生、研究人员和教授可以见面、合作并且共同工作。

科研实践计划

汇集国内外优秀工科院校及知名企业的优势资源,以全球化视野谋划和推动产学研协同的创新模式。以高校协同创新为基础,以人才培养为目标,以校企合作为支点,积极构建教育—科研—产业联合体,共同致力于"全球重大挑战"整合工程教育项目的建设与发展。同时,不断完善联盟正式成员、新成员加盟及观察员学校的管理机制,确保联盟的健康、有序、快速发展。

基于"全球重大挑战"整合工程教育项目涵盖以下主题:

1.可持续发展;

2.新能源;

3.土木工程和绿色建筑;

4.交通和清洁能源汽车;

5.安全和灾害恢复；

6.创新与设计。

基于"全球重大挑战"整合工程教育项目依托联盟高校强大的合作研发能力和资源汇聚能力，通过对全球性重大问题的研究，完成工程科技人才的培养。联盟应进一步重视对于新生代工程科技人才的投资、教育和培养，促进他们之间的交流与合作，帮助他们建立国际化的视角。在合作研究中，加强科研诚信和科研影响力的教育，进一步完善了合作研发过程中的经验分享机制。基于此，参与者也将有更多的机会去了解研究的前沿和现状，为未来更为复杂的挑战做好充足的准备。

联合培养计划

针对各联盟高校承认成员学校的学士学位，学生可以在联盟中任一所学校获得学士学位后，被保送进入另一所学校攻读硕士或者博士学位。在不同环境下学习，不仅可以加强学生的专业知识，还可以锻炼他们的科研能力，为以后的职业生涯做好铺垫。针对整合工程教育项目，通过制订联合培养的双学位培养计划，如：硕士生联合培养计划、博士生联合培养计划等，实现跨专业、跨学校的人才培养和科研实践。

MOOC中国计划

采用 MOOC 开放网络课程的形式，共享成员高校著名教授的讲座或者精品课程的内容，以生动的多媒体形式展示学术前沿和教学内容。通过网络搭建MOOC 社区，为学生搭建更为顺畅的交流互动平台。通过互动和研讨，进一步加强成员高校间的互动。通过这样的方式，MOOC 参与者可以更加有针对性地了解自己感兴趣的工程学位的相关课程和知识，并且通过论坛可以结识具有相同兴趣和研究目标的同学。

学分互认计划

对在不同院校间交换学习的学生成绩建立相对统一的衡量标准和相对科学的质量保证措施，使得高校间的学生不仅可以通过学习本校的课程来获得相应学分，也可以通过学习联盟中的其他院校提供的相关课程来获得所需学分。只要所修课程成绩合格，学生所取得的学分就可在合作院校间被认可，并将该学分累计到学籍所在高校的学分体系中。这就意味着学生可以根据自己的爱好或学校的专业强项选择在不同学校修读不同科目,这样不仅可以不断提高学生的专业素养,同时也提升了学校的学科实力,也为联盟高校间的优势资源互补、教育教学质量的提升以及对各类学校学生相对应学习科目学分的认可提供了制度保障。实行学分互换不仅可以扩大学生跨学科、跨校学习的范围,也便捷了高校之间学生的转专业、转校等学籍手续,从而能促进高校间教学联盟与合作。

学生交流计划

(1)一年一度的本科生暑期交流致力于促进开放式工程教育生态系统内学生的文化、体验、知识的交换,吸引了各学科的学生参与其中分享经验和想法。

(2)学生峰会(Student Summit),旨在让成员学校的学生通力合作,在每年一次的校长会议上作报告,展示他们的提案,并引发后续的讨论和行动计划。

本章参考文献

[1] 焦磊,谢安邦.国际化视域下大学联盟发展模式探究——以澳大利亚八校联盟为例[J].江苏高教,2012(4):149-151.

[2] Beerkens H J J G. Global opportunities and institutional embeddedness: Higher education consortia in Europe and Southeast Asia[M]. University of Twente,2004.

[3] Kezar A. Redesigning for collaboration within higher education institutions:An exploration into the developmental process[J]. Research in Higher Education, 2005,46(7):831-860.

[4] 董志惠,沈红.论中国大学战略联盟[J].教育发展研究,2006(3):48-50.

[5] 汪怿.国外高校战略联盟与合作的几种模式[J].辽宁教育研究,2003(10):6-8.

[6] 阳荣威.后合并时代高校的选择:战略联盟[J].高等教育研究,2005(09).

[7] 周光礼,吴越.从竞争到合作:C9联盟组织场域的建构(上)[J].高等工程教育研究,2011(4):11.

第七章　我国工程教育系统的整体性变革策略

中国情境下的整体工程教育充分集成了大 E 理念与整体观的核心要素,以集成性、实践性与创造性为体,集成了整体视野、能力集成、学科交叉、真实体验、课程重构、力量协同等要素。据此提出"一体三维"的整体工程教育理念架构,通过培养目标、过程、规格与支持四个维度对整体工程教育进行创新架构。

本研究在对工程教育的发展脉络、研究现状等内容梳理的基础上,进行中国情境下的整体工程教育理念建构,通过调研与访谈,明确我国工程教育现状与问题,并通过面向整体工程教育的国内工科课程体系重构案例、面向整体工程教育国内外工科课程体系重构案例、面向整体工程教育的真实世界工程平台案例研究以及我国工程教育联盟的建构与实施的多组案例研究,系统阐述整体工程教育模式的理论前沿和实践基础,把握工程师职业能力需求,总结已有工程教育改革项目的实施成效,坚持工程教育项目研究的思想性、实践性、可操作性以及理论联系实际的研究特点,尝试提出我国整合工程教育模式及实践平台的构建方案,为整体性地提升我国高层次工程科技人才培养质量和优化结构提供重要政策建议。

工程教育离不开实践,离不开设计,离不开创造,这是国际工程界和工程教育界的共识,也是新时期工程科技人才培养的关键所在。培养具有综合视野、完善人格、综合知识、全面素质、解决实际问题能力的整体性工程人才,是当前积极应对全球化背景下的激烈国际竞争,实施创新驱动战略和实现中华民族伟大复兴的重大历史使命进程中最为紧迫的战略议题。为此,我们特提出以下建议。

一、加强顶层设计，提升我国工程教育的战略性地位

建议一：加强顶层设计，成立工程教育跨部门协调机构。应进一步深化认识工程科技人才在新时期的重要性，明确培养和造就具有创新能力的高素质综合型工程科技人才，构建更为完善的工程教育体系，是实施创新驱动战略和创新型国家建设的必由之路。全社会都要认识到"工程创造未来，创新引领世界"，要更加自觉、更加坚定地把创新作为经济社会发展的首要推动力量，进一步弘扬工程科技人才的创新精神，不断提高工程科技人才的社会地位与声誉。因此，建议加强顶层设计，制定总体框架，成立跨部门的协调机构，推动工程教育的相关立法工作，从国家战略层面加强工程科技人才培养。

下一步措施（国务院）：

1.建议拓展全国工程师制度改革协调小组的职能，成立国家工程教育指导委员会。建立和完善全国工程科技人才培养部际联席会议制度，成立由教育部、科技部、中国科学院、中国工程院、国家发改委、人事部、国防科工委等相关部门联合的工作小组。委员会作为工程教育界最高的咨询性学术机构，对具有根本性、全局性的工程教育战略问题深入开展研究，其主要职责是：组织研究我国工程教育改革思路和工程师制度框架设计，提出工程教育和工程师制度改革方案，对工程教育各专业的人才需求、专业设置、人才培养质量和就业情况进行评估并定期发布，推动重点产业部门、重点企业、重大工程与高校重要工科专业进行合作，积极推动国际交流等。

2.组织专门力量加强顶层设计，加强对未来产业和工程科技发展的预测研究，牢牢把握面向未来的工程技术前沿以及对于工程科技人才的战略性需求。借鉴并吸收国内外的先进经验，在实践中开展工程教育改革与试点。在原有工程教育框架的基础上，进一步明确国家、地方政府、高校、企业、行业协会等在工程教育中的地位和责任；采取工程科技人才培养的有力保障措施，建立相应的激励与约束机制，使工程科技人才培养"有章可循"。同时，要做好舆论宣传，创造一个良好的社会氛围与外部环境。

二、加大我国工程教育课程与教学模式改革的步伐

建议二：将工程学科打造成整体式学科，实施面向整体工程教育的课程体系重构策略。强调整体式课程体系设计,构建以理论性课程、体验性课程和实践性课程为基本框架的面向整体工程教育的课程体系。其中,理论性课程强调聚合科学和跨学科视角,体验性课程以教学实践环节作为载体,实践性课程要求学生进入企业学习,通过合作教育模式,将教学过程嵌入实际工作情景当中。

下一步措施(教育部):

1.将工程学科课程作为通识课程加入本科教育。本科的工程学科应该重组为一种学术性学科,就如同其他的科学、艺术和人文的通识学科一样,从而更加灵活地为学生提供综合性大学的宽口径的教育资源。这样做的目的是使学生做好未来终身学习的准备,而非只是基于单纯的短期的专业实践。

2.扎实工程学科的基础环节,进行工程学科基础课程整体设计。按需设立工学大类培养、小类培养、学院培养等不同方式,酌情构建工学大类平台、小类平台、学院平台基础课程体系。平台课程的宽度,即其统一覆盖范围,应与学校人才培养目标、教学水平、学生素质等因素相配合,且应是随这些因素变动而变动的动态过程,在实践过程中因时而变、不断调整改革。

3.开展项目导向的课程体系重构。工程教育课程应逐步淡化"学科中心"课程观的影响,建立以"强调工程实践""厚基础宽口径"和"强化学科交叉融合"为原则的有益补充的课程架构体系。强调以"解决工程问题"为导向的整合设计课程理念,打破学科界限,将相关学科、领域的知识进行系统性重组与划分。通过平台搭建,提供给学生体验现实世界工程环境的体验式课程,给学生提供在校内体验现实世界工程问题的机会。

4.强调实践性课程设计,回归工程实践,强调与实际需求相结合,构建突出工程性与创新性的工程课程体系。实施一体化课程计划,高度统筹规划实践教学,在产学研协同实践中培养学生实际解决现实工程问题的能力,着力提升学生创新创业的能力。要求工科老师具有在企业的工作经历,且要求学生具备在企业中 6~12 个月的工作经验。通过政策引导和资源整合,为学生提供优质的合作教育模式下的实践性课程,提升学生解决现实世界工程问题的能力。

建议三:明确培养工程师的目标导向,强化工程专业学位研究生培养模式改革。之前针对目前工程研究生教育偏向工学忽视工程,导致工科人才培养模式单一的现状,我国设立了学术学位与专业学位,其中在研究生工程教育阶段,专业学位包括工程硕士与工程博士学位。但目前在实施过程中,存在专业学位定位模糊、培养模式与学术学位趋同等问题。应当通过双导师制、学位论文选题设置等方式的引导以明确培养目标与导向。

下一步措施(教育部):

1. 明确工程学位定位区分、实践导向。针对目前工程研究生教育偏向工学忽视工程,导致工科人才培养模式单一的现状,建议专业学位研究生(工程硕士和工程博士)应严格实行学校与一位工矿企业或工程建设部门合作培养的方式,实行双导师制。由学校相应学科、专业点安排一位具有工程实践经验的教师与一位工矿企业或工程建设部门具有高级专业技术职称、专业相同或相近的工程技术或工程管理人员联合指导。

2. 学位论文选题设计结合实际。学位论文(设计)的选题、实践与工矿企业或工程建设部门的工程实际相结合,密切结合工矿企业或工程建设部门面临的技术改造、革新、引进等技术难题或科研攻关项目。

建议四:强调工程实践教学,建议从引导学生参与间接工程训练、课内结合课外实践活动和产研课题基础上实现产学研合作三个方面,走出自主的工程教育实践教学创新模式。通过重组和优化实践教学内容、构建现代工程实践教学课程体系,推进产学研合作,构建开放、综合的实践教学环境,完善实践教学质量评估、管理与激励机制等方式推进工程实践教学的发展。

建议五:建议将工程教育覆盖融入基础教育层次(小学、初中、高中),培养学生的工程师思维和理念。从基础教育阶段开始为学生提供接触和了解工程知识和技能的机会,培养学生的工程意识和兴趣,为此后的专业化教育阶段打下基础。

三、构建工程教育创新生态系统,建立政产学研融合发展模式

建议六:构建工程教育生态系统,引入产业合作伙伴。建议教育部及相关部门加强政产学研合作力度,通过体制机制推动产学研合作,充分发挥重大项目和重大工程对工程科技人才培养的作用。

下一步措施(教育部、工信部):

1. 要求国有企业必须为工科学生实习和见习创造条件,相关部门为接纳学生实习的企业提供税收优惠,对表现突出的企业给予税收减免等鼓励政策。

2. 在制定和实施重大专项、重大工程时,同步规定人才培养、专业培训的任

务,按比例列支相应经费,明确执行对象范围,将工程科技人才培训情况列为重大项目和重大工程的绩效考核指标,将人才培训投入列为重大工程、重大项目的人力资本投入。

3.针对工程科技人才成长发展的客观规律,摒弃"论文至上"的科学化倾向,逐步健全以工程专业实践和创新能力为导向,注重职业道德和职业伦理的工程人才评估体系和监督机制。

建议七:鼓励高水平工科大学打造真实世界工程教育平台。鼓励、推动以985高校、211高校为基础的高水平工科大学积极打造真实世界工程教育平台,为学生提供现实世界工程体验。着眼于工程教育实践性与整合性的特点,提升工程人才定位、分析和解决现实工程问题的能力。

下一步措施(高水平工科大学):

1.通过政产学研多方合作搭建现实世界工程教育平台。在"卓越工程师计划"鼓励参与卓越计划的企业建立工程实践教育中心,承担学生到企业学习阶段的培养任务的基础上,进一步通过产学研协作,共同治理整合各方资源。高校通过与政府、产业界的联合合作,将现实世界问题引入高校,并通过导师指导和监督学生完成相关项目。

2.制定相关激励政策鼓励产业界导师为学生正在进行的项目进行指导。产业导师的经验能够帮助学生认识现实世界工程情境,结合自身实践经验,为学生提供贴近产业实践的机会和体验。通过政策激励提升高校与企业参与产学研合作的积极性,打通学生参与解决现实世界工程问题的通道。

3.在"卓越工程师计划"高校要为本校卓越计划提供专项资金的基础上,尽可能地多元化经费获得渠道。结合中国情境,中国高校应当申请政府的财政支持,作为计划实施的基础保障,同时争取产业界的合作伙伴的资金赞助。

建议八:积极推进高水平工科大学工程教育联盟的组建。积极推动以985高校、211高校为基础的高水平工科大学组建工程教育联盟,以"全球重大挑战"整合工程教育项目为依托,探索工程科技人才培养的发展方向和路径机制,促进我国工程院校教学资源和学生主体的互补和流动,推动国际工程院校间的交流与合作,共同应对未来所面临的全球性的新机遇和新挑战。

下一步措施(高水平工科大学):

1.制定工程教育联盟监督管理条例。参考"卓越工程师计划"培养标准,依托教育部、工程院等政府机构和学术权威机构,逐步完善联盟的监督管理条例,对我国工程教育联盟及其成员高校进行宏观调控,监督、引导联盟成员高校有序竞争、理性合作,协调联盟合作的发展规划,加强对相关合作项目的支持和鼓励,为我国工程教育联盟的建设和发展创造一个良好的制度环境。

2.构建基于"开放"的多元化工程教育网络机制。高校应当利用自身所拥有的资源,为学生搭建网络平台、虚拟平台,并利用网络化平台,使得跨地域的团队组成成为可能。同时,也应当充分利用仿真与模拟技术,搭建虚拟平台,以帮助学生在虚拟实习中认识和了解来自各个领域的现实世界工程体验。通过模拟实践的方式,使学生对于工程项目实践能够有初步的理解,培养其今后解决现实世界工程问题的能力。

四、构建我国工程教育教师培养机制与激励体系

建议九:建议教育部通过政策激励和政策支持等方式,构建我国工程教育教师培养机制与激励体系。实施综合工程教育模式的重要保障是打造一支具有高度工程实践基础,具有扎实学识,具有高度创造力、想象力以及人文社会科学修养的工程教育师资队伍。为提升工程教育质量,在师资方面,要求全面强化工科教师的工程素养,改革和拓宽现有工科师资的遴选和考核方式。

下一步措施(教育部):

1.建立和完善"双聘"制度,有针对性地吸收一部分实践经验丰富的工程师和管理人员到高校任教或兼职。

2.设立专项基金,增强工科教师群体的多样化,实现高校和企业工程科技人才的交流。既要避免"纯讲理论不讲应用"的"纸上谈兵",又要避免过多横向课题研究的"低水平重复"。

3.全面加强和提升工科教师的工程实践能力,对提升工程人才培养质量具有极为重要的意义,必须从国家、高校双方机制的构建入手,努力培养与造就中国未来所急需的优秀的工程教育教师。

五、在高校层面积极推进跨学科计划

建议十：通过政策激励和经费支持等方式积极推进跨学科计划的制定和实施。建议以 985 高校、211 高校为基础的高水平工科大学协调各方机构，选择诸如信息技术、生命科学等重点领域，积极建立面向跨学科的项目资助体系，推进工程教育跨学科计划的制定和实施。基于整体科学的跨学科项目组织形式和项目团队，能够更有效地体现工程教育整体性的特点，同时在跨学科的背景下也更容易产生创新性的成果。

下一步措施（高水平工科大学）：

1. 以灵活的项目导向形式开展计划，汇聚优势资源，在共同解决一个研究议程和设计活动的过程中，推动工程科技人才培养质量的提升。强调以"解决工程问题"为导向的整合设计课程理念，打破学科界限，在项目导向的前提下，课程体系设计回归工程实践，强调与实际需求相结合，构建突出工程性与创新性的工程课程体系。

2. 淡化学科间壁垒，从各个工科学院入手整合，建立学院之间、院系之间的联合培养机制。打通工科类学院之间的边界，增加并稳固跨学科之间联合培养本科生、研究生，增强学科之间的互通性。

附　表

附表 1　清华大学本科生 SRT 计划基本流程

编号	流程	具体情况与相关要求
1	申请立项	由在校教师或一至三年级本科生作为立项人向教务处申请立项，其中每学期教师申请立项一般不超过两项，学生不超过一项。
2	立项审批	由教务处组织系级和院级 SRT 指导工作小组逐级审批是否同意立项及资助经费等。教务处设立的"SRT"计划项目基金对部分"SRT"项目提供 1000～3000 元的经费资助。
3	学生报名	通过审批的项目，在网上公布，并接受一至三年级本科生报名。项目可由跨学科、跨系的学生共同完成，每个项目原则上不超过 5 人，每个学生仅能参加一个项目。
4	项目执行	学生"以我为主"，充分发挥学生的主动性和积极性，使学生能进行调查研究、查阅文献、分析论证、制订方案、设计或实验、分析总结等方面的独立能力训练，从而锻炼实践才干。学生的导师需在"SRT"项目执行的各个环节对培养学生创新能力提出具体明确的思路，放手培养学生独立工作能力，但又不放任自流，有引导，有要求。
5	结题验收	提交完整的书面结题报告及一定形式的成果，如设计图纸、调查报告、仪器装置、开发的软件或系统、研究论文、研制报告等，最好能附有应用前景评价。学生需上网填写项目体会，并由指导教师和评阅教师在网上填写学生评语并分别给出成绩。学生的总评成绩＝指导教师给出的成绩＊60％＋评阅教师给出的成绩＊30％。

附表 2　浙江大学大学生科研训练计划基本流程

编号	流程	具体情况
1	项目立项	浙江大学每年组织一期校院两级 SRTP 申报工作。申报项目分学生(以本科二、三年级学生为主)立项和教师立项两种形式。项目参加人数为 1～4 人,其中立项负责人 1 名。校院两级 SRTP 项目实行一次性评审,由各院、系 SRTP 指导小组负责对申报项目进行评审,评审结果上报学校。经学校审核批准立项后,公布并接受学生报名。
2	项目分工	SRTP 项目实行项目负责人制,立项负责人对项目负全责,指导教师应积极发挥指导作用。立项负责人要根据课题研究内容,分配参与项目研究人员的任务,明确职责。
3	中期检查	每年 11 月份由各院、系组织本科教育科、SRTP 指导小组、教学督导组和指导教师采取多种形式(学生立项负责人填报项目中期检查表,查阅项目相关材料,检查科研记录本,召开座谈会,现场走访等)对校院二级 SRTP 项目进展情况进行中期检查,并写出中期检查材料。
4	撰写研究报告	项目参与人员应根据参与研究的内容和任务,整理和统计相关数据进行分析与讨论,提出自己的观点和见解,并撰写研究报告及时提交立项负责人,由立项负责人撰写项目总结报告。
5	项目结题与答辩	每期校院两级 SRTP 项目都需进行结题与答辩,答辩形式参照毕业论文(设计)进行。每年 4～5 月份立项负责人需填写 SRTP 项目结题表。指导教师需指导学生参加结题答辩工作,并在结题表中填写总体评价与评语。答辩小组由院、系 SRTP 指导小组、专家和指导教师等组成,答辩小组要认真做好现场答辩记录工作。
6	成绩评定	大学生科研训练计划成绩评定采用五级记分制,即优秀、良好、中等、及(合)格和不及(合)格。校院二级 SRTP 项目经结题答辩,由院、系 SRTP 指导小组会同答辩小组进行成绩评定,院、系本科教育科负责审核与记录。

续表

编号	流程	具体情况
7	第二课堂学分认定	每年 5 月份项目结题答辩和成绩评定后,学生向院、系本科教育科提出第二课堂学分申请,获取院、系开具的证明后,在学校素质拓展网上填写申请表,先由所在班级团支部进行初审,然后由班级团支部送交院、系团委进行审核,最后由学校素质拓展认证中心认定,并记取相应学分。学校素质拓展认证中心在每年 5 月份对全校申请第二课堂 SRTP 学分的学生进行集中认定。

附表 3　上海交通大学本科生研究计划基本流程

编号	流程	具体情况
1	项目立项	项目采取自愿申报、专家评审、择优资助的原则;申报项目每年受理两次,申报时间为每学期的第 7~10 周。项目申请人为本校具有中级以上技术职称(含中级)的教师或一至三年级本科学生(少数专业的四年级学生)。原则上每位教师每期最多申报两项,同时指导的项目一般不超过两项,每个项目参加学生不多于 5 名。本科生立项必须要有中级以上技术职称(含中级)的教师作为指导教师。每位学生每期最多申报一项,每个项目参加学生不超过 3 人(含立项学生)。项目执行时间一般为一学期,少数大型、综合性项目可执行一学年。
2	立项评审与学生报名	每学期的第 11~12 周,部门工作组组织专家对本单位申请项目进行评审,择优确定支持的项目及其资助经费额度。每学期的第 15~16 周,在上海交通大学大学生创新实践网公布立项项目情况,开放第一轮学生选项、报名;下学期的第 1~2 周,为便于学生调整学习计划,开放第二轮学生选项、报名。PRP 项目的报名对象主要为一至三年级本科生。
3	项目执行	项目在执行过程中,要求以学生为主体,充分发挥学生的主观能动性,使学生积极主动地进行调查研究、查阅文献、分析论证、制订设计方案、计算或实验、分析总结、撰写论文等,训练独立工作能力,增长科研才干。导师要发挥主导作用,对学生项目执行的全过程认真负责、精心指导。导师与学生每周至少见面一次。全校各实验中心、实验室均要向执行项目的学生开放。

编号	流程	具体情况
4	项目验收	项目完成后,每位学生应在规定时间内独立完成 5000 字左右的研究论文。提交的项目成果如设计图纸、模型、样品、装置、软件等应达到或超过项目立项时的预期目标。各 PRP 归档资料包括所有项目的立项申请书、中期报告和验收报告,所有学生的研究论文(含电子文档)和教师评语、PRP 成绩单、优秀项目评审表(含电子文档)、PRP 研究成果,保存期限一般不低于四年。
5	成绩评定	PRP 项目结题后,学生方可获得相应的学分。PRP 项目的执行时间原则上为一学期或一学年,学分为 1~4 个。一般执行半年的项目给予 1~2 个学分,执行一年的项目不多于 4 个学分。具体学分数视每一项目的工作量和完成情况,由项目验收专家组确定。PRP 成绩记入《上海交通大学学生学习成绩大表》。
6	学分认定	学生参加与所在专业有关的 PRP 项目,且项目成绩优秀者,可申请取代培养方案中相关的课程设计和毕业设计(论文)。
7	评奖评优	教务处每年组织评选一次校级杰出项目。申请对象为部门验收优秀项目,校级 PRP 指导工作组对申请项目进行评审,评出校级杰出项目(总数不超过当年优秀项目的 20%)。学校将对校级杰出项目的参加者和指导教师给予奖励。

附表 4　国内大学案例总结表

学校	事件	集成性	实践性	创造性
清华大学	工程力学(钱学森力学班)课程体系	要求学生修读航空宇航、机械、汽车、土木、水电、能源、环境等方向的课程。	设实践与科研课程模块,包括必修环节、大project课程和选修环节三个子模块中的若干课程。	学生在论文发表、ORIC项目等方面取得优秀成果。
	"新雅书院"课程体系	建筑学院、电子系、汽车系、生命学院、法学院的大一新生共同修读人文课程。		
	学校本科生"SRT"计划	在包括工学在内的所有学科领域实施,项目可跨学科、跨系进行,鼓励交叉学科知识的综合运用。	学生独立自主进行调查研究、查阅文献、分析论证、制订方案、设计实验、分析总结等实践训练。	学生在项目中自主又有引导,该环境最有利于学生创造性地开发。SRT计划的相关项目获奖频多。
	《创新与创造力开发》讲座			介绍创新与创造力的关系、社会创造力的培养等,有助于学生创造力的培养与开发。
	土木工程(学硕)课程体系	需选修2分以上的跨二级学科专业选修课程。		
	大数据人才培养项目	项目族所包含的三个项目涉及数据科学与工程的交叉。		

学校	事件	集成性	实践性	创造性
浙江大学	大学生科研训练计划	计划由跨学科成员组成团队,利用学科综合的优势解决科研问题。	给本科生提供了科研训练的机会。	在科研项目基础上实施,鼓励学生基于项目和问题进行创新。
	IEE工高班课程体系	该班级面向理工科本科生招生,实行大类平台培养,充分利用多学科交叉背景优势,组成跨学科设计创新团队。	课程实践模块,开设《工程研究与实践》《整合和创新设计》《电子系统综合设计》等实践课。	开设《领导力开发》《创业管理》等课程。在建模大赛、国际级及国内级其他竞赛中获奖颇丰。
	第二课堂活动		学生必须修读4个第二课堂学分,鼓励学生参与能提高综合素质的实践活动。	
	创新创业强化班课程体系			培养学生的创新意识、创新素质及创新技能。

续表

学校	事件	集成性	实践性	创造性
上海交通大学	工科平台课程体系设置	平台覆盖8个工科学院的23个专业,打通机、电、船、材等工科学科人才培养方案。		平台学生在信息与自动化国际会议上获得最佳论文奖,并在"挑战杯"全国大学生课外学术科技作品竞赛中通过创造性的科技作品获得特等奖。
	上海交大—巴黎高科卓越工程师学院课程体系	按照"专业课+人文社会管理类课+法语语言与文化课+英语课"的方式组织教学,人文社科管理类课程占整个教学计划的30%以上。	需修读大学物理实验(1)(2),并需在三门工程实践课程中选修一门。安排了三次企业实习,且为学生提供3个月至2.5年的海外交流学习或实习机会。	学院学生多次获得国家奖学金、企业奖学金,并有若干名学生被巴黎综合理工学校录取。
	本科生研究计划		有组织、有计划地让本科生参与课外科研项目的研究工作,从而培养学生的科研实践能力。	培养本科生的创新意识和创新能力,并为本科生进一步参与大学生创新计划打下坚实的基础。
	大学生创新计划		计划通过学生自主选题开展科研工作,在科研工作中发现问题、分析问题、解决问题,从而提高实践能力。	学生自主选题,在科研工作中提高创新能力。项目验收阶段还需就在创新思维、创新实践方面的体验做总结。

学校	事件	集成性	实践性	创造性
西安交通大学	2＋4＋X 的培养模式	2 代表第一、第二学年本科教育按大类进行，淡化专业，主要进行以人文、社会、自然科学为主的综合基础教育。	4 年的前两年进行开设项目设计（CDIO）课程、专业实习、校企联合开设课程和指导学生开发项目等；4 年的后两年学生在项目中锻炼科研实践能力。	X 代表在博士学位学习阶段，用若干年时间主要培养学生的追求创新的能力，通过高水平的科学研究工作，创造性地探索未知科学奥秘。
	"钱学森实验班"	在前 2 年至 2.5 年，该班实施理、机、动、电打通的大工科通识教育。	需进行集中实践，包括工程训练、专业实习、社会实践、课程设计等。	可修读社会实践与科技创新课程。该班学生在国际、国内竞赛中取得优异成绩。
	新型工程实践训练基地"工程坊"		可参与自主实践、项目实践及教学实习，锻炼实际动手能力。	学生通过工程坊完成了诸多创造性作品，部分在国家级赛事中获得奖项。
	"本科生科研训练和实践创新基金"项目	鼓励学生学科交叉、跨专业联合申请项目立项，结合各专业优势解决项目问题。	注重在项目实践中加强学生实践能力的培养。	学校将该校级项目与国家级、省级"大学生创新训练项目"相衔接，以加强创造性的延续和发展。
	电气工程及其自动化"学硕班"课程体系	要求掌握较宽的技术基础理论知识，学生需要修读电气工程、控制科学与工程、计算机科学与技术等跨学科的主要课程。	课程中包括必修的集中实践环节，必修的、独立设置的实验课程及 152 个学时的课内实验。	
	电子信息与工程学院"信息新蕾"计划		计划选拔优秀低年级本科生进入科研实验室，实际参与科研团队的科研工作和学术活动，体现了实践性的特点。	本计划突出加强拔尖创新人才的培养，在项目参与中激发学生好奇心与创造力，体现了创造性。

续表

学校	事件	集成性	实践性	创造性
哈尔滨工业大学	英才学院英才班课程体系		在课程体系中加入强化实践教育模块,加强科研实践能力的培养。	突出创新思维的培养,鼓励学生独立自主解决问题,强化领导力培养,通过领导力培训课程和科创团队等形式,提升学生及学生团队的领导力和创新能力。
	"基于项目的学习"计划	在该计划中,学生围绕具体项目、具体问题,组成跨学科团队,以跨学科视角对问题进行多维度研究,体现了集成性。	学生实际地参与到项目构思设计、实际体验、探索创新、内化吸收的过程中,体现了实践性。	学生在项目进行中不断探索创新,并取得初步成效,体现了创造性特点。
	自动化专业本科生卓越工程师计划课程体系		注重课堂教学与实验、实习、设计等实践性教学环节的有机结合,提倡学生尽早进入实验室进行实际科学研究训练,设置电子学课程设计等实践教学环节。	在实验中突出创造性、设计性,设置创新学分,要求学生参与创新讲座、课程及活动。学生在本科生论文发表、申请专利,参与国际级、国家级、省级等竞赛中取得良好成果。

附　录

附录 A：访谈提纲

1.贵校培养工程科技人才的理念定位；

2.贵校推进工程科技人才培养模式革新的亮点工程与战略举措，特别是在结合行业特色推进工程科技人才培养方面；

3.贵校在提升学生工程实践能力方面的具体做法（培养方案、课程设置、实验安排、企业实践）与成果；

4.贵校推进卓越工程师教育培养计划的具体做法（课程设置、特色项目、校企合作）；

5.贵校的产学研教学基地在人才培养方面的定位、管理机制、特色做法（实践环节、工程设计、毕业设计）和成果；

6.贵校在搭建联合培养平台（校内学科交叉、校企联合教学、校际交流）方面的具体做法。

附录 B：调查问卷

尊敬的工程师，您好：

本问卷调查是中国工程院院士咨询项目的重要环节，也是国家教育事业"十三五"规划编制的基础性工作，旨在了解一线工程师的能力结构和教育需求。本问卷为无记名形式,我们将对您的填答结果严格保密! 回答本调查问卷约需 10 分钟。问卷收集结束后,会将数据分析基本情况向您做反馈,感谢您在百忙中给予支持! 您的邮箱:＿＿＿＿＿＿＿

一、您的基本信息

1.您的性别:A.男　B.女

2.您的年龄:A.20～30 岁　B.31～40 岁　C.41～50 岁　D.51～60 岁
E.60 岁以上

3.您的教育程度:A.大专以下　B.大专　C.本科　D.硕士及以上
E.其他

4.您目前工作的所属行业:

A.信息技术　B.机械自动化　C.航空航天业　D.建筑行业　E.交通行业　F.电力行业　G.新能源与新材料　H.通信电子　I.化学化工　J.节能环保　K.金融服务　L.生物医药及高性能医疗器械　M.其他(注明＿＿＿＿＿)

5.您的就业单位性质:

A.国有企业　B.民营企业　C.外资企业　D.其他

6.您的就业单位的规模(即员工数量):

A.50 人以下　B.51～200 人　C.201～500 人　D.501～1000 人
E.1000 人以上

7.您从事工程师这一工作的时间长度是:

A.1 年以下　B.1～3 年　C.3～5 年　D.5～10 年　E.10 年以上

8.您的职称(资格)是:

A.助理工程师(初级)　B.工程师(中级)　C.高级工程师(副高级)

D.研究员或教授级高级工程师(正高级)

9.您的月薪(税前)(不包括年终奖)为:

A.5000 元以下　B.5001～8000 元　C.8001～12000 元　D.12001～15000 元
E.15000 元以上

二、请你根据自己目前是否符合以下描述做出客观评价,在相应的数字上画"√":

工程师职业能力结构量表

序号	描述内容	非常不符合	不符合	一般	符合	非常符合
1	实际工作中经常会遇到复杂的数学或物理等问题	1	2	3	4	5
2	工程设计方案的好坏决定了工程项目的成败	1	2	3	4	5
3	在工作中经常会因为工程实施方案的设计而绞尽脑汁	1	2	3	4	5
4	依照别人设计的工程实施方案开展工作是件很轻松的事	1	2	3	4	5
5	实际工作中会对工程数据的解读和分析花费大量的时间	1	2	3	4	5
6	在系统或产品的设计中需要经常考虑成本问题	1	2	3	4	5
7	在系统或产品的设计中需要反复论证其工艺性和可靠性	1	2	3	4	5
8	因为系统或产品的复杂性,经常需要与不同学科背景的同事联合开展工作	1	2	3	4	5
9	在跨部门跨学科的工作小组中,我与同事相处十分融洽	1	2	3	4	5
10	在跨部门跨学科的工作小组中,大家愿意分享自己关于设计、理念等方面的不同观点并开展充分的讨论	1	2	3	4	5
11	在工作中,我总是能第一时间发现一些工程上的细节问题	1	2	3	4	5

续表

序号	描述内容	非常 不符合	不符合	一般	符合	非常 符合
12	针对已发现的工程问题,我总能很快地提出解决方案	1	2	3	4	5
13	对于有损社会利益、有违职业道德的行为有明确的判断	1	2	3	4	5
14	在工作中不做有损社会利益、有违职业道德的行为	1	2	3	4	5
15	在工作中没有损坏社会利益、有违职业道德的行为	1	2	3	4	5
16	在工作中常常需要向领导、团队成员以及其他相关工作人员表述自己的观点和想法	1	2	3	4	5
17	在工作中常常需要清晰理解、领会来自其他相关工作人员的观点和想法	1	2	3	4	5
18	经常利用人际关系网络来获取相应的信息和支持,确保工作任务的完成	1	2	3	4	5
19	在工作中常会用到经济学、社会学、文学等相关知识	1	2	3	4	5
20	对正在进行中的工程项目所具有的经济、社会或环境意义有明确的认识和思考	1	2	3	4	5
21	持续和终身学习对于当前工作的开展具有重要意义	1	2	3	4	5
22	总是努力寻找学习机会,以获取新的专业知识和技能	1	2	3	4	5
23	总是不断改进工作方法或工具,大胆试验新型模式	1	2	3	4	5

序号	描述内容	非常 不符合	不符合	一般	符合	非常 符合
24	常常为自己设置具有挑战性但又确实可行的目标	1	2	3	4	5
25	定期检查工作进展,调整工作行为以确保达到预期标准	1	2	3	4	5
26	在长期繁重的工作任务之外有自我学习计划并坚持推进	1	2	3	4	5
27	通过各种途径了解当前工程科学等时事热点问题和内容	1	2	3	4	5
28	常常与工作相关人员讨论当前工程技术热点问题和内容	1	2	3	4	5
29	对各类新技术、新趋势等问题有自己的思考和认识	1	2	3	4	5
30	在工作中常常会运用计算机仿真、数据建模等软件	1	2	3	4	5
31	不断将所学的新技术、新技能运用于日常的工作中	1	2	3	4	5
32	在获得较为充分的信息时,能迅速做出正确决策	1	2	3	4	5
33	常致力建立融洽的团队气氛,带领大家共同前进	1	2	3	4	5

工程师职业绩效量表

序号	描述内容	非常 不符合	不符合	一般	符合	非常 符合
1	我完成的工作量高于部门的平均水平	1	2	3	4	5
2	我完成的工作质量高于部门平均水平	1	2	3	4	5

续表

序号	描述内容	非常 不符合	不符合	一般	符合	非常 符合
3	我的工作效率高于部门的平均水平	1	2	3	4	5
4	我完成工作质量的标准高于我的岗位规定的标准	1	2	3	4	5
5	我会加班加点,确保工作按时完成	1	2	3	4	5
6	我常常会关注工作细节	1	2	3	4	5
7	我会主动要求承担具有挑战性的工作	1	2	3	4	5
8	即使上级不在,我也会遵从指示行事	1	2	3	4	5
9	我会主动解决工作中所面临的难点问题	1	2	3	4	5
10	我非常愿意承担本职之外的各类工作	1	2	3	4	5
11	我在采取可能影响他人的行动前,会主动告知他人	1	2	3	4	5
12	我经常会说一些能使同事感觉愉悦的话	1	2	3	4	5
13	我经常与部门其他成员主动沟通并通力合作	1	2	3	4	5

工程教育环境要素量表

序号	描述内容	非常 不符合	不符合	一般	符合	非常 符合
1	大学期间的学科基础课学习对目前工作有很大帮助作用	1	2	3	4	5
2	大学期间的专业模块课学习对目前工作有很大帮助作用	1	2	3	4	5
3	大学期间的人文选修课对目前工作有很大帮助作用	1	2	3	4	5
4	大学期间的学术竞赛或科技竞赛对目前工作有很大帮助	1	2	3	4	5

序号	描述内容	非常 不符合	不符合	一般	符合	非常 符合
5	大学期间的工程实践与实习活动对目前工作有极大帮助	1	2	3	4	5
6	大学期间学校会经常安排同学到企业参加工程或项目实习	1	2	3	4	5
7	大学期间学校会组织形式多样的学术竞赛或科技竞赛	1	2	3	4	5
8	大学期间学校经常会有有针对性的各类工程实习及训练	1	2	3	4	5
9	大学期间学校经常用仿真平台模拟真实工程的实践训练	1	2	3	4	5
10	大学期间的学术训练或科研训练极大地提升了职场竞争力	1	2	3	4	5
11	大学期间的各类仿真工程实践训练极大地提升了职场竞争力	1	2	3	4	5
12	大学期间学校对应用型工程师（本科/硕士）和学术型工程师（博士）有明确分层次分类型的培养目标和教学体系	1	2	3	4	5

附录 C:访谈记录

附录 C-1:福州大学访谈记录

访谈对象:李立光(科学技术开发部副主任)

　　　　　温步瀛(教务处副处长)

　　　　　陈兴明(高等工程教育研究中心副主任)

　　　　　林绣戎(高等教育研究所)

　　　　　郑世珠(科技处副处长)

访谈时间:2014 年 4 月

访谈人员:姚威、倪倩、王凯、翁默斯、韩旭

访谈具体内容如下。

一、工程科技人才培养模式——紫金矿业学院

福州大学的紫金模式是"卓越工程师计划"的典型案例,最开始由福大的采矿专业发展而来。在人才培养上,主要采用校企合作模式,具体表现是:学生培养方案有企业工程师参与制定,培养过程中增加由企业内部专家授课的内容;毕业设计环节的时间拉长,学生累计要有一年的时间驻扎在企业内实践;在学生毕业答辩时,其毕业设计所占比例达到 80%,毕业论文占 20%;在本科四年的学习中,实践课程增加到一年,整体的课程设置需要随之改变。

以紫金矿业学院为典型,福州大学现有 11 个专业推行类似的校企合作教学模式,但是现在学校整体经费不足,只能小范围地开办试点班。卓越工程师计划的设想非常好,更需要合适的政策保障和足够的资金支持。

问题一:人才培养的成本问题

不同专业、不同实习时间、不同设施都会导致成本有很大区别,大致可以分为四种情况:第一种,企业里宿舍和实验室都建好了,学校只承担学生往返交通费,成本最低;第二种情况,企业有员工宿舍和食堂,可以解决食宿问题,但其他条件不完备;第三种,企业什么都没有,学校承担各项全部费用;第四种,优秀学

生自己去企业实习,企业也有可能给予其补助。另外,在这几种情况之中都还要考虑指导教师的薪资以及补贴问题。

问题二:现存的难点以及发展方向

培养人才是为社会整体服务,政府应该给接受实践学生的企业优惠政策,例如税收减免等,但现在政府缺少支持。另外,教师的津贴应该增加,其付出大量的时间培养学生,带毕业设计、下工厂,都要花费很大精力,如何保持其积极性是一个非常重要的环节。

卓越工程师计划想要长久地、可持续地发展,激励老师、企业和学生是关键。对教师的激励包括薪酬补贴乃至职称晋升机制等方面;对企业的激励包括减免税收、通过开展与学校合作减低人才招聘成本;对学生的激励包括实习实践经验等。政府也需要持续地提供支持,提供合理的政策和连续的补助,因为工科学生的人均培养费用比较高,故福建省现已将财政拨款的工科系数从 1.5 提高到 1.8 左右。

二、有关"创业型大学"的理念及实践

福建省的高等教育是"东部中的西部",比较落后,各方面的投入也非常少。福州大学进入 211 工程第二期之后,如何进一步发展就成为了关键问题。提出"创业型大学"的理念,核心就是打破资金瓶颈和体制发展桎梏,解决结构性问题。当年福州大学面对着"三座大山"的压迫——985 高校系列、国家院所系列、大量的直属企业,它们拿走了国家大量的科研经费,像福州大学这样的地方性院校,无法与"三座大山"抗争。必须要挣脱枷锁,找到自己的发展道路,唯一的方法就是结合地方政府和当地企业,服务地方经济的发展,自己创业——此即"创业型大学"的雏形。

吴敏生(前)校长通过学习国外大学、政府、企业三螺旋模型,借鉴创业型大学理论、知识资本化、知识管理理论,提出福州大学要跟地方经济紧密结合,于 21 世纪提出"服务海西"战略,以创业型大学的理论、理念来指导实践。通过向全世界的创业型大学学习,强化领导核心的凝聚力和战略执行能力,打造学术核心地带,不断地拓展外围资源。

福州大学借助创业型大学的办学思路和理念,发扬艰苦创业的精神,不是照搬美国顶尖研究型大学走创业型大学的路线,而是自己建设富有区域特色的

创业型大学。人才培养、科学研究都要注重跟地方特色、地方经济相结合,开展校企合作、校地合作,建立了紫金矿业学院、八方物流学院等。在这样的背景下,对各个部门能够为学校发展服务的做法都予以鼓励。

附录 C-2:山西大学访谈记录

访谈对象:刘维奇(山西大学副校长)

　　　　张主社(山西大学大东关校区管委会副主任)

　　　　吴文清(山西大学发展规划处处长)

　　　　曹建平(山西大学发展规划处副处长)

　　　　耿彦峰(山西大学教务处副处长)

　　　　韩晓东(山西大学科学技术处副处长)

　　　　周海潮(山西大学社会科学处副处长)

　　　　吕宏伟(山西大学研究生院副院长)

访谈时间:2014 年 10 月

访谈人员:刘继荣、姚威、程春子、翁默斯、韩旭、吴蓝迪

访谈具体内容如下。

山西大学制定了三步走战略。第一步,到 2015 年完成综合实力提升计划;第二步,到 2020 年底,比 2012 年底办学指标翻一番。目前,山西大学在全国排名 60～70 名,力争 2020 年进入前 50 名。第三步,到 21 世纪中叶建校 150 周年时,力争回到 20 世纪二三十年代山西大学地位,与部分 985 高校水平比肩。

一、师资队伍

想要实现山西大学三步走战略目标,关键是高水平人才队伍建设。具体包括改革薪资水平、加大人员支出、稳定教师队伍、提升教师层次。在 2012 年实行薪资水平改革,给予优秀人才年薪 6 万元、津贴 20 万元的待遇,对于其他各类人才,其津贴也可达到 12 万～15 万元。此举使得山西大学教师待遇与华北地区保持一致并有所提高,人才流失状况得到改善。

山西大学的人才目标是:每年增加 200 名教师,维持 7 年,共增加 1400 人左右,这意味着现今山西大学正处于迅速发展的时期,对优秀人才的需求也更加强烈。

二、学科设置和专业学位

学科设置方面：经过第 9、10、11 次学位授予权审核，我校学位点数量大量增加，学科结构变化，由单纯文理变为文理工结合的更合理多元的结构。

专业学位申报点：我校目前有专业学位 18 个，培养高层次应用型人才，为省里相关产业直接培养应用型人才。2013 年底至 2014 年初，我们开始了新一轮专业学位申报，将光学工程专硕置换为电气工程专硕，更符合山西大学服务地方社会发展的需求。

三、人才培养

（一）我校本科人才培养方案：厚基础、宽领域、重实践、强能力

我校培养四类学生：领军型精英人才、应用型高端人才、创新型拔尖人才、复合型创业人才。

培养学生的四种能力及其方法：

一是通过优化课程体系，培养本科生专业核心能力。培养专业核心能力，需要使学生对专业有归属感与认同感，把"我能干什么"变成"我要干什么"。过去的课程体系难以体现专业特色，且追求"大而全"，而对专业核心课学习不够。2012 年教育部蓝皮书新专业目录规定了主干学科应该开设的主要核心课程。我们把这些主干核心课列为每个专业需要建设的重要内容：第一，对核心课课时不做限定，不压缩核心课程课时；第二，实行团队授课制及首席教授负责制，整合学院和研究所优秀资源，选择高水平教授担任首席教授。

二是以跨学科综合教育培养本科生跨学科交流能力。学校成立了文科实验班（文学、史学、哲学）和理科实验班（数学、经济学、管理学），组成初民学院。2009 年设立以来，初民学院总共招收了 431 人，收获 2013 年和 2014 年两届毕业生，两届毕业生考研率在 55% 左右，学生学术成果众多。2011 年起，学校针对本科生开设跨学科学术讲座，强化综合教育。该讲座选择非本专业教师开设，以强化综合素养。

三是以立体化实践训练体系锻炼本科生实践动手能力。2014 年，学校启动实验课程体系改革。以前我校本科生参与实验比例较低，约为 60%～70%，而浙大达 90%，我们的改革目标是 80%。目前我校拥有较为充足的经费支持实

验室建设。在实验课程体系改革基础上,我校要求每个专业必须开设几个综合类提高实验课,即综合提高课。其中全部为研究性实验项目,这些项目来自于教师结合服务地方的科研成果或自主研发课题,使本科生提前参与课题。除此之外,我校 2013 年设立了 5 个实训中心、8 个校外实践基地,结合相关课题,联合企业和科研院所在校内做实训、在校外做实践。

四是开展学科竞赛和科研训练项目,培养本科生科研创新能力。目前我校开设了本科生科研训练项目 SRT 项目、大学生创业创新项目等,使学生多参与、多动手,尽可能扩大覆盖面。

本科生人才培养注重五个结合:与专业建设结合——专业定位是什么,专业就培养什么样的人才;与课程体系结合——课程体系是人才培养的载体;与实验室结合——为本科生提供实践经历;与实践基地结合、与科研结合——科研服务教学,老师的优秀科研成果必须向本科生转化,使本科生提前感受到科研氛围。

(二)研究生培养的主要做法

一是我校在专业学位教育中,加强关于职业资质考试的课程的设置,将职业资质考试相关内容放到培养方案中。

二是在学术学位教育中,按一级学科基础课打通,培养更宽知识面。此外,在一级学科下凝练 4～6 个主打的特色优势方向,在这些方向设置选修课。加强职业可选择余地,将最好的师资放在学生培养之处。

三是研究生创新中心的设置。2003 年,山西省四个单位联合出台研究生教育创新中心相关规定,由学校和企业合作建立联合培养研究生的基地。山西省的第一个研究生创新中心是山西大学和汾酒集团合作创建的。在合作中,企业技术人员担任学校导师,学校导师担任企业技术攻关人员。我校还与振东制药股份有限公司共建省级研究生教育创新中心等。此外,还根据省级创新中心建立了校级和院级创新中心,实现了省、校、院三级管理。省级以工矿企业为主,校级和院级更多地与行政单位和县级经济合作,以联合培养实现学校与企业对接,加强相互联系,加强导师对企业的认知,使导师更多地参与创新项目。

四是逐步提高对专业学位研究生导师的要求。我校对专业学位教育实行双导师制。对于校内导师,原则上有导师资格的教师都可以带专业研究生。但经过发展,我们提高了要求,要求导师具有专业知识,手握横向课题。

附录 C-3：云南大学访谈记录

访谈对象：云南大学大学重点项目办事处罗主任

云南大学软件学院院长李彤

云南大学软件学院副院长梁宇

云南大学科技处李宇老师等

云南大学高教处陈老师

云南大学科技处自然科学基金项目科长张老师

访谈时间：2015 年 5 月

访谈人员：姚威、张炜、李飞、汪雨婷

访谈具体内容如下。

一、CDIO 试验区的工作与延伸

软件学院认为，CDIO 是工科学生能力培养的方法。MIT 的 CDIO 四个方面和软件生命周期的四个方面有异曲同工之妙。实践与运营是一个工程师的必备能力基础：能力－项目做成－市场运营。培养工程师不同于培养科学家，不同于培养蓝领，是一种顶天立地的素质的培养。CDIO 体现思想，是对学生思想层面的训练，怎样将技术加以落实？关键在于对市场的把握，项目的维护、运行，项目经费的管理，人与资源的配置。

软件学院将 CDIO 进行改造，改进成了 SECDIO。由于很多方面没有想好，并没有在教学层面进行改进。软件学院将 CDIO 做成项目的形式：针对某门课程、课程群、局部性的项目（类似于课程设计）；针对毕业设计进行的 CDIO，分成三个层面，设置成项目，让老师带着学生做。学生实际动手能力、理论的把握能力、技术把握能力在此过程中得到提升。

软件工程为国家精品课，举此为例。四个阶段，到了一个点，每个学生必须提交报告，符合大纲的要求，经过四个阶段，学生必须产生一个软件产品，而且必须投入运用，比如餐饮点餐、学生宿舍管理系统等，目标在意的是一种感受。将课程用在实践项目里面，其中将课程任务继续做大的成功案例很多。这样的模式，最大的成功就是理论技术、工程能力得到了比较好的兼顾。

另外，软件学院为地方经济服务做了很多事情，云南省十一五、十二五、十三五信息产业的规划是软件学院写的。十二五期间,写了 16 个规划给云南省有关部门作软课题的研究,很多思想写进了省政府的红头文件,促进了信息消费。不过仍存在一些困境:写这些报告,在学校成果的确认中得不到认可。

在学生培养上,专业英语授课,听力、写作、阅读、交流四门课程持续两年,全国高校做得不多。另外,本科一半的教材是双语的,软件学院的学生英语比较好,这些措施坚持了 14 年。学校聘了外教,来自美国、澳大利亚等国家的海归也很多,除此之外,还将老师送到国外进修,双语教学发挥了很大的作用。

二、问答

问:SECDIO 是怎么与软件的生命周期相结合的?

答:软件工程 CDIO 基本的控制环节是一样的,具体的会有变化。最早是徒步设计、需求分析、概要设计。后期是软件开发,螺旋生命周期,CDIO 也是螺旋生命周期。

构思——可行性研究需求分析比较相通。学生做好构思、想法;用户体验是怎样的;根据技术、经济、市场判断是否可行;值得做的话该怎么做好。实际教学中,讲实际的想法是什么样的,说出想法。

设计——软件生命周期中也有设计。除了软件工程知识有转换之外,新技术与课程说的传统的还有一定的距离,如何将原理与新技术相结合,设计构思,把思想转化成设计的蓝图。

实现——实现与测试统一为"I"。学生不讲空话,必须在机器上跑起来,很多学生做的东西在计算机上跑不起来;团队中每个人的工作量自己设定;团队只有一个分数,再根据学生自己设定的比例来界定个人的分数。

运营——大学最难做的是"O"。一定要学生将软件投入实际的运营,并且开出证明。每年学院会出 100～200 项的项目,做得好的同学,10% 申请软件著作权,作为毕业设计等。文档全部按照国家标准的计算机软件文件编撰指南。CDIO 各占 20 分,剩下 20 分作为答辩、文字表达等方面评分。

问:有经费支持吗?

答:国家给了 50 万元 CDIO 经费,学院"人才培养创新工程"每年投 50 万元,其中 35 万元支持教师教学改革,15 万元支持学生活动,但不全是 CDIO。划成 20 个 CDIO 的子项目,经费主要是在老师的手上,学生在做"O"时,老师根据实际情况给学生资助,报销要符合规定。一届 300 人,一个学生项目 2500～3000 元,老师项目 25000～30000 元,不去管得很细。

问:CDIO 有没有加领导力、创业模块?

答:创业的还没有。2009 年开始考虑领导力模块。学生管理方面,做了学生风采——学生事迹采集、云大学生风采录等,实施的时候并没有考虑到创业。

附录 C-4:浙江工业大学访谈记录

访谈对象:教务处教学主管副处长及相关负责老师

访谈时间:2015 年 7 月 25 日

访谈人员:姚威、程春子、王凯、翁默斯、韩旭

访谈具体内容如下。

我校选择了两个拳头专业——化学工程与工艺、机械工程专业,参与卓越人才培养计划试点。在以下方面做了强化。

(一)卓越计划试点组织工作

设立了专家委员会,在学院层面成立了相应工作小组、实施小组,以及工程教育办公室。通过组织建设,保证项目顺利实施。

(二)培养机制改革

一是引入选拔与退出机制。"兴趣导向、兼顾潜质",按这两个原则选拔学生。同时,允许学生中途退出或进入项目。

二是树立 OBE(outcome-based education)教育理念和教学质量观。以前我们是产出导向、出口导向,而现在要 OBE 导向。OBE 有几个内涵:以学生为本,以培养目标、学生学习成绩为导向,强调持续改进。我校以专业认证评估为抓手推进专业改革。我校试点的专业以优异成绩通过了专业认证。

三是强化专业教育的同时强化通识教育。我们在搞工程时,要考虑对整个社会的影响(经济、法律、环境等)。我们的学生应该有比较强的创新意识和创新能力,还必须有社会责任感和职业操守。我们的做法是,以通识教育推进、融入专业教育。

四是强化教育模式改革。我校推进三个转变:从以教为主,转变为以学为主;以机械传授为主,转变为以能力培养为主;以课堂教育为主,转变为课堂内

外的有机结合。

五是强化实习教学模式。不能一刀切全部搞3＋1。例如,化学工程与工艺专业,整个生产过程与传统完全不同,所有操作都是集中控制的。对这样的专业如何培养? 我们提出虚实结合:通过计算机仿真模拟、沙盘仿真模拟、工厂实地实习,从认识、实践、再认识、再实践这样的循环中提高学生工程意识和工程能力。

六是推进卓越计划的本研衔接。本科人才培养与研究生专业人才培养应衔接。

七是教师队伍。我校在职称评审和岗位聘用方面进行改革,搞了社会服务型教授(工程能力很强,但没有论文),提高这些教师积极性。此外,对教师进行了系统化工程能力培养,对企业具有很强工程能力又懂一点教育的教师进行培养,来推进项目实施。

八是在校企合作机制上,搞校企合作委员会、校企用人单位都参与的指导委员会。如何使校企合作有持续性? 我们认为校企互聘、互培,到地方设置工业研究院都是很重要且可行的。

最后,我想谈谈工程教育的问题。工程人才培养不是一家能够完成的事,社会和企业应该有相应义务、职责参与培养。在工程教育做得比较好的美国、德国、韩国、日本,它们通过立法形式,规定企业义务、给予政策倾斜。这样校企合作才是可持续、真正起作用的。

附录 C-5:温州大学访谈记录

访谈对象:教务处教学主管副处长及相关负责老师

访谈时间:2015 年 7 月 28 日

访谈人员:张炜、倪倩、王凯、李拓宇、吕正则

访谈具体内容如下。

温州大学 2011 年有四个专业进入卓越计划:机械工程、网络工程、服装工程、化学工程。我们以卓越工程师计划的实施为契机,推动学校的教育教学改革。主要体现在以下六个方面。

(一)体系重构

基于区域产业的转型升级的背景,重构地方本科高校应用型人才培养的一

个框架。也就是我们提出了从重实践、强创新、能创业、懂管理、敢担当的应用型人才素质里面,确定了培养德、智、体、美全面发展,具有创新精神、创业能力和社会责任感的高级应用型人才。

(二)根据专业的性质进行分层分类

不同的专业有不同的培养目标和不同的定位。在分层次方面,我们形成了各个专业的试点班,跨专业的实验班,专业群,试验区等。

(三)教学要落地

应用型人才培养,如何教学落地,以下有以下方面措施:

1.课程的落地建设。也就是说以专业核心课程为基础开发,并增设了适应中小企业岗位教育的地方性课程和案例库。

2.强调资源进港整合,加强岗位实践教育建设。增加了能够体现温州中小企业的实验实习素材,构建卓越线上的实践岗位与学习资源,提高了学生的中小企业岗位意识和行业的熟悉度,譬如将汽车服务工程整合在机械大类里面,在40多个典型企业里面设置了50多个教学现场和1000多个实践岗位。

3.注重教学实务的提升。以中小企业岗位的工作过程与实务资源为基础,构建并完善一体化的教学模式,实施基于中小企业实务资源的生产实习、毕业设计和就业一体化的教学。

(四)平台的拓展

一个是基于技术创新服务平台、产业行业联盟、企业实验基地三位一体的岗位实践教育支撑系统的建设。第二个是融合专业和岗位素质培养构建课堂教学平台、岗位实践平台和门类拓展平台。第三个推行基于岗位素质要求的1-2-1渐进式的教学模式,就是第一学年开展基于中小企业案例的启发式教学和产业背景的讲座,增强学生的岗位意识;中间两个学年,开展以单元项目库为基础的探究式的教学,培养学生的岗位经历和岗位担任能力;最后一个学年,开展以综合项目库为基础、企业参与的开放式教学,培养学生岗位经历和岗位综合能力。

(五)产学联动

产学联动主要体现在学校与政府的对接、学院与行业的对接、教师与企业的对接三方面。

（六）国际对接

学校制定了相关文件,配合浙江省教育厅的国际化专业建设。一个国际化专业建设期四年,每年有 20 万的建设经费,还包括一些其他的配套措施。我们的机械制造专业获列为浙江省首批国际化建设专业,可以有效地引进境外的一些优质的教育资源、教学理念、教学方法手段来促进学校的教育教学改革。而且我们国际化专业是本土学生与国际生同堂授课,多文化交融,促进国际化人才的培养。我们通过国际化专业的建设,达到国际化认证的要求。包括学生的互动,我们和很多国家建立了交流的关系,包括和德国的交流关系,每年都有派学生过去交流等。

（七）存在的问题与接下来的工作安排

存在的问题:一个就是企业的积极性还不够,需要方方面面来推进,政府要来推进;经费的投入还不足;双师型教师的引进,在这样一种编制之下,我原来管人事的,明白这很难自己培养,效果也不是很明显,这也是一个问题。

接下来我们所要做的工作:

1.2014 年制定了一个三轮驱动的实施框架。一个是课堂教学行动计划,以课堂教学为落地,推动整个改革;第二个是创业教育行动计划;第三个是本科教育国际化行动计划。

2.有几个专业向教育部提出进入工程认证,以这个工作来推进我校各项工作。

附录 C-6:阿里巴巴网络技术有限公司访谈记录

访谈对象:阿里巴巴 6 名工程师及相关负责人

访谈时间:2015 年 7 月 24 日

访谈人员:张炜、姚威、翁默斯、李拓宇、汪雨婷、朱楷明

访谈具体内容如下。

阿里巴巴在职员工有 10000 多人,校园招聘是在 2012 年开始的。面试目前采用统招统分的形式,不过为了使招聘更合理,正在向交叉面试方向发展。对工程师的考察主要从技术基础、技术热情、技术成果三个层面进行。

技术基础方面,由于阿里巴巴招聘的工程师大多是计算机专业的毕业生,

因此比较看重应聘者对于一些计算机基础知识的掌握程度,比如会主要考察应聘者对编程语言java、C++以及网络知识等方面的掌握情况。

技术热情方面,主要是考察应聘者能不能有方法去学习和应用新的程序软件等等,是不是对新鲜事物有强烈的好奇心并愿意去钻研它。另外,还会考察应聘者的动手能力、项目经验的积累等方面的情况。

技术成果方面,主要看重应聘者学术上的成果,包括论文、专利以及大赛的成果等等。除此之外,还会考虑应聘者有没有在实际场景中解决实际问题的经历,并据此判断他的能力。

总体来看,对工程师的考察一般都是从这三方面进行的:技术、热情和成果。由于不同的岗位有不同的侧重点,所以会在此基础上进行延展。不过都会综合考虑这些方面,一般情况下应聘者至少满足两个条件才有可能被录用。至于沟通能力、团队合作能力等方面,人力资源部门(HR)会进行评价和考察。

问:这些能力的考察在面试中就能判断吗?

负责人:我们的考察会有多个轮次。在面试之前有在线的笔试,主要侧重基础知识的考察;通过笔试后进入面试,在第一轮面试中考官也会重点考察应聘者的基础知识,接下来业务上会有两轮面试,考察应聘者其他的能力。总之,应聘者在拿到offer之前至少要经过三轮面试。

问:阿里巴巴也会招聘一些博士,而我们知道博士阶段主要是进行学术研究,那他们的工作能力怎么样,会不会受影响?

负责人:我们招博士也主要是进行研究的。其实,企业里也需要研究者的,只是招聘的比较少。

问:在工程教育研究中有一种强化基础知识的趋势,主要是数学、物理方面的知识。那么,对所有专业、不同层次的工程人才进行基础知识的强化是不是符合企业的需要,能否更好地满足企业的需要?

工程师:数学有一定的基础就可以,不太需要很深奥的数学知识,主要视岗位的具体要求而定吧。其实,学校教育中应着重培养学生的逻辑思维,这一点很重要。

问:大家回忆一下大学和研究生的学习生活,哪些学习对工作有帮助,哪些可以压缩?请各位评价一下。

工程师:跟老师做项目是学得最多的,在做项目的过程中可以学到很多东西。至于课堂上所学的知识,用途并不是很大。

问:能不能讲得具体一点,就是在什么项目里学到了什么能力或者技术?

工程师:比如说,面试时问你页面该怎样做,如果做过就能讲出来,没做过的话就不知道该怎样表达了。

问:那你跟老师做过什么项目呢?

工程师:给宁波市的一个××研究院做过系统,跟现在工作的内容基本差不多。

问:那你在项目中具体负责什么呢?

工程师:实验室里分工并没有那么清晰,做开发的同时还在做规划,前端的事项做完了还可以做一些后台的事情。这样一来涉猎的内容更广一些,对于面试也是有用的。

工程师的意见与建议(要点):

* 建议学生参与实验室的项目课题、参加各类学科竞赛,在此过程中学到的知识、技能和方法对于面试和以后的工作有很大帮助。

* 老师课堂的作业是有必要的,但课程内容要及时更新。

* 数学、物理等基础科目注重逻辑思维的培养,不必过于深入。

* 对于一些课程建议减少课时量;本硕尽量不要学习重复的课程。

* 建议学校多提供一些实践的机会和平台,比如多设置实验室、多提供实习机会等。

* 学校与企业多进行互动交流与合作:企业可到学校举办讲座、开展演讲等;学校可以派教师到企业进行访学。

* 建议学校尽早开展对学生的就业指导工作;鼓励与已毕业校友进行座谈。

附录 C-7:浙江工程设计有限公司访谈记录

访谈对象:人力资源主管

访谈时间:2015 年 8 月 12 日

访谈人员:张炜、吴蓝迪、王凯、姜天悦、韩旭

访谈具体内容如下。

我们是一家从事石油化工医药设计的公司,参与卓越计划比较晚,2015 年

初才跟浙工大来合作的。我们的培养是从做本科的论文开始,6月份作论文答辩,过了暑假进入研究生阶段,根据互相培养的协议,除了研一的基础课程学习,其他时间也都在我们单位进行有关毕业设计的工作。我们很注重跟大学的联系,之前我们也跟浙大的化工设计有联系,浙江省的EDC是我们公司命名的,每年都是一到两个月,在我们公司成立两个小组,在这个过程中对学生来说收益蛮大的,从公司的角度来说,时间确实比较短。2015年年初的时候,工大老师来找我们说有这么个计划,我们也希望能够参与进来,来培养面向社会具有设计能力的工程师。我们也主动派出骨干设计人员作为学生导师,带领他们一起做化工毕业设计。这也贴合我们自己的工作,比如我们在做的三维数字化交互里面,给学生的就是一个应用的案例,这跟学校的理论教学有较大的差异。我们在带教的过程中也发现确实有比较优秀的学生。学生也感觉到跟学校不一样,感受到企业里面到底怎么设计、需要什么。学校里面也有化工设计这门课,但是还是以理论为主,要转化为市场需要的知识、经验进行出售的时候,还是有一定的差距的。

我们在交流中发现一些可以改进的地方:

1.课程设置。我们也跟化工系的老师做了些交流,向他们提出我们作为设计类企业需要学生具备什么能力。我们更多地考虑基础知识掌握,比如说模拟软件、三维软件等设计类比较常用的软件的使用。再如工作实践中需要的工程实践能力,但是学校老师也有自己的顾虑,因为国家教育部整体要求学生的学分不能安排太多。在整体卡死的情况下,到底该怎么设置确实也很难。再增加一些我们认为的能力提升内容,虽然老师们也觉得对学生就业会有帮助,但是还是受限于体制。

2.培养的学生的毕业去向选择。经过了一两年的培养,我们也投入了很多的精力和资源。在未来经过几年的培养,最终这个学生的毕业去向还是多样化的,作为企业一定会考虑资源的投放、精力的花费等很实际的问题,我们投入了这么多,但是到底是否能够为我所用也是很难讲的。

附录C-8:杭州日盛净华设备有限公司访谈记录

访谈对象:人力资源部主任、工程技术部负责人

访谈时间:2015年8月12日

访谈人员：李飞、吴蓝迪、李拓宇、翁默斯、韩旭

访谈具体内容如下。

公司从事研发、制造。自2013年开始参与卓越工程师计划，合作对象是浙江工业大学的机械工程专业。我们在培养实习生方面有一个特点：刚进入公司的前两个月内实行不定岗培训，因为实习生刚开始比较迷茫，这样帮助他们寻找自己的兴趣和强项。培训总共分三个阶段：①一个月的岗前培养（不仅有基础知识，还培养他们的动手能力，进入车间，和一线工人一起工作）；②部门轮岗；③定岗（培训，日常的工作安排）。

我们有部门主管进行带教。对这些部门主管的激励在于绩效，带实习生占他们年度绩效的5%。在晋升方面，有过带教经验的主管会有优势。在其他条件相同时，有带教经验的主管优先晋升。

实施中的问题：一、留不住人。很多实习生有自己的想法，毕业设计完成后想先毕业旅行，而不是接着在公司里实习。二、公司知识产权的保护。我们在培养实习生时都给他们项目课题和公司资源，但学生对知识产权的保护意识并不强，会认为分享给其他同学没什么问题。这对于公司来说是一项损失。

附录 C-9：浙江海聚科技有限公司访谈记录

访谈对象：相关负责人

访谈时间：2015年8月25日

访谈人员：姚威、倪倩、李拓宇、翁默斯、吕正则

具体访谈内容如下。

我们公司是开发高端工程机械装备的高科技企业，主要产业是液压转机、摇杆转机等高科技产品，我们最需要的是液压工程师和机械工程师。2015年温州大学给我们推荐了一个机械系的卓越工程师培养的学生来实习，在几个月的实际操作中，我们发现他的综合素质很高，每天都会总结问题、解决问题。对于培养的人选，我们首先会考虑他本人的兴趣方向，再结合我们在实施的项目，最后进行专门培养设计。首先都会安排他们去售前支持部门做项目管控，熟悉公司的产品项目，再到售后部门去培养动手能力，到客户现场，去跟客户沟通，了解客户需求，发现市场中究竟需要什么，最后再到研发部门，根据自己喜欢的方向，安排机械、液压、机械控制等岗位。通过这几年的摸索，我们认为研发人才

的培养模式是比较适合实际工程需要的,比如一个学生从学校里面出来就做研发,不一定会获得顾客的需要,可能造成生产的延误,这是不符合我们企业的需要的。上述的培养方式是比较适合我们企业的需要的。我觉得在卓越工程师计划的培养体系下,首先学生在学校接受专业知识的培养是比较扎实的,到了企业之后能够迅速适应企业的需要,积累在企业工作中解决工程实践问题的能力,提升专业能力。再经过这一年的实习培养过程,对于人才来讲,可以进一步明确自己将来会往哪里走,最喜欢哪个方向,对于未来的职业发展具有很好的帮助。比如之后学生未来多样化的选择,对于我们公司的损失是比较严重的,但是比较可喜的是,这位在我们企业实习的同学已经选择了留下来,已经与我们正式签订了用人合同。前面很多人在说培养出来的学生会不会不选择企业,那么在前期学校的学生推荐过程中,应当首先征求同学们的意见,是否想在该企业工作,是否愿意长时间在企业工作,这样匹配是比较有效率的,可以有效降低企业的损失。

附录 C-10:华立仪表集团股份有限公司访谈记录

访谈对象:工程技术总监
访谈时间:2015 年 8 月 26 日
访谈人员:李飞、倪倩、王凯、吕正则
访谈具体内容如下。

我们主要做计量仪表,跟中国计量学院的办学理念比较契合,目前已经有100 多位计量学院的学生在就业。我们觉得卓越工程师计划的学生要比其他学生的适应企业文化和节奏方面能力要快,能更快地适应我们企业的高要求。我们组织实施跟其他的企业不同,主要是以小团队做质量改进项目的形式来实行。我们会先做计划,再到具体课题中,每周作总结。我们会集中一个下午来进行交流和汇报,也会要求学校的老师、工程师导师都在场,进行汇报评比。我们会做定期的检查和评比,评比的时候会有名次,我们给学生发一定的实习津贴,不同的评价会有不同的津贴,对于获得优胜的团队的老师也会有一定的奖励。我们在不断地总结,2012 年的时候大概是 4 周,2013 年的时候延长到 6 周,2014 年到了 8 周,2015 年准备进行 10 个月的企业实践。我们企业也在这个过程中得到了一定的好处,在质量改进工具的应用方面得到了一定的进步。我们参与的工程项目比较多,参加了省级的 QC 发布会,2013 年拿到了一个二

等奖,2014 年拿到 5 个一等奖和 3 个二等奖。2015 年的成绩我想也不会太差,我们推荐了前五名去参加发布,这几个成绩都很不错。在这个过程中,我们还收到了一些其他学校的学生的联系,包括西安交大、杭电等,如果时间允许,我们都会把他们放在改进团队之中。我们还安排了兼职老师,我们的总裁被聘为中国计量大学的兼职教授,由中层技术总监、部门长等担任指导老师,工程师主要是带领四五个学生小组,这些中高级的老师都是义务劳动,对于工程师我们有一定的补助,但是很少,如果所带团队在年终的评比中获得优胜,那么奖励会多一点。

前几年的效果很不错,后续的怎么把激情保持下去,这也是要讨论的问题。我们在实施过程中,也希望学校的老师能更多地参与进来,这几年只有五六个老师参与,希望更多的老师参与进来,也希望能够在后续的发展中获得更多的产学研的推进机会。我们也会有点压力,这些学生没有具体的事情,还要给他们发工资,工程师也要投入,很多其他部门都觉得很吃亏,所以希望国家能够再给些支持,能够更好地把这个工作推进下去。

后　记

　　本书由浙江大学中国科教战略研究院副院长、科教发展战略研究中心副主任张炜教授和清华大学教育研究院博士后、青年学者翁默斯共同负责研究设计、结构安排和全文校对。其中,第一章和第二章,主要由张炜教授、翁默斯博士和浙江大学公共管理学院硕士研究生朱楷明撰写;第三章和第四章,主要由公共管理学院博士研究生吴蓝迪、汪雨婷撰写;第五章和第六章,主要由公共管理学院博士研究生吕正则、李拓宇博士撰写;第七章主要由张炜教授和公共管理学院博士研究生吕正则撰写。此外,浙江大学中国科教战略研究院相关老师和同学也参与了课题前期研究及资料收集工作,对各位老师和同学们的辛勤付出,在此表示衷心感谢。

　　囿于作者水平,文中纰漏处恳请读者多多批评指正。我们深知整体工程教育理论构建与实践模式探索是一项持续性工作,期盼本书的出版,可以为我国工程教育系统整体性变革提供一种新思路,也能够为工程教育研究学术共同体的发展壮大添砖加瓦!

2020 年 12 月于清雅苑

作者简介

张　炜　浙江大学公共管理学院教授,博士生导师。浙江大学中国科教战略研究院副院长,教育部战略研究基地浙江大学科教发展战略研究中心副主任,浙江大学工程教育创新研究中心副主任。中国高等教育学会理事,中国高等教育学会工程教育专业委员会副秘书长、常务理事,教育部综合改革司教育管理与政策咨询专家。入选浙江省首批"之江青年社科学者"和浙江省"新世纪151人才工程"第二层次培养人员。主要研究方向为工程教育与公共政策、科技创新管理。长期参与教育部、科技部、中国工程院等相关机构的工程教育、科技教育与创新政策文件编制与咨询工作。在科技教育、工程教育和创新政策领域具有丰富的学术积累和政策观点,相关学术研究成果先后被《新华文摘》《中国社会科学文摘》《中国人民大学复印资料》全文转载,产出工程教育和公共政策领域智库成果20余篇,其中多篇获得国家级和省部级领导批示。主持国家自然科学基金3项,省部级基金12项,参与国家自然科学基金和国家哲学社会科学基金5项。在《自然辩证法研究》《中国高教研究》《高等工程教育研究》《比较教育研究》《科研管理》《科学学研究》《International Journal of Information and Education Technology》《International Journal of Psychology》等重要学术期刊和学术会议发表论文80余篇,出版学术专著4部。2012年和2014年先后两次获得浙江省第16届和第17届哲学社会科学优秀成果奖二等奖(基础研究类)。

翁默斯　浙江大学管理学博士,清华大学教育研究院博士后,联合国教科文组织国际工程教育中心助理研究员,清华大学国家治理与全球治理研究院兼职助理研究员。主要研究方向为科教战略、工程教育与公共政策。主持中国博士后科学基金特别资助等课题2项,发表学术论文10余篇,其中1篇被《新华文摘》全文转载,博士学位论文入选"中国高等教育学会学术创新计划——高等教育学博士学位论文文库"。获得国家公派留学基金资助赴加州大学伯克利分校访学,并先后赴俄罗斯、芬兰、德国等国作学术报告,多次获得国家奖学金、浙江省第十八届哲学社会科学优秀成果三等奖、浙江大学年度学生十大学术新成果奖等表彰。

李拓宇　浙江大学管理学博士,浙江大学公共学院博士后,德国柏林工业大学访问学者。研究方向为科技管理、工程教育。现任《Study in Higher Education》《管理学季刊》、AOM 会议、ASEE 会议、IACMR 会议等学术期刊和学术会议审稿人。主持国家自然科学基金青年项目 1 项、浙江省哲学社会科学规划项目 1 项,参与国家自然科学基金、国家社会科学基金项目 7 项,参与国家教育部、科技部、中国工程院、浙江省软科学规划等省部级项目 10 余项。参与编撰英文专著 1 部,在国家自然科学基金委认定期刊发表学术论文 20 余篇,其中被《新华文摘》全文转载 1 篇,发表国际会议论文 8 篇,产出科教智库成果 20 余篇,多篇获得国家级和省部级领导人批示。

图书在版编目（CIP）数据

整体工程教育理论构建与实践模式研究 / 张炜，翁默斯，李拓宇著. —杭州：浙江大学出版社，2020.12
ISBN 978-7-308-20869-7

Ⅰ.①整… Ⅱ.①张… ②翁… ③李… Ⅲ.①继续教育—教育研究 Ⅳ.①G72

中国版本图书馆 CIP 数据核字（2020）第 241151 号

整体工程教育理论构建与实践模式研究

张　炜　翁默斯　李拓宇　著

责任编辑	李海燕
责任校对	孙秀丽
封面设计	雷建军
出版发行	浙江大学出版社
	（杭州市天目山路 148 号　邮政编码 310007）
	（网址：http://www.zjupress.com）
排　　版	杭州青翊图文设计有限公司
印　　刷	浙江海虹彩色印务有限公司
开　　本	710mm×1000mm　1/16
印　　张	20
字　　数	338 千
版 印 次	2020 年 12 月第 1 版　2020 年 12 月第 1 次印刷
书　　号	ISBN 978-7-308-20869-7
定　　价	80.00 元